ADEUS AO CORPO
ANTROPOLOGIA E SOCIEDADE

DAVID LE BRETON

tradução
MARINA APPENZELLER

ADEUS AO CORPO
ANTROPOLOGIA E SOCIEDADE

PAPIRUS EDITORA

© 1999, Editions Métailié, Paris
Título da edição original em francês: *L'adieu au corps*

Capa	Fernando Cornacchia
Coordenação	Beatriz Marchesini
Copidesque	Lúcia Helena Lahoz Morelli
Diagramação	DPG Editora
Revisão	Aurea Guedes de Tullio Vasconcelos, Maria Lúcia A. Maier e Solange F. Penteado

Dados Internacionais de Catalogação na Publicação (CIP)
(Câmara Brasileira do Livro, SP, Brasil)

Le Breton, David
   Adeus ao corpo: Antropologia e sociedade / David Le Breton; tradução Marina Appenzeller. – 6ª ed. – Campinas, SP: Papirus, 2013.

Título original: L'adieu au corps
Bibliografia.
ISBN 978-85-308-0724-5

1. Antropologia filosófica 2. Antropologia social 3. Corpo humano (Filosofia) I. Título. II. Título: Antropologia e sociedade.

13-03541   CDD-301

Índice para catálogo sistemático:

1. Corpo humano: Antropologia e sociedade: Sociologia   301

6ª Edição – 2013
11ª Reimpressão – 2025
Tiragem: 100 exs.

Exceto no caso de citações, a grafia deste livro está atualizada segundo o Acordo Ortográfico da Língua Portuguesa adotado no Brasil a partir de 2009.

Proibida a reprodução total ou parcial da obra de acordo com a lei 9.610/98. Editora afiliada à Associação Brasileira dos Direitos Reprográficos (ABDR).

DIREITOS RESERVADOS PARA A LÍNGUA PORTUGUESA:
© M.R. Cornacchia Editora Ltda. – Papirus Editora
R. Barata Ribeiro, 79, sala 316 – CEP 13023-0 – Vila Itapura
Fone: (19) 3790-1300 – Campinas – São Paulo – Brasil
E-mail: editora@papirus.com.br – www.papirus.com.br

Há muito tempo o homem produziu para si um ideal da onipotência e da omnisciência, e encarnava-o em seus deuses (...). Agora que se aproximou consideravelmente deste ideal, ele próprio se tornou praticamente um deus. Só que, *na verdade, da maneira como os humanos sabem geralmente atingir seus ideais de perfeição, isto é, incompletamente: em certos pontos, absolutamente não os atingiu, em outros, só pela metade. Por assim dizer, o homem se tornou uma espécie de deus profético, deus decerto admirável quando reveste seus órgãos auxiliares, mas estes não cresceram como ele e muitas vezes o cansam bastante.*

Sigmund Freud, *Malaise dans la civilisation* [*Mal-estar na civilização*], 1971

Agradecimentos

Gostaria de agradecer a Constantin Zaharia, por ter-me lembrado da importância do tema gnóstico na obra de Cioran; a Christian Michel, por suas observações e por seus conselhos no que diz respeito aos capítulos sobre a medicina ou a biologia; a Bruno Mahé, por seus conhecimentos da cultura cibernética e por suas observações sobre vários capítulos desta obra; a Denis Jeffrey, por seus conselhos e por suas observações nos capítulos ligados à cultura cibernética; a Nicoletta Diasio, por ter sido a primeira a me falar sobre os extropianos e por ter compartilhado comigo a responsabilidade de duas investigações – uma sobre as marcas corporais, a outra sobre a cultura cibernética. A esse respeito, gostaria de agradecer aos estudantes da Faculdade de Ciências Sociais da Universidade Marc Bloch de Estrasburgo que participaram dessas duas pesquisas: seus depoimentos e sua colaboração foram preciosos. Como de hábito, Hnina, a quem também sou muito grato, compartilhou os diferentes momentos da pesquisa e releu muitas vezes seus desenvolvimentos. Sou responsável pelas análises aqui desenvolvidas – elas não comprometem de forma alguma nenhum de meus interlocutores.

SUMÁRIO

PREFÁCIO 9
Daniel Lins

INTRODUÇÃO: O CORPO NO RASCUNHO 13
    O ódio do corpo 13
    O corpo alter ego 15
    A invenção do corpo 17
    O corpo como excesso 20
    A progressão da obra 21

1. O CORPO ACESSÓRIO 27
    Sobressignificar o corpo 27
    Domínio do corpo 30
    O transexualismo ou o fora do sexo 32
    Marcas corporais 34
    Body building 40
    Body art 44
    O corpo parceiro 52

2. A PRODUÇÃO FARMACOLÓGICA DE SI 55
    O órgão de humor 55
    A medicalização do humor cotidiano 61
    Produção farmacológica de si 64

3. A MANUFATURA DE CRIANÇAS 67
    A assistência médica à procriação 67
    O corpo indesejável da mulher: A gestação fora do corpo 75

A mulher corrigida pela medicina ... 78
Útero de aluguel ... 81
Gravidez masculina ... 83
A invenção do embrião ... 84
O exame de aptidão para a vida ... 86
O direito ao infanticídio ... 96
Impossível decidir ... 97

4. O CORPO RASCUNHO DAS CIÊNCIAS DA VIDA ... 101
A informação como mundo ... 101
O Projeto Genoma ... 104
O geneticamente correto ... 107
Patentear o vivo ... 118
O controle genético ... 122
A demiurgia genética ... 127
A clonagem ou o homem duplicado ... 132
Transgênese animal ... 136

5. O CORPO SUPRANUMERÁRIO DO ESPAÇO CIBERNÉTICO ... 141
O desdobramento do mundo ... 141
Fim das coerções de identidade ... 145
A economia do mundo ... 146
Deus virtual ... 151
O si informático ... 154
Criaturas artificiais ... 155
Ficção científica ... 160

6. A SEXUALIDADE CIBERNÉTICA OU O EROTISMO SEM CORPO ... 163
Um erotismo fora do corpo ... 163
O amor do android ... 165
A sexualidade cibernética ou o corpo em disquete ... 170

7. O CORPO COMO EXCESSO ... 181
Inteligência artificial ou artifícios da inteligência ... 181
A objeção do corpo ... 187
O androide sensível e inteligente ... 194
A paixão informática ... 198
Homo silicium ... 203
Ciborgue manifesto ... 207
O fim do corpo ... 210

ABERTURA ... 221

BIBLIOGRAFIA ... 227

PREFÁCIO

Daniel Lins[*]

David Le Breton, antropólogo francês, professor da Universidade Marc Bloch de Estrasburgo, é um especialista consagrado na área de estudos do corpo: corpo singular, múltiplo, ferido, esfacelado. Corpo como obra de arte em perigo.

Autor, entre outros, de *Antropologia da dor*, *Corpo e sociedades*, *Antropologia do corpo e modernidade*, *A sociologia do corpo* – ainda não traduzidos para o português – e *Adeus ao corpo*, publicado na França em 1999, Le Breton é hoje referência primordial para aqueles que de longe ou de perto trabalham com o corpo.

Nesta obra, ele traça um quadro rigoroso e inquietador de um corpo que se transforma cada vez mais em corpo-máquina, sem sujeitos nem afetos. Esse corpo-bricolagem, resultado de excessos e derivas, do que

---

[*] Sociólogo, filósofo e psicanalista. Autor, entre outros, de *Antonin Artaud: O artesão do corpo sem órgãos*. 3ª ed. Rio de Janeiro: Relume Dumará, 2002.

Adeus ao corpo 9

o autor chama "o extremo contemporâneo", oscila entre vontade de controle absoluto e narcisismo furioso próximo de uma vontade de potência niilista que milita contra o corpo pleno.

Segundo Le Breton, o corpo tornou-se um acessório, uma prótese, marcado por uma *subjetividade lixo*, uma bula, um *kit*: "É a formidável convergência de práticas relativamente recentes, ou de sucesso recente, que faz com que o corpo seja hoje muitas vezes vivido como um acessório da presença (...). O corpo é um objeto imperfeito, um rascunho a ser corrigido. Vejam o sucesso da cirurgia estética: trata-se de fato de mudar seu corpo para mudar sua vida". *Adeus ao corpo* aponta o paradoxo de uma modernidade cujo discurso aparente faz a apologia do corpo para melhor esvaziá-lo, transformando-o em mercadoria e impondo um fora do corpo – como exterioridade redundante – que dita o simulacro do próprio corpo. Nunca o corpo-simulacro, o corpo-descartável foi tão exaltado como na contemporaneidade. Órgãos sem corpos são fixações parciais que massacram o próprio corpo. Boca, seios, olhos, pernas, genitália esfacelada, moldada: não se trata mais de um corpo, mas de um acumulado de órgãos colados em algo que se denomina corpo. Corpo-peneira, corpo trespassado pelas flechas (bisturi), corpo-penetrado pelas seringas, o sujeito-corpo-descartável paga o preço de sua beleza. Não falaremos, pois, de exaltação do corpo, mas do império dos órgãos. Não, afirma o autor: "O corpo exaltado não é o corpo com o qual vivemos, mas um corpo retificado, redefinido", o corpo costurado, coberta aos mil pedaços remendados.

Para além da análise aprofundada do discurso científico, biológico ou informático sobre o corpo, o antropólogo aponta o perigo de um discurso de aperfeiçoamento transformando-o em um *cibercorpo* – ligação na carne do homem de procedimentos informativos na forma de *chip*. Trata-se, pois, de um saber científico que se apresenta sob o signo de uma promessa messiânica – os velhos ficarão novos, os feios belos, todos alcançarão a eterna juventude –, em que alguns cientistas são os "novos padres", criadores de uma "cibersexualidade". Esta, segundo o autor, poderia engendrar na relação com o outro a abolição da própria alteridade: "O outro é afastado em proveito dos signos de sua presença".

O corpo do outro – corpo a distância, corpo virtual – pode ser um disquete, um programa, um *site*, um "Eros eletrônico". O sexo virtual, sexo sem corpo, sexo fantasmático, torna-se o "bom" sexo, o sem-sexo, o sexo rei! Não é por acaso, comenta Le Breton, que "para alguns expoentes da cibercultura americana, a sexualidade é algo superado. Eles a consideram como sujeira", miasma, putrefação. À estética do belo a qualquer preço junta-se o fundamentalismo da era virtual.

No momento em que, segundo o autor, "a biologia, a informática, a tecnociência impõem a cibersexualidade como modelo" – um sexo sem corpo, um sexo contra o corpo –, faz-se necessário, para não se deixar habitar por um niilismo sem ética, retornar à filosofia. *Revisitar*, sobretudo, alguns filósofos do corpo, do desejo e do prazer, trilogia que anuncia um outro-epidérmico, um corpo para além da consciência e do biopoder domadores de produções inconscientes de um saber sobre o corpo que supera a tirania de uma estética do corpo contra o próprio corpo.

O que é arrebatador, escreve Nietzsche, é o corpo: "(...) não nos fatigamos de nos maravilhar com a idéia de que o *corpo* humano tornou-se 'possível'".[1] Deleuze, por sua vez, na sua reinvenção de Espinosa, escreve: "Espinosa propõe aos filósofos um novo modelo: o corpo (...): 'Não sabemos o que pode o corpo'... (...) falamos de consciência e de seus decretos, da vontade e de seus efeitos, dos mil meios de mover o corpo, de dominar o corpo e as paixões – mas nós sequer sabemos de que é capaz um corpo. Porque não o sabemos, tagarelamos. Como dirá Nietzsche, espantamo-nos diante da consciência, mas 'o que surpreende, é acima de tudo o corpo'".[2]

O corpo é uma espécie de escrita viva no qual as forças imprimem "vibrações", ressonâncias e cavam "caminhos". O sentido nele se desdobra e nele se perde como num labirinto onde o próprio corpo traça os caminhos.

David Le Breton, a sua maneira, recusa a dicotomia Alma/Corpo aproximando-se de Espinosa: "Penso que o dualismo contemporâneo

---

1. F. Nietzsche. *Fragments posthumes – 1882-1884*, vol. IX. Paris: Gallimard, 1997. Cf. D. Lins. "A metafísica da carne". *In*: Lins, D. e Gadelha, S. (orgs.). *Nietzsche e Deleuze. Que pode o corpo*. Rio de Janeiro: Relume Dumará, 2002, pp. 67-68.
2. G. Deleuze. *Espinosa: Filosofia prática*. Trad. Daniel Lins e Fabien Pascal Lins. São Paulo: Escuta, 2002, p. 24.

não opõe o corpo ao espírito ou à alma, mas o homem a seu corpo". Para Espinosa, a "Alma e o Corpo estão, pois, simultaneamente presentes, e – é necessário supor – simultaneamente ausentes. Se a Alma é a idéia do Corpo, não há mais idéia quando não há mais corpo".[3]

Por outro lado, visto que há signos no pensamento – o pensamento emite signos –, o inconsciente emerge como uma espécie de semiótica pré-verbal, o domínio dos signos que trespassam o corpo, de um certo modo, uma linguagem, ou uma escrita da carne na qual a língua se funda ao mesmo tempo em que ela a oculta. Trata-se, pois, de reencontrar o "sentido da carne", "o texto primitivo" do homem "natural", mediante uma solicitação sempre mais exigente do inconsciente em detrimento da Razão, a louca da casa. Ora, a Razão "não pode ensinar nada que seja contra a Natureza", diz Espinosa.

Adeus ao corpo, obra densa, documentada, precisa – porém acessível –, é um grande acontecimento editorial no campo da antropologia contemporânea do corpo.

David Le Breton, ao propor uma cartografia do corpo em suas múltiplas dimensões, imerge o leitor plenamente no universo que acreditávamos imperceptível: não precisamos absolutamente conhecer a ficção científica, nós a vivemos a cada dia, *a corps perdu*, irrefletidamente.

---

3. B. Espinosa. *Étique*. II, prop. 13, escólio. *Oeuvres complètes*, trad. Roger Caillois, M. Francès e R. Misrahi. Paris: Gallimard, 1954.

INTRODUÇÃO:
O CORPO NO RASCUNHO

*Não sou este agregado de membros
que é chamado corpo humano.*

René Descartes, *Meditações metafísicas*

O ódio do corpo

Uma tradição de suspeita do corpo percorre o mundo ocidental desde os pré-socráticos, à imagem de Empédocles ou de Pitágoras. Platão, por sua vez, considera o corpo humano como túmulo da alma, imperfeição radical de uma humanidade cujas raízes não estão mais no Céu, mas na Terra. A alma caiu dentro de um corpo que a aprisiona. Certamente os gregos não se dissociam do prazer, o gozo do mundo não é proibido apesar dos estorvos da carne. As diversas doutrinas gnósticas radicalizam a aversão ao corpo. Arraigadas em locais e épocas dispersos, comportam um núcleo de pensamento que se encontra fielmente em todos os sistemas. Para os gnósticos, o mundo sofre de uma indignidade radical, é mau por essência,

Adeus ao corpo 13

criado por um demiurgo inferior que se antecipou a Deus, ou por uma profusão de entidades temíveis que se interpuseram entre Deus e os homens. O mundo sensível não é obra de um Deus de sabedoria e de verdade, mas uma criação defeituosa, um simulacro. O homem participa simultaneamente do reino da luz e das trevas, esquartejado entre o mundo superior e o mundo inferior. Sua degradação não é total, porque, apesar de tudo, possui uma centelha divina. A gnose manifesta um dualismo rigoroso: de um lado, estende-se a esfera negativa – o corpo, o tempo, a morte, a ignorância, o Mal; do outro, a plenitude, o conhecimento, a alma, o Bem etc. Após uma catástrofe metafísica, o Bem caiu na cilada do Mal, a alma tornou-se cativa de um corpo vítima da duração, da morte e de um universo obscuro onde esqueceu a Luz. O homem é jogado em um mundo inacabado e imperfeito, assombrado por um mal menos moral do que material.

Os gnósticos levam a seu termo o ódio do corpo, tornam o corpo uma indignidade sem remédio. A alma caiu no corpo (ensomatose) onde se perde. A carne do homem é a parte maldita sujeita ao envelhecimento, à morte, à doença. É o "cadáver em decomposição", a "carne". O mal é biológico. Diz Cioran (1969, p. 54) que a carne é "perecível até a indecência, até a loucura, não apenas é sede de doenças, é a própria doença, um nada incurável, ficção degenerada em calamidade (...) e tanto me monopoliza e domina que meu espírito já não passa de vísceras". O corpo é nojo. Cioran retoma um argumento clássico, já presente em Santo Agostinho, repetido por Holbein ou Baldung Grien e prolongado pelo tema das "vaidades" na pintura para estigmatizar o amor ou a preocupação com o corpo (sobretudo o da mulher, é claro que mais "corpo" que o do homem para esses imaginários masculinos) e trazer o homem de volta à humildade de sua condição. Como diz Cioran (*op. cit.*, pp. 56-57):

> Para vencer os apegos e os inconvenientes que dele decorrem é preciso contemplar a nudez última de um ser, traspassar com os olhos suas entranhas e o resto, rolar no horror de suas secreções, em sua fisiologia de cadáver de afogado iminente. Essa visão não deveria ser mórbida, mas metódica, uma obsessão dirigida, particularmente saudável nas provações.

O corpo aparece dessa maneira como o limite insuportável do desejo, sua doença incurável. De maneira radical, o extremo contemporâneo[1] retoma o processo e, por sua vez, condena o corpo anacrônico, tão pouco à altura dos avanços tecnológicos das últimas décadas. O corpo é o pecado original, a mácula de uma humanidade da qual alguns lamentam que ela não seja de imediato de proveniência tecnológica. O corpo é um membro supranumerário, seria necessário suprimi-lo (Le Breton 1990). A religiosidade gnóstica escapa de suas múltiplas formas doutrinais; hoje a encontramos de uma forma laicizada, mas poderosa, em certos elementos da tecnociência. Ela é até um dado estrutural do extremo contemporâneo que faz do corpo um lugar a ser eliminado ou a ser modificado de uma ou outra maneira.[2]

O corpo alter ego

No discurso científico contemporâneo, o corpo é pensado como uma matéria indiferente, simples suporte da pessoa. Ontologicamente distinto do sujeito, torna-se um objeto à disposição sobre o qual agir a fim de melhorá-lo, uma matéria-prima na qual se dilui a identidade pessoal, e não mais uma raiz de identidade do homem. Duplo do homem, mas sem cláusula de consciência, senão ao contrário, pela evocação dos preconceitos, do conservadorismo ou da ignorância dos que desejam fixar limites à fragmentação da corporeidade humana. O corpo é normalmente colocado como um *alter ego* consagrado ao rancor dos cientistas. Subtraído do homem que encarna à maneira de um objeto, esvaziado de seu caráter simbólico, o corpo também é esvaziado de qualquer valor (Le Breton 1990). Invólucro de uma presença, arquitetônica de materiais e funções, o que então fundamenta sua existência não é mais a

---

1. Compreendemos por "extremo contemporâneo" os empreendimentos hoje dos mais inéditos, os que já têm um pé no futuro naquilo que se refere ao cotidiano ou à tecnociência, os que induzem rupturas antropológicas que provocam a perturbação de nossas sociedades. Os discursos entusiastas sobre os amanhãs que cantam graças ao "progresso científico" serão, é claro, privilegiados, e principalmente aqueles cujo projeto é eliminar ou corrigir o corpo humano.

2. Lucien Sfez analisa o mito contemporâneo da *saúde perfeita* relacionando-o com o Adão de antes da queda, um Adão sem Eva, portanto, sem sexualidade, sem doença, sem morte, sem pecado (Sfez 1995, p. 371 ss.). Um Adão sem outro e sem corpo ou, o que dá no mesmo, um corpo absolutamente perfeito, um corpo de certa forma livre do corpo.

irredutibilidade do sentido e do valor, o fato de ser a carne do homem, mas a permutação dos elementos e das funções que garantem sua organização. O corpo é declinado em peças isoladas, é esmigalhado. Estrutura modular cujas peças podem ser substituídas, mecanismo que sustenta a presença sem lhe ser fundamentalmente necessário, o corpo é hoje remanejado por motivos terapêuticos que praticamente não levantam objeções, mas também por motivos de conveniência pessoal, às vezes ainda para perseguir uma utopia técnica de purificação do homem, de retificação de seu ser no mundo. O corpo encarna a parte ruim, o rascunho a ser corrigido.

Para algumas correntes da tecnociência que estudamos nesta obra, a espécie humana parece maculada de uma corporeidade que lembra demais a humildade de sua condição. A reconstrução do corpo humano, e até sua eliminação, seu desaparecimento, é o empreendimento ao qual se dedicam esses novos engenheiros do biológico. Esse imaginário tecnocientífico é um pensamento radical da suspeita; ele instrui o processo do corpo por meio da constatação da precariedade da carne, de sua falta de durabilidade, de sua imperfeição na apreensão sensorial do mundo, da doença e da dor que o atingem, do envelhecimento inelutável das funções e dos órgãos, da ausência de confiabilidade de seus desempenhos e da morte que sempre o ameaça. Esse discurso do descrédito censura o corpo por sua falta de domínio sobre o mundo e por sua vulnerabilidade, pela disparidade clara demais com uma vontade de dominação o tempo todo desmentida pela condição eminentemente precária do homem. O último volta-se com ressentimento para um corpo marcado pelo pecado original de não ser um objeto de pura criação tecnocientífica. O corpo é a doença endêmica do espírito ou do sujeito. Muitos autores veem hoje com júbilo chegar o momento abençoado do tempo "pós-biológico" (Moravec) ou "pós-evolucionista" (Stelarc), "pós-orgânico" etc., em suma, do tempo do fim do corpo, este sendo um artefato passível de ser danificado da história humana, que a genética, a robótica ou a informática devem conseguir reformar ou eliminar, como veremos nesta obra.

O corpo não é um local de domínio para o biólogo ou o engenheiro que entendem muitas vezes tratá-lo como um rascunho para levá-lo enfim à perfeição última que só esperava a correção da ciência. Visão moderna

16 Papirus Editora

e laicizada da ensomatose (a queda no corpo das antigas tradições gnósticas), a carne do homem encarna sua parte maldita que inúmeros domínios da tecnociência pretendem por sorte remodelar, "imaterializar", transformar em mecanismos controláveis para livrar o homem do incômodo fardo no qual amadurecem a fragilidade e a morte. Diante desse despeito de ser constituído de carne, o corpo é dissociado do homem que ele encarna e considerado como um em si. Consagrado aos inúmeros cortes para escapar de sua precariedade, de seus limites, para controlar essa parcela inapreensível, atingir uma pureza técnica. Tentação demiúrgica de corrigi-lo, de modificá-lo, por não se conseguir torná-lo uma máquina realmente impecável. Uma fantasia implícita, informulável em um contexto de pensamento leigo, é subjacente – a de abolir o corpo, eliminá-lo pura e simplesmente, substituindo-o por uma máquina da mais alta perfeição. Nesse imaginário que tende a redefinir as condições de existência, o corpo torna-se o meio cada vez menos necessário pelo qual as máquinas se desenvolvem e reproduzem. A luta contra o corpo revela sempre mais o móvel que a sustenta: o medo da morte. Corrigir o corpo, torná-lo uma mecânica, associá-lo à ideia da máquina ou acoplá-lo a ela é tentar escapar desse prazo, apagar "a insustentável leveza do ser" (Kundera). O corpo, lugar da morte no homem: não é o que escapa a Descartes (1970) como um lapso quando, em suas *Meditações*, a imagem de um cadáver se impõe a seu raciocínio para designar sua condição corporal: "Considerei-me primeiramente como tendo um rosto, mãos, braços, e toda essa máquina composta de ossos e de carne, tal como aparece em um cadáver, a qual designei pelo nome de corpo" (p. 39). Imagem tanto mais perturbadora quanto é aqui menos necessária.

A invenção do corpo

O momento inaugural da ruptura concreta do homem com seu corpo foi por nós analisado em outro texto com o empreendimento iconoclasta dos primeiros anatomistas que rasgam os limites da pele para levar a dissecção a seu termo no desmantelamento do sujeito (Le Breton 1993). Isolado do homem, o corpo humano torna-se objeto de uma curiosidade que mais nada desarma. Desde Vesálio, a representação médica do corpo não é mais solidária de uma visão simultânea do homem. A publicação do *De humani corpori fabrica* em 1543 é um momento simbólico dessa mutação epistemológica que conduz, por diversas etapas, à medicina e à biologia contemporâneas. Os anatomistas antes de Descartes e da filosofia mecanicista fundam um dualismo que é central na modernidade e não apenas na medicina, aquele que distingue, por um lado, o homem, por outro, seu corpo. Na maioria das vezes, a medicina trata menos o homem em sua singularidade que está sofrendo do que o corpo doente. Os problemas que ainda se colocavam com relativa discrição há alguns anos adquirem uma amplidão considerável com a enfatização e o refinamento dos meios técnicos, a especialização dos cuidados, a falta de peso do corpo, o mito da saúde perfeita (Sfez 1995) e, sobretudo, a informação e a resistência crescentes dos usuários.

Com os anatomistas, o corpo humano passa por inúmeras investigações, na colocação entre parênteses do homem que ele encarna. A formulação do *cogito* por Descartes prolonga historicamente a dissociação implícita do homem de seu corpo despojado de valor próprio. Não repetiremos essas análises aqui (Le Breton 1990; 1993). Lembremos, contudo – uma vez que seu princípio continua sendo verdadeiro –, que Descartes formula com clareza um termo-chave da filosofia mecanicista do século XVII: o modelo do corpo é a máquina, o corpo humano é uma mecânica discernível das outras apenas pela singularidade de suas engrenagens. Não passa, no máximo, de um capítulo particular da mecânica geral do mundo. Consideração fadada a um futuro próspero no imaginário técnico ocidental dedicado a consertar ou a transfigurar essa pobre máquina. Descartes desliga a inteligência do homem de carne. A seus olhos, o corpo não passa do invólucro mecânico de uma presença; no limite poderia ser intercambiável, pois a essência do homem reside, em primeiro lugar, no *cogito*. Premissa da tendência "dura" da Inteligência Artificial, o homem não passa de sua inteligência, o corpo nada é a não ser um entrave.

A biotecnologia ou a medicina moderna privilegia o mecanismo corporal, o arranjo sutil de um organismo percebido como uma coleção de órgãos e funções potencialmente substituíveis. O sujeito como tal aí representa um resto, o que é tocado indiretamente por meio de uma ação que visa à organicidade. Um dicionário moderno de ideias feitas escreveria hoje no verbete *corpo*: "uma máquina maravilhosa". A formulação, porém, é ambígua, testemunha uma ambivalência. Réplica à falha das origens, que inúmeros procedimentos se esforçam por corrigir, a assimilação mecânica do corpo humano que põe de lado a densidade do homem traduz na modernidade a única dignidade que é possível conferir ao corpo. Não se compara a máquina ao corpo, compara-se o corpo à máquina. O mecanicismo dá paradoxalmente ao corpo seus duvidosos títulos de nobreza, sinal incontestável da proveniência dos valores para a modernidade. Se não é subordinado ou acoplado à máquina, o corpo nada é. A admiração dos biólogos ou dos cirurgiões diante do corpo humano, cujos arcanos eles tentam penetrar, ou a mais cândida do profano, pode ser traduzida pela mesma exclamação: "Que máquina maravilhosa". A esse respeito, são inúmeros os títulos de obras ou de artigos que recorrem à metáfora mecanicista.

Da admiração diante da "máquina maravilhosa", o discurso científico ou técnico passa depressa à enfatização da fragilidade que a caracteriza. Para a máquina, máquina e meia. Para um certo discurso médico, o corpo não merece inteiramente tal designação. Ele envelhece, sua precariedade o expõe a lesões irreversíveis. Não tem a permanência da máquina, não é tão confiável quanto ela, nem dispõe das condições que permitem controlar o conjunto dos processos que nele ocorrem. A doença e a morte são o preço pago pela relativa perfeição do corpo. O prazer e a dor são os atributos da carne, implicam o risco da morte e da simbólica social. A máquina é igual, fixa, nada sente porque escapa à morte e ao simbólico. Para a tecnociência, a carne do homem presta-se a estorvos, como se fosse necessário decair de uma realidade tão pouco gloriosa. A metáfora mecânica ressoa como uma reparação para conferir ao corpo uma dignidade que não poderia ter caso permanecesse simplesmente um organismo. Nostalgia de uma condição humana que não deveria mais nada ao corpo carnal, local da queda, da precariedade, mas que ascenderia finalmente a corpo glorioso totalmente criado pela tecnociência. O corpo, vestígio multimilenar da origem não técnica do homem. Corpo supranumerário ao qual o homem deve sua precariedade e que é importante tornar imune ao envelhecimento ou à morte, ao sofrimento ou à doença.[3]

O corpo como excesso

O homem dispõe do mesmo corpo e dos mesmos recursos físicos que o homem do neolítico, do mesmo poder de resistência às vicissitudes de seu meio ambiente. Durante milênios e ainda hoje, em grande parte do mundo, os homens caminharam para ir de um lugar a outro, nadaram, consumiram-se na produção cotidiana dos bens necessários a seu prazer e à sua subsistência. A relação com o mundo era uma relação pelo corpo. Certamente nunca como hoje em nossas sociedades ocidentais os homens utilizaram tão pouco seu corpo, sua mobilidade, sua resistência. O consumo nervoso (estresse) substituiu o consumo físico. Os recursos musculares caem em desuso, a não ser nas academias de ginástica, e toma seu lugar a energia inesgotável fornecida pelas máquinas. Até as técnicas corporais mais elementares – como caminhar, correr etc. – recuam consideravelmente e só são solicitadas raramente na vida cotidiana como atividades de compensação ou de manutenção da saúde. Subempregado, incômodo, inútil, o corpo torna-se uma preocupação; passivo, faz com que ouçam seu mal-estar. Mesmo para os menores deslocamentos que poderiam ser feitos facilmente a pé ou de bicicleta, impõe-se o veículo. Haveria muito a dizer sobre a maneira como o veículo suplanta de certa forma o corpo e o torna anacrônico, o quanto a ligação homem-veículo se tornou uma figura espetacular do ciborgue (organismo humano hibridado com a máquina tendo em vista o aumento de eficácia num determinado campo). Praticamente ninguém mais entra na água nos rios e nos lagos (exceto em raros locais autorizados). A ancoragem corporal da existência perde seu poder. Um grande número de próteses técnicas visa reduzir ainda mais o uso de um corpo transformado em vestígio: escadas rolantes, esteiras rolantes etc. (nas quais o usuário quase sempre fica parado e se deixa levar

---

3. O desprezo pelo corpo também é traduzido com força pelo cinema ou pela literatura policial e de terror onde este é complacentemente estripado, entalhado, recortado, serrado, desmantelado etc. Quanto a esse ponto, remetemos à nossa obra *La chair à vif* (1993).

20 Papirus Editora

passivamente, pronto a multiplicar em seguida os percursos para se manter saudável ou as horas de exercício para tornar a ficar em forma). O corpo é uma carga tanto mais penosa de assumir quanto seus usos se atrofiam. Essa restrição das atividades físicas e sensoriais não deixa de ter incidências na existência do indivíduo. Desmantela sua visão do mundo, limita seu campo de iniciativas sobre o real, diminui o sentimento de constância do eu, debilita seu conhecimento direto das coisas e é um móvel permanente de mal-estar (Le Breton 1990). Com uma intuição notável, P. Virilio (1976) captou bem, nos anos 70, esse esmorecimento das atividades propriamente físicas do homem, sublinhando principalmente o quanto "a humanidade urbanizada torna-se uma humanidade sentada" (p. 269). Além dos poucos passos que dá para se levantar, entrar ou sair de seu veículo, a maioria dos indivíduos fica sentada o dia todo. Esse esquecimento do corpo na vida cotidiana não é o nosso tema neste livro – não iremos abordá-lo –, mas, ao começar esta obra, convém sublinhar que assinala uma profunda ruptura da unidade do homem cuja relação com o mundo é necessariamente física e sensorial. Entre parênteses na vida diária, o corpo volta à atenção dos indivíduos na forma de sintoma. Na melhor das hipóteses, alguns programam regularmente para si caminhadas ou exercícios para manter a forma física. Com exercícios de simulação, tornam a tomar contato consigo a fim de prosseguir uma vida cotidiana em que a relação física com o mundo é negligenciável. O desabono do corpo, que analisamos aqui no discurso radical de certos cientistas ou adeptos da cultura cibernética, é também um fato vivido em seu nível por milhões de ocidentais que perderam sua relação de evidência com um corpo que só utilizam parcialmente. No limite, esse sonho de uma humanidade livre do corpo é lógica nesse contexto em que o veículo é rei e o ambiente é excessivamente tecnicizado, e no qual o corpo não é mais o centro irradiante da existência, mas um elemento negligenciável da presença.

A *progressão da obra*

São as aventuras do corpo dissociado da pessoa, percebido como material acidental, desastroso, mas modulável, que nos propomos a estudar nesta obra por um ângulo antropológico.

Em primeiro lugar, examinaremos o corpo vivido como acessório da pessoa, artefato da presença, implicado em uma encenação de si que alimenta uma vontade de se reapropriar de sua existência, de criar uma identidade provisória mais favorável. O corpo é então submetido a um *design* às vezes radical que nada deixa inculto (*body building*, marca corporal, cirurgia estética, transexualismo etc.). Colocado como representante de si, cepo de identidade manejável, torna-se afirmação de si, evidenciação de uma estética da presença. Não é mais o caso de contentar-se com o corpo que se tem, mas de modificar suas bases para completá-lo ou torná-lo conforme à ideia que dele se faz. Sem o complemento introduzido pelo indivíduo em seu estilo de vida ou suas ações deliberadas de metamorfoses físicas, o corpo seria uma forma decepcionante, insuficiente para acolher suas aspirações. Nessas diferentes representações, o corpo deixa de responder à unidade fenomenológica do homem, é um elemento material de sua presença, mas não sua identidade, pois ele só se reconhece aí num segundo tempo após efetuar um trabalho de sobressignificação que o conduz à reivindicação de si. Mudando o corpo, pretende-se mudar sua vida. Esse é o primeiro grau de suspeita do corpo (Capítulo 1).

A manipulação de si que implica as ferramentas técnicas já encontra referências na vida cotidiana: por exemplo, o uso de psicotrópicos para regular a tonalidade afetiva da relação com o mundo. A desconfiança do corpo, ou melhor, a desconfiança de si, conduz ao recurso psicofarmacológico a molécula que pretensamente produz o estado moral desejado sem se estar nem um pouco doente. Tomam-se produtos para dormir, para acordar, para ficar em forma, para ter energia, aumentar a memória, suprimir a ansiedade, o estresse etc., tantas próteses químicas para um corpo percebido como falho pelas exigências do mundo contemporâneo, para permanecer flutuando em um sistema cada vez mais ativo e exigente (Capítulo 2).

A tecnociência persegue em sua escala (legítima) os trâmites minúsculos e artesanais que os indivíduos isoladamente realizam em seu nível. O corpo é muitas vezes considerado pela tecnologia como um rascunho a ser retificado, senão no nível da espécie, pelo menos no nível do indivíduo, uma matéria-prima a ser arranjada de outra forma. Uns e outros afirmam o caráter disponível e provisório de um corpo sutilmente separado de si, mas colocado como o caminho propício para fabricar uma presença à altura da vontade de domínio dos atores. A instituição do corpo em laboratório público ou particular é um dos dados elementares de nossas sociedades contemporâneas. A fantasia de um corpo liberado de seus antigos pesos naturais resulta principalmente no mito da criança perfeita, fabricada pela medicina e carimbada como de boa qualidade morfológica e genética. A assistência médica à procriação induz uma concepção da criança fora do corpo, fora da sexualidade. Alguns biólogos até sonham em eliminar a mulher de toda a gestação graças à incubadora artificial. Nessa utopia, a existência pré-natal do indivíduo seria apenas um percurso médico em que a mulher absolutamente não é necessária. Uma vez concebida, a criança é submetida a uma série de exames que analisam sua qualidade genética ou sua aparência física. Exame temível de entrada na vida que perpetua a suspeita de um corpo do qual já a perfeição resulta de um procedimento técnico (Capítulo 3).

A medicina deixa de se preocupar somente com cuidar, justificando-se dos "sofrimentos" possíveis; ela intervém para dominar a vida, controlar os dados genéticos; ela tornou-se uma instância normativa, um biopoder (Foucault), uma forma científica e cruel de enunciação do destino; sem, no entanto, ser capaz de cuidar dos males em evidência, ela enumera as enfermidades inelutáveis e as que talvez possam atingir as pessoas aos 40 ou 50 anos (coreia de Huntington etc.). Participa da triagem dos embriões ou dos fetos de acordo com um procedimento de seleção baseado na busca da "vida digna de ser vivida", com o acordo dos pais, eliminando dessa maneira os portadores virtuais das doenças que não se sabe curar. Uma das formas de prevenção consiste agora na eliminação radical do doente potencial antes mesmo que ele consiga existir e desenvolver sua doença. Tornando-se vaticinadora, a medicina entra na era do virtual, decide o destino de uma criança que ainda não existe e já opera no óvulo a seleção dos que vale ou não a pena existirem (Capítulo 4). Procedimento socialmente mais econômico do que o que consiste em mudar as mentalidades para torná-las aptas a acolher a diferença. O virtual, figura de destaque da biologia ou do espaço cibernético, por sua repercussão social, cultural, científica ou política, assinala um novo paradigma da relação do homem com o mundo. Introduz rupturas simbólicas inéditas cuja natureza antropológica é colocada em questão em sua capacidade de estabelecer ligação e dar sentido e gosto de viver na escala do indivíduo, mas também na da sociedade em seu conjunto.

Finalmente, o corpo é supranumerário, principalmente para certas correntes da cultura cibernética que sonham com seu desaparecimento. É transformado em artefato, e até mesmo em "carne" da qual convém se livrar para ter, por fim, acesso a uma humanidade gloriosa. A navegação na Internet ou a realidade virtual proporciona aos internautas o sentimento de estarem presos a um corpo estorvante e inútil ao qual é preciso alimentar, do qual é preciso cuidar, ao qual é preciso manter etc., enquanto a vida deles seria tão feliz sem esse aborrecimento. A comunicação sem rosto – sem carne – favorece as identidades múltiplas, a fragmentação do sujeito comprometido em uma série de encontros virtuais para os quais a cada vez ele endossa um nome diferente, e até mesmo uma idade, um sexo, uma profissão escolhidos de acordo com as circunstâncias. A cultura cibernética é muitas vezes descrita por esses adeptos como um mundo maravilhoso, aberto aos "mutantes" que inventam um novo universo – esse paraíso necessariamente não tem corpo (Capítulo 5).

A sexualidade cibernética realiza plenamente esse imaginário do desaparecimento do corpo e até do outro. O sexo é substituído pelo texto. Descreve-se ao outro o que se está fazendo com ele por muitos sinais gráficos que traduzem o gozo ou a emoção. O erotismo atinge o estágio supremo da higiene, eliminando o corpo físico em proveito do corpo virtual. Acabou-se o medo da Aids ou das doenças sexualmente transmissíveis, e até o cansaço, nessa sexualidade angélica na qual é até possível, graças ao anonimato na Internet, escolher sexos e estados civis (Capítulo 6).

Para muitos adeptos da Inteligência Artificial, a máquina decerto será um dia pensante e sensível, superando o homem na maioria de suas tarefas. Se a máquina está se humanizando, o homem está se mecanizando. A ciborguização progressiva do humano, sobretudo em suas promessas de futuro, confunde ainda mais as fronteiras. Alguns já reivindicam um direito das máquinas equivalente aos direitos do homem a fim de protegê-las das exações de seus usuários. Se o cérebro é uma versão inferior do computador (aos olhos de alguns), está, apesar de tudo, encerrado em uma carne de homem, e isso dá trabalho. O computador não tem nem mesmo esse defeito. A radicalidade do discurso anuncia-se em pesquisadores que enunciam sua vontade de suprimir o corpo da condição humana, de telecarregar seu "espírito" no computador a fim de viver plenamente a imersão no espaço cibernético. O desabono do corpo revela então sua dimensão total. Para alguns, o corpo não está mais à altura das capacidades exigidas na era da informação, é lento, frágil, incapaz de memória etc.; convém livrar-se dele forjando um corpo biônico (isto é, ampla ou inteiramente ciborguizado), no qual se inseriria um disquete que contivesse o "espírito". Trata-se não apenas de satisfazer as exigências da cultura cibernética ou da comunicação, mas simultaneamente de suprimir a doença, a morte e todos os entraves ligados ao fardo do corpo. O homem muda de natureza, torna-se *Homo silicium* (Capítulo 7).

Certamente continuamos sendo de carne e, como conclusão, este livro é de fato um elogio sem reservas do corpo, mas os empreendimentos que pretendem o "melhoramento" da condição humana pela retificação ou pela supressão do corpo multiplicam-se diante de nossos olhos, suscitando às vezes mudanças temíveis, principalmente no campo genético. Levantam grandes questões antropológicas sobre a condição do homem, a relação com a diferença. A vontade de liquidar ou de transformar o corpo percebido como um rascunho provoca uma reviravolta no universo simbólico que constrói a coerência do mundo. Mas o homem virtual é um homem abstrato a quem ainda falta a existência (Abertura, p. 221, adiante).

Trata-se do estabelecimento da sequência dos genomas, das manipulações genéticas, da fecundação *in vitro*, dos exames pré-natais, da supressão radical dos corpos para certos adeptos da cultura cibernética, dos desempenhos do *body art*, da gestão farmacológica de si, do consumo de anabolizantes para se muscular ou de anfetaminas para aumentar suas forças – a lista poderia prosseguir por muito tempo; os empreendimentos do extremo contemporâneo inventam um novo mundo não despojado de ameaças no que diz respeito ao gosto e ao sentido de viver. Uma vontade de domínio, de enquadramento autoritário do vivo não deixa qualquer detalhe ao acaso. As fronteiras ontológicas dissolvem-se. Uma engenharia biológica, da procriação até a morte, cria o sujeito modificando seu corpo, interfere com ele na produção de si ou do sentimento de si. Artifício e natureza deixam de ser categorias oponíveis (claro que jamais foram, mas jamais foram tão próximas), misturam-se. Se as referências culturais de sentido se apagam hoje em dia na profusão, se as religiões perderam sua faculdade de agrupar os homens em torno de crenças comuns, muitos cientistas aproveitam a oportunidade e erigem-se sem saber em novos sacerdotes, fornecedores de certezas, anunciadores de amanhãs que louvam as mudanças espetaculares na genética ou no espaço cibernético. A técnica e a ciência, aliás em profunda crise, são colocadas por alguns como provedoras de salvação. Esses discursos são disparates, procedem muitas vezes de um puro imaginário (mesmo se aquele que os profere está convencido de sua verdade), de uma utopia, mas seu ponto comum, como tentaremos demonstrar, é fazer do corpo rebotalho. Seria mudando o corpo que o homem chegaria à salvação.

Não se trata de contestar a técnica ou a ciência, evidentemente, mas antes de analisar um certo tipo de discurso e práticas de teor inconscientemente religioso. Aliás, o religioso estar se dissolvendo nos empreendimentos contemporâneos é bem traduzido pela extraordinária banalização do fato de alguns pesquisadores se compararem a Deus após criarem uma quimera biológica, criaturas artificiais ou outros procedimentos virtuais. O fato de se considerar Deus por um momento tornou-se um dos traços típicos de nossas sociedades.

As fronteiras do corpo, que são simultaneamente os limites de identidade de si, despedaçam-se e semeiam a confusão. Se o corpo se dissocia da pessoa e só se torna circunstancialmente um "fator de individuação", a clausura do corpo não basta mais à afirmação do eu, e então toda a antropologia ocidental se eclipsa e abre-se para o inédito (Le Breton 1993, p. 298 ss.). O corpo é escaneado, purificado, gerado, remanejado, renaturado, artificializado, recodificado geneticamente, decomposto e reconstruído ou eliminado, estigmatizado em nome do "espírito" ou do gene "ruim". Sua fragmentação é consequência da fragmentação do sujeito. O corpo é hoje um desafio político importante, é o analista fundamental de nossas sociedades contemporâneas.

1
O CORPO ACESSÓRIO

Hoje podemos (...) falar de um sujeito fractal que, em vez de se transcender em uma finalidade ou um conjunto que o supera, se defracta em uma profusão de egos miniaturizados, todos semelhantes uns aos outros, multiplicando seus efeitos de um modo embrionário como em uma cultura biológica, saturando seu ambiente por cissiparidade ao infinito.

Jean Baudrillard, *L'autre par lui-même*
[*O outro por si mesmo*], 1987

Sobressignificar o corpo

Em nossas sociedades, a parcela de manipulação simbólica amplia-se, o reservatório de conhecimento e de serviços à disposição dos indivíduos estendeu-se desmesuradamente. A maleabilidade de si, a plasticidade do corpo tornam-se lugares-comuns. A anatomia não é mais um destino, mas um acessório da presença, uma matéria-prima a modelar, a redefinir, a submeter ao *design* do momento. Para muitos contemporâneos, o corpo tornou-se uma representação provisória, um *gadget*, um lugar ideal de encenação de "efeitos especiais". Há cerca de dez anos milhões de atores o transformam convertendo-o em um emblema. Há um jogo entre o homem e seu corpo no duplo sentido do termo. Uma versão moderna do dualismo não opõe mais o corpo ao espírito ou à alma, porém, mais precisamente, ao próprio sujeito. O corpo não é mais apenas, em nossas sociedades contemporâneas, a determinação de uma identidade intangível, a encarnação irredutível do sujeito, o *ser-no-mundo*, mas uma construção, uma instância de conexão, um terminal, um objeto transitório e manipulável suscetível de muitos emparelhamentos. Deixou de ser identidade de si, destino da pessoa, para se tornar um *kit*, uma soma de partes eventualmente destacáveis à disposição de um indivíduo apreendido em uma manipulação de si e para quem justamente o corpo é a peça principal da afirmação pessoal. Hoje o corpo constitui um *alter ego*, um duplo, um outro si mesmo, mas disponível a todas as modificações, prova radical e modulável da existência pessoal e exibição de uma identidade escolhida provisória ou duravelmente (Le Breton 1990).

Os psicotrópicos cinzelam o humor, a cirurgia estética ou a plástica modifica as formas corporais ou o sexo, os hormônios ou a dietética aumentam a massa muscular, os regimes alimentares mantêm a silhueta, os *piercings* ou as tatuagens dispensam os sinais de identidade sobre a pele ou dentro dela, a *body art* leva ao auge essa lógica que transforma o corpo abertamente no material de um indivíduo que reivindica remanejá-lo à vontade e revelar modos inéditos de criação. Alguns sonham em agir diretamente sobre a fórmula genética do sujeito para modelar sua forma e até seus comportamentos. Todas essas condutas isolam o corpo como uma matéria à parte que fornece um estado do sujeito. O corpo é o suporte de geometria variável de uma identidade escolhida e sempre revogável, uma proclamação momentânea de si. Se não é possível mudar suas condições de existência, pode-se pelo menos mudar o corpo de múltiplas maneiras. A indústria do *design* corporal desenvolve-se a partir do sentimento de que a soberania relativa da consciência do indivíduo deve se estender igualmente à sua aparência e não deixar a carne inculta. "Ser o que se é torna-se uma performance efêmera, sem futuro, um maneirismo desencantado em um mundo sem maneiras" (Baudrillard 1997, p. 22). O corpo tornou-se a prótese de um eu eternamente em busca de uma encarnação provisória para garantir um vestígio significativo de si. Inúmeras declinações de si pelo folhear diferencial do corpo, multiplicação de encenações para sobressignificar sua presença no mundo, tarefa impossível que exige tornar a trabalhar o corpo o tempo todo em um percurso sem fim para aderir a si, a uma identidade efêmera, mas essencial para si e para um momento do ambiente social.[1] Para aderir com força à existência, multiplicam-se os signos de sua existência de maneira visível sobre o corpo. Helèna Velena, profundamente implicada no cenário italiano da sexualidade telemática e do jogo sobre as identidades sexuais, escreve que

> (...) querer modificar-se, querer colocar o próprio corpo em relação com o próprio *self*, não é nem uma doença, nem algo de que se deva ter vergonha. Mas algo a se reivindicar abertamente à luz do dia com orgulho. Um hino à liberdade. Como nos ensina o transexualismo ou o sexo cibernético. (Velena 1995, p. 191)

O corpo torna-se emblema do *self*. A interioridade do sujeito é um constante esforço de exterioridade, reduz-se à sua superfície. É preciso se colocar fora de si para se tornar si mesmo. Mais do que nunca, repetindo Paul Valéry, "a pele é o mais profundo".

A cirurgia estética passa por um desenvolvimento considerável, aumentado por esse sentimento da maleabilidade do corpo. Sua transformação em objeto a ser modelado traduz-se de imediato nos catálogos que os cirurgiões depõem nas salas de espera e que mostram aos clientes para propor uma intervenção precisa. Neles se veem o rosto,

---

1. Os Estados Unidos apresentam hoje uma profusão de *multiple personality disorders* (desordens da personalidade múltipla) no campo da psiquiatria e da justiça, isto é, uma sucessão de personalidades que habitam o mesmo indivíduo e que se impõem a ele, levando-o a ações que em seguida ele não reconhece (Behr 1995).

ou o fragmento de corpo a ser modificado, e o resultado após efetuada a operação. Transmutação alquímica do objeto errado. Na gama das intervenções, o cliente escolhe a que proporcionará ao seu rosto ou ao seu corpo a forma que lhe convém. Seios cheios de silicone, modificados por próteses ou remodelados, vários tipos de *liftings* do rosto, lábios reconstituídos por injeções, lipoaspirações ou retalhamento da barriga ou das coxas, cabelos repicados, implantes subcutâneos para induzir as proporções físicas desejadas etc. Maneira de reduzir o desvio experimentado entre si e si. Além dos imperativos de aparência e juventude que regem nossas sociedades, muitas vezes os que usam a cirurgia estética são indivíduos em crise (por divórcio, desemprego, envelhecimento, morte de um próximo, ruptura com a família etc.), que encontram nesse recurso a possibilidade de romper de uma vez com a orientação de sua existência, modificando os traços de seu rosto ou o aspecto de seu corpo. A vontade está na preocupação de modificar o olhar sobre si e o olhar dos outros a fim de sentir-se existir plenamente. Ao mudar o corpo, o indivíduo pretende mudar sua vida, modificar seu sentimento de identidade. A cirurgia estética não é a metamorfose banal de uma característica física no rosto ou no corpo; ela opera, em primeiro lugar, no imaginário e exerce uma incidência na relação do indivíduo com o mundo. Dispensando um corpo antigo mal-amado, a pessoa goza antecipadamente de um novo nascimento, de um novo estado civil (Le Breton 1992). A cirurgia estética oferece um exemplo impressionante da consideração social do corpo como artefato da presença e vetor de uma identidade ostentada.

Domínio do corpo

A relação do indivíduo com seu corpo ocorre sob a égide do domínio de si. O homem contemporâneo é convidado a construir o corpo, conservar a forma, modelar sua aparência, ocultar o envelhecimento ou a fragilidade, manter sua "saúde potencial". O corpo é hoje um motivo de apresentação de si. Para Richard Sennett, a cultura do corpo é uma forma moderna da ética protestante (Sennett 1979, p. 269). J.-J. Courtine aí vê "uma das formas essenciais de compromisso, passado pela ética puritana, com as necessidades do consumo em massa. Aí se descobre assim não um desaparecimento das proibições, mas, em vez disso, uma nova distribuição de coerções" (Courtine 1993, p. 242). O extremo contemporâneo erige o corpo como realidade em si, como simulacro do homem por meio do qual é avaliada a qualidade de sua presença e no qual ele mesmo ostenta a imagem que pretende dar aos outros. "É por seu corpo que você é julgado e classificado", diz, em suma, o discurso de nossas sociedades contemporâneas. Nossas sociedades consagram o corpo como emblema de si. É melhor construí-lo sob medida para derrogar ao sentimento da melhor aparência. Seu proprietário, olhos fixos nele mesmo, cuida para torná-lo seu representante mais vantajoso. As condições sociais e culturais dos indivíduos certamente matizam essa consideração, mas esse é pelo menos o ambiente de nossas sociedades com relação ao corpo. Se em todas as sociedades humanas o corpo é uma estrutura simbólica (Le Breton 1990; 1993), torna-se aqui uma escrita altamente reivindicada, embasada por um imperativo de se transformar, de se modelar, de se colocar no mundo. A colocação em signo perseguida por todas as sociedades de acordo com seus usos culturais aqui se torna uma encenação deliberada de si com inúmeras variações individuais e sociais, que fazem do corpo um material a ser lavrado segundo as orientações de um momento.

Em uma sociedade de indivíduos, a coletividade de pertinência só fornece de maneira alusiva os modelos ou os valores da ação. O próprio sujeito é o mestre de obras que decide a orientação de sua existência. A partir de então, o mundo é menos a herança incontestável da palavra dos mais velhos ou dos usos tradicionais do que um conjunto disponível à sua soberania pessoal mediante o respeito de certas regras. O extremo contemporâneo define um mundo em que a significação da existência é uma decisão própria do indivíduo e não mais uma evidência cultural. A relação com o corpo depende menos da evidência da identidade consigo mesmo do que daquela de agora em diante de um objeto a sublinhar na representação de si. É importante gerir seu próprio corpo como se gerem outros patrimônios dos quais o corpo se diferencia cada vez menos. O corpo tornou-se um empreendimento a ser administrado da melhor maneira possível no interesse do sujeito e de seu sentimento de estética. O selo do domínio é o paradigma da relação com o próprio corpo no contexto contemporâneo. Todo corpo contém a virtualidade de inúmeros outros corpos que o indivíduo pode revelar tornando-se o arranjador de sua aparência e de seus afetos. O desinvestimento dos sistemas sociais de sentido conduz a uma centralização maior sobre si. A retirada para o corpo, para a aparência, para os afetos é um meio de reduzir a incerteza buscando limites simbólicos o mais perto possível de si. Só resta o corpo para o indivíduo acreditar e se ligar.

O transexualismo ou o fora do sexo

O corpo do transexual é um artefato tecnológico, uma construção cirúrgica e hormonal, uma produção plástica sustentada por uma vontade firme. Brincando com sua existência, o transexual entende assumir por um momento uma aparência sexual de acordo com seu sentimento pessoal. É ele próprio, e não um destino anatômico, quem decide seu sexo de eleição; ele vive por meio de uma vontade deliberada de provocação ou de jogo. O transexual suprime os aspectos demasiado significativos de sua antiga corporeidade para abordar os sinais inequívocos de sua nova aparência. Modela para si diariamente um corpo sempre inacabado, sempre a ser conquistado graças aos hormônios e aos cosméticos, graças às roupas e ao estilo da presença. Longe de serem a evidência da relação com o mundo, feminilidade e masculinidade são o objeto de uma produção permanente por um uso apropriado dos signos, de uma redefinição de si: conforme o *design* corporal, tornam-se um vasto campo de experimentação. A categoria sexual do masculino sobretudo é questionada profundamente. "Para a imaginação masculina", diz Cooper,

> (...) o transexualismo é uma experiência desconcertante, pois ocorre na terra de ninguém entre a homo e a heterossexualidade incubadas em cada um de nós. Quando você brinca com um transexual é como se satisfizesse uma curiosidade infantil de ver-tocar, de sentir como são feitos os homens como você, sem, no entanto, abandonar a perturbação do encontro com uma mulher. (1997, p. 86)

H. Velena exagera, colocando o transexualismo

> (...) como uma identidade da não-identidade, ou melhor, uma reivindicação de si que nasce de não se sentir ligado a uma situação definida e definitiva, mas, ao contrário, em trânsito, em transformação, em relação, em fluxo. O transexualismo é para quem tem barba e quer sair de minissaia, quer apenas lamber os pés de seus parceiros, gosta de ser amarrado, ou tem seios magníficos, mas também um pênis perfeito... (1995, p. 211)

Vontade de conjurar a separação, de não fazer mais sexo (do latim *secare*: cortar), nem um corpo, nem um destino, mas uma decisão, e sobretudo de se libertar para se inventar e colocar a si mesmo no mundo. O transexual é um símbolo quase caricato do sentimento de que o corpo é uma forma a ser transformada. Da mesma maneira, ele se decide pela nostalgia da indiferenciação que obseda muitas práticas da modernidade – veremos esse fato de maneira radical no universo das procriações sob assistência médica ou na fantasia de suprimir a mulher na gravidez em proveito de uma incubadora artificial. D. Welzer-Lang mostra a importância da prostituição transexual na cidade de Lyon; ele observa o jogo de signos que torna indefinível a identidade de um sujeito inteiramente em relação lúdica com os outros:

> O que dizer dessa prostituta que se apresenta como mulher nas primeiras conversas e fala em nome das mulheres, informa-nos rapidamente que, na realidade, estamos diante de um transexual e que, um ano depois, reivindica sua identidade masculina e sua qualidade de travesti? O que não o impede, aliás, de viver o essencial de sua vida social como uma mulher. (Welzer-Lang *et al.* 1994)

Adepto de uma sexualidade multiforme, Cooper explica bem esse sucesso, evocando a busca de experiências insólitas:

> O transexual vai lhe parecer estranho, diferentemente da mulher que se prostitui, é uma criatura desejante. Como se desenvolve de fato uma noitada de prostituição: uma quantidade enorme de clientes pede-lhe para ser sodomizada. É isso que os excita, a sensação de serem sodomizados por uma mulher. (1997, p. 87)

O transexual é um viajante em seu próprio corpo, cuja forma e cujo gênero mudam à sua vontade, levando a termo a condição de objeto de circunstância de um corpo, que se tornou modulável e determinável não mais com relação ao sujeito, mas ao momento.[2]

Marcas corporais

Nos anos 1970, os *punks*, em sua vontade de irrisão das convenções sociais de aparência física e de vestimentas, traspassam muitas vezes o corpo com alfinetes, engancham cruzes gamadas, símbolos religiosos, todas as espécies de objetos heteróclitos na própria pele. O corpo é queimado, mutilado, varado, talhado, tatuado, entravado em trajes impróprios. O ódio do social converte-se em um ódio do corpo, que justamente simboliza a relação forçada com o outro. Ao inverso de uma afirmação estética, é mais importante traduzir uma dissidência brutal da sociedade londrina e depois britânica. O corpo é uma superfície de projeção, cuja alteração irrisória testemunha a recusa radical das condições de existência de uma certa juventude. A cultura *punk* entra, contudo, no circuito do consumo, desviada, transformada em estilo. As marcas corporais mudam radicalmente de *status*, engolidas pela moda, pelo esporte, pela cultura nascente e múltipla de jovens gerações; diversificam-se igualmente em uma busca de singularidade pessoal: tatuagem, *piercing*, *branding* (desenho ou sinal inscrito sobre a pele com ferro em brasa ou *laser*), escarificação, laceração, fabricação de cicatrizes em relevo, *stretching* (aumento dos buracos do *piercing*), implantes subcutâneos etc.

A tatuagem é um sinal visível inscrito na própria pele graças à injeção de uma matéria colorida na derme. Diferentemente da maquiagem, efêmera,

---

2. O travestir é, aliás, uma dimensão essencial da *body art*, que manifesta a vontade de se liberar dos limites da identidade sexual (Journiac, Luthi, Molinier, Castelli etc.). Muitos cantores conhecidos brincam igualmente com a ambiguidade de sua aparência: David Bowie, Boy George, Michael Jackson e outros. Este último, que remodelou o rosto, alisou os cabelos, clareou a pele etc., é um exemplo impressionante de como o corpo não passa de uma aparência, cuja encenação equivale a uma colocação de si no mundo.

feminina e destinada ao rosto, a tatuagem é definitiva, é feita em homens e mulheres e atinge essencialmente o conjunto do corpo (ombro, braço, peito, costas etc.), mais raramente o rosto. Por muito tempo a tatuagem foi associada à "primitividade" daqueles que a ela recorriam. Para Lombroso ou Lacassagne, nos anos da virada do século XIX para o XX, não havia dúvida de que os indivíduos tatuados fossem "selvagens", ou seja, a seus olhos, homens menores, pouco civilizados e propensos a todas as formas de delinquência. Bárbaros daqui ou de outro lugar, eles próprios escolheriam expressar sua infâmia por esse desenho tegumentar que traduziria sua dissidência diante dos valores colocados como sendo os da civilização. Uma trama de preconceitos obscureceu por muito tempo o conjunto das pesquisas a esse respeito. Dupla falta de conhecimento, a do significado cultural das marcas corporais nas sociedades tradicionais, a do significado íntimo da marca tegumentar nos meios populares; e duplo desprezo: sentimento da superioridade da civilização "branca", portadora de "progresso", receio diante das classes laboriosas percebidas como classes perigosas. Hoje a tatuagem sai da clandestinidade e afasta-se da imagem ruim que por muito tempo carregou, seu valor até se inverte, suaviza-se com os *kits* de tatuagem provisória à venda no comércio. O entusiasmo pelas marcas corporais assalta o conjunto de nossas sociedades e, particularmente com o *piercing*, as gerações jovens.

Os *piercings* são feitos em diversos pontos das orelhas, do nariz, dos lábios, da língua, nos mamilos, no umbigo, nos órgãos genitais masculinos (o *ampallang* atravessa na horizontal a glande, o *Príncipe Albert* a atravessa por baixo, o *Dydoe*, em torno da base da glande para os homens circuncidados etc.), nos órgãos genitais femininos (nos pequenos ou grandes lábios, no clitóris etc.) (*Re/Search* 1989; Zbinden 1997). Esses últimos *piercings* muitas vezes estão ligados a uma vontade de intensificar as relações sexuais, proporcionando-se novas sensações. Mesmo sem estímulos particulares, os órgãos marcados dessa forma são muitas vezes sentidos de maneira privilegiada por aqueles que usam joias. São os lugares íntimos de uma ampliação da sensação e do gozo de si. A estética do *piercing* nasce na costa oeste dos Estados Unidos em torno de D. Malloy, descrito por Fakir Musafar como um "milionário excêntrico", que reúne um punhado de pessoas traspassadas (entre elas,

Fakir Musafar, Jim Ward...). Jim Ward abre a primeira loja de *piercing* em 1975 em Los Angeles, onde comercializa joias específicas que obtêm um imenso sucesso. As lojas multiplicam-se nos Estados Unidos e depois na Grã-Bretanha e alcançam por fim o resto da Europa. O mesmo grupo cria a revista *PFIQ* (*Piercing Fans International Quarterly*). O sucesso das marcas corporais cresce associado à ideia implícita de que o corpo é um objeto maleável, uma forma provisória, sempre remanejável, da presença fractal própria. Elas escapam dos lugares marginais do sadomasoquismo, do fetichismo ou do *punk*, absorvidas por aquilo que se convencionou chamar as "tribos urbanas" (*punk, hard rock, techno, grunge, bikers, gays* etc.), e propagam-se para o conjunto da sociedade por intermédio da alta-costura, principalmente dos manequins de Gautier, com uma predileção pelas gerações jovens que crescem no ambiente intelectual de um corpo inacabado e imperfeito, cuja forma o indivíduo deve completar com seu próprio estilo. Os estúdios de tatuagem e de *piercing* multiplicam-se e acentuam a demanda.

A mitologia da marcação corporal está presente desde seus primeiros passos com suas palavras-chave: tribalismo, primitivismo etc. Fakir Musafar (nascido em 1930), um dos principais artesãos do movimento dos "primitivos modernos", descreve assim sua esfera de influência: "Todas as pessoas não tribais que reagem a uma urgência primal e que fazem alguma coisa com seu corpo". O personagem merece que nos demoremos nele, pois é emblemático das relações do extremo contemporâneo com o corpo. Desde sua infância, experimenta uma profusão de modificações corporais que ele muitas vezes apresenta em público. Apaixonado por uma reportagem do *National Geographic*, aos 12 anos, encerra a cintura num espartilho justo para se parecer com um adolescente apertado em um cinto-ritual de uma fotografia que o impressionou. No ano seguinte, realiza seu primeiro *piercing* no prepúcio e, a seus olhos, estabelece simbolicamente o momento de nascimento dos *modern primitives*. Passa horas fazendo o *piercing* com um broche finamente lapidado; vive essa metamorfose de seu corpo como uma experiência espiritual. Adolescente, prossegue sua busca pessoal, tatuando ele mesmo seu peito. Traspassa o nariz, as orelhas, enfia agulhas em seu corpo. A dor não o afeta, porque ele a controla, mas, graças a esses momentos em que se arranca do comum, vive estados de consciência alterada que tenta reproduzir.[3]

Aos 17 anos, jejua, priva-se de sono e amarra-se com correntes apertadas e pesadas a um muro, ali agitando-se durante horas. Atinge uma espécie de êxtase – os pés e os braços entorpecidos, à beira da asfixia. Consegue, contudo, livrar-se das correntes e desmorona, não sentindo mais a menor sensação em certos membros. Esse momento é, contudo, uma iluminação. Depois, faz inúmeras experiências corporais em situações extremas: recobre todo o seu corpo com uma pintura dourada que impede a respiração tegumentar; pendura com anzóis no peito objetos pesados; suspende cargas em seus *piercings*; sofre, com todo conhecimento de causa, uma operação que lhe permite o alongamento de seu pênis graças a pesos que a ele fixa; aceita, dessa maneira, perder sua faculdade genésica e vive outras formas de sexualidade com sua companheira; enfia espartilhos muito apertados; deita-se numa cama de alfinetes, de lâminas. Usa uma estrutura de metal inspirada nos discípulos hindus de Siva, constituída de uma série de longas pontas de metal que penetram em seu corpo e formam uma espécie de leque em torno dele. Suspende-se em ganchos cravados em seu peito ou em todo o seu corpo etc. Sua pele é recoberta de tatuagens e *piercings*. Ao lhe perguntarem sobre o significado de sua conduta, evoca o prazer que sente em certas ações e os estados de êxtase que experimenta com elas. Fakir Musafar é um exemplo impressionante do "primitivismo moderno", isto é, dessa colagem de práticas e de rituais fora de contexto, flutuando em uma eternidade indiferente, longe de seu significado cultural original, muitas vezes ignorado por aqueles que o empregam transformando-o em *performances* físicas. Mas essas experiências nem por isso deixam de revestir formas de sagrados íntimos que tornam sua realização particularmente intensa.

---

3. "A negatividade da dor (sensação forte e inesperada) só existe para os não-preparados. Se você tiver treino suficiente, conhecimento e prática, pode superá-la, transformá-la ou convertê-la no que quiser... É o que faço quando me penduro com ganchos na pele. As pessoas dizem: 'Isso deve doer demais'. Respondo: 'Não, é extático, é belo'" (*Re/Search* 1989, p. 13). Tornamos a encontrar esse fascínio pela dor em outras práticas tratadas neste capítulo.

Em inúmeras sociedades humanas as marcas corporais são associadas a ritos de passagem em diferentes momentos da existência ou então são vinculadas a significados precisos dentro da comunidade. A tatuagem tem, dessa maneira, valor de identidade; expressa, no próprio âmago da carne, o pertencer do sujeito ao grupo, a um sistema social; precisa as fidelidades religiosas; de certa forma humaniza, por meio desse confisco cultural cujo valor redobra o da nominação. Em certas sociedades, a leitura da tatuagem informa a inscrição do homem em uma linhagem, um clã, uma faixa etária; indica um *status* e fortalece a aliança. É impossível se misturar ao grupo sem esse trabalho de integração que os signos cutâneos imprimem na carne. Ao contrário, para os "primitivos modernos", sua dimensão estética ou sua qualidade de desempenhos físicos é o que conta primeiramente, mesmo se às vezes a preocupação de sua significação de origem é simplificada para entrar em um outro contexto social e cultural. Fakir Musafar não cessa de evocar as comunidades tradicionais, cujos usos recupera por conta própria, desviando-as, a fim de viver momentos de êxtase. Os ritos tradicionais são folclorizados à maneira de uma máscara dos espíritos exposta por trás dos vidros de um museu; eles transformam-se em signos indiferentes a seu conteúdo dos quais só importa o valor de representação para nossas sociedades ocidentais contemporâneas. Tatto Mike, cujo corpo é quase inteiramente tatuado, o rosto inclusive, apresenta bem a filosofia do primitivismo moderno ao falar de suas inúmeras marcas corporais tiradas de "desenhos que vão dos samoanos aos índios, combinadas em uma espécie de *psicodélico* das diferentes culturas" (p. 39). Fakir Musafar, aliás, melindrou os índios mandans nos quais se inspirou para o termo de "dança do sol" quando se pendurava com ganchos no peito e outros pontos do corpo. Estes conseguiram que ele deixasse de utilizar esse termo.[4] As marcas corporais entram num sincretismo radical.

Para Mark Dery, o primitivismo moderno é uma

> (...) categoria que recobre tudo, que compreende os fãs do *tecno-hard-core* e da *dance-music* industrial: os fetichistas da escravidão; os artistas

---

4. Sobre Fakir Musafar e sobre os *Modern primitives*, remetemos aos documentos de *Re/Search* (1989).

de *performances*; os *tecno-pagãos*; finalmente os que gostam de pendurar-se com ganchos subcutâneos e outras formas de mortificação ritual ou de "jogo corporal", que pretensamente produzem estados alterados. (1998, p. 288)

Flutuação de signos que assim passam de uma "tribo urbana" a outra ou se apresentam como pura estética paradoxal entre indivíduos que apreciam suas formas e delas se apropriam sem preocupar-se com sua origem, desviando mais uma vez marcas que já vieram de outro contexto social e cultural. Alguns usuários de *piercings* gostam da ideia de ter metal no corpo. As tatuagens biomecânicas representam uma tecnicização metafórica do corpo: circuitos eletrônicos, *chips*, máquinas cibernéticas, formas geométricas ou ainda desenhos de monstros saídos da cultura cibernética e principalmente dos *videogames*. Muitas vezes o estilo tribal mistura-se ao estilo biomecânico, já que são possíveis todas as variações, havendo intercâmbio de signos pelo prazer.

O signo tegumentar é, a partir de então, uma maneira de escrever metaforicamente na carne os momentos-chave da existência: uma relação amorosa, uma convivência de amizade ou política, uma mudança de *status*, uma lembrança em uma forma ostentatória ou discreta, na medida em que seu significado permanece muitas vezes enigmático aos olhos dos outros e o lugar mais ou menos acessível a seu olhar na vida cotidiana. Ele é memória de um acontecimento forte, da superação pessoal de uma passagem na existência da qual o indivíduo pretende conservar uma lembrança. Uma reivindicação de identidade que faz do corpo uma escrita com relação aos outros, uma forma de proteção simbólica contra a adversidade, uma superfície protetora contra a incerteza do mundo. A marca tegumentar ou a joia do *piercing* também são modos de filiação a uma comunidade flutuante, muitas vezes com uma cumplicidade que se estabelece de imediato entre aqueles que a partilham. Inscrevem-se também como atributos de um estilo mais amplo que assinala a adesão a uma comunidade urbana particular. Rito pessoal para mudar a si mesmo mudando a forma do corpo. O indivíduo manipula as referências, as tradições e constrói um sincretismo que se ignora – a experiência da marca torna-se, então, uma experiência espiritual, um rito íntimo de passagem (Jeffrey 1998; Le Breton 1991).

As marcas corporais implicam igualmente uma vontade de atrair o olhar, de fabricar uma estética da presença, mesmo se o jogo permanece possível de acordo com os locais de inscrição, estejam elas permanentemente sob o olhar dos outros ou somente daqueles cuja cumplicidade se busca. Permanecem sob a iniciativa do indivíduo e encarnam, então, um espaço de sacralidade na representação de si. A superfície cutânea irradia com uma aura particular. Acrescenta um suplemento de sentido e de brincadeira à vida pessoal. É muitas vezes vivida como a reapropriação de um corpo e de um mundo que escapam; aí se inscreve fisicamente seu vestígio de ser, toma-se posse de si mesmo, inscreve-se um limite (de sentido e de fato), um signo que restitui ao sujeito o sentimento de sua soberania pessoal. A marca é um limite simbólico desenhado sobre a pele, fixa um batente na busca de significado e de identidade, é uma espécie de assinatura de si pela qual o indivíduo se afirma em uma identidade escolhida. De maneira significativa, a tatuagem na prisão traduz uma resistência pessoal à eliminação da identidade induzida pelo encarceramento que entrega o tempo e o corpo à investigação permanente dos guardas. Para o detento, simboliza uma dissidência interna, sublinhando que a perda de autonomia é provisória, que o corpo permanece sua posse própria e inalienável, a marca não lhe pode ser subtraída (Saunders 1989, p. 40). Na falta de exercer um controle sobre sua existência, o corpo é um objeto ao alcance da mão sobre o qual a soberania pessoal quase não encontra entraves. O estigma simbolizava a alienação ao outro na sociedade grega antiga; hoje, ao contrário, a marca corporal ostenta o pertencer a si. Traduz a necessidade de completar por iniciativa pessoal um corpo por si mesmo insuficiente para encarnar a identidade pessoal.

Body building

Ao contrário das pretensões de certas correntes da Inteligência Artificial que negam qualquer importância ao corpo para tornar o homem um puro espírito-computador, o *body builder* reafirma, com o mesmo radicalismo (ou ingenuidade), o dualismo entre o corpo e o espírito, apostando no primeiro como uma forma de resistência simbólica para restaurar ou construir um sentimento de identidade ameaçada. Transforma o corpo em uma espécie de máquina, versão viva do androide. O eu ostenta-se na superfície do corpo numa forma hiperbólica; a identidade é modelada nos músculos como uma produção pessoal e dominável. O *body builder* encarrega-se de seu corpo e com isso recupera o controle de sua existência. Substitui os limites incertos do mundo no qual ele vive pelos limites tangíveis e poderosos de seus músculos – sobre os quais exerce um domínio radical, tanto nos exercícios que se impõe quanto em sua alimentação, transformada em dietética meticulosamente calculada, ou em sua vida cotidiana, sempre sob a égide do controle e da poupança de si mesmo. O *body builder* só está preocupado em adquirir massa muscular; a seus olhos, a gordura é um parasita que mobiliza uma estratégia permanente de eliminação. É claro que o iniciante que quer forjar para si uma "base" suficiente deve a princípio comer por quatro para desenvolver seu volume físico. Em seguida, a gordura acumulada é convertida em alimento do músculo por um exercício rigoroso e um regime apropriado. Sua alimentação, pura matéria para fabricar músculos, baseia-se em um cálculo científico da soma de proteínas a serem absorvidas. Restringe-se a cinco ou seis refeições diárias nos antípodas da gastronomia e assimiladas como uma outra forma do trabalho a ser realizada. O complemento nutricional é dado pela proteína em pó, por minerais e vitaminas.

A alimentação esboça uma disciplina total que ocupa às vezes várias horas do dia, o treinamento tornando-se a forma ascética de uma existência dedicada aos músculos e à aparência, uma liturgia do corpo a ser modelado sem trégua. À indecisão do pertencer sexual que caracteriza nossas sociedades, o *body builder* opõe a demonstração sem equívoco de sua masculinidade. Na mulher engajada em uma prática intensiva, a ingestão de hormônios masculinos, associada à dietética e aos exercícios, tende a eliminar a feminilidade e a produzir um corpo inédito em sua forma, inapreensível, a não ser pelo corte dos cabelos ou pelas roupas. Milhares de homens e de mulheres se matam pelo seu corpo colocado como *alter ego* (como *haltere ego*), sempre no espelho diante deles – porque as salas têm espelhos –, e os exercícios exigem sua presença.

Trata-se de fabricar a si mesmo, de transformar seu corpo em campo de cultivo. O esportista de *declato* francês C. Plaziat, como bom dualista, fala de seu orgulho "de ter essa musculatura (...), de ter construído esse corpo ao longo dos anos. Tudo isso é gerido pela cabeça que induz a vontade e a coragem" (*Actuel*, nº 19, 1992). O vocabulário não é ambíguo. Na França, uma pesquisa da Sofres efetuada em 1995 contabiliza quatro milhões de pessoas que incluem desde as que frequentam de modo regular e intenso as academias até aquelas que buscam entrar em forma de modo mais relaxado, pela musculação. Sabe-se que nos Estados Unidos (Courtine 1993) ou no Brasil (Malysse 1997) o fenômeno adquire uma amplidão social considerável.

Articulam-se as funções corporais a máquinas para combater o tédio ou aumentar o exercício do controle de si. Os instrumentos para exercícios aeróbicos ou de musculação, por exemplo, tornam-se com facilidade calorosos, interativos. A informática contribui, dando às máquinas a competência própria para transformá-las em parceiras amigáveis e sinceras. Não hesitam em dizer suas verdades aos usuários dos quais conhecem as particularidades físicas e os desempenhos habituais. Visam suscitar uma motivação constante e colocar seu corpo à disposição do usuário. O *body building* é um hino aos músculos, um virar o corpo do avesso sem esfoladura, pois as estruturas musculares são tão visíveis sob a pele viva dos praticantes quanto nas pranchas de Vesálio. Além disso, o condicionamento implica a distinção das séries musculares a serem trabalhadas separadamente umas após as outras. Peça por peça, o *body builder* constrói seu corpo à maneira de um anatomista meticuloso preso apenas à aparência subcutânea. Uma fórmula muito comum diz, aliás, que um corpo bem preparado é "malhado" (Stutz 1998). O isolamento do corpo como *alter ego* é explícito na consideração desse praticante que se lançou em uma operação metódica de escultura de si: "Não se deve considerar um músculo como uma parte da gente, deve-se considerá-lo como quando se olha para um objeto. Determinada parte deve ser mais desenvolvida, outra mais afinada etc., como um escultor, a gente faz retoques como se não fosse da gente" (Rahmouni 1993). O *body builder* forja para si um corpo de máquina com acabamento cinzelado, cujo vigor é rematado pelos esteroides e pela dietética, um corpo pacientemente fabricado, trabalhando sucessivamente feixes de músculos seguindo uma analítica meticulosa da carne.

O uso lancinante das máquinas cumpre sua função: aos poucos, estas parecem penetrar o corpo e entrar em sua composição, sustentam o *body builder* na paisagem técnica da sala de musculação.[5] Em uma relação com o espelho mediatizada pelas ferramentas de modelagem de si, o *body builder* é uma fortaleza de músculos inúteis em sua função, pois para ele não se trata de exercer uma atividade física em um canteiro de obras ou trabalhar como lenhador em uma floresta canadense. É buscada a força muscular em si, em sua dimensão simbólica de restauração de identidade. O músculo não tem incidência em uma sociedade onde as atividades que exigem força tendem a desaparecer substituídas pelas máquinas, paradoxo (aparente) em uma sociedade que tende à cultura cibernética, na qual, como veremos, o corpo é muitas vezes considerado obsoleto. O *body builder*, o construtor de corpo, constrói seus limites físicos, a cada dia os enfrenta em uma ascese física baseada em exercícios repetitivos; em um mundo de incerteza, constrói passo a passo um *containing* que lhe permite permanecer senhor de si, ou pelo menos se produzir sinceramente a ilusão de ser enfim ele mesmo.[6] Assume seu corpo como uma segunda pele, um sobrecorpo, uma carroceria protetora, com a qual se sente finalmente protegido em um universo do qual controla todos os parâmetros. Aqui encontramos a dor como enfrentamento simbólico no limite e batente provisório de uma identidade a ser construída (Le Breton 1995).[7] A sala de musculação é muitas vezes

---

5. P. Schelde fala com ironia do ator Arnold Schwarznegger, por muito tempo modelo absoluto do *body builder*: ele "é como a peça de uma tecnologia poderosa: você o leva a algum lugar, aperta um botão e ele começa a funcionar", escreve ele. "É o corpo final dócil, o corpo construído, realçado pelos esteróides, que integra um espírito igualmente dócil: o computador inteligente que executa os programas, mas poucas coisas além disso" (Schelde 1993, p. 203).

6. A esse respeito, ver as análises de M. Dery (1998).

7. Abordamos demoradamente a relação íntima com a dor muscular nas atividades físicas e esportivas que exigem o máximo do corpo (1991, 1995); não voltaremos a elas aqui, mas encontramos em muitas atividades sociais essa mesma passagem obrigatória pela dor para fabricar o sentido. A cultura sadomasoquista, que os *punks* tiraram de seus ateliês na Inglaterra dos anos 70 e que virou igualmente moda, também está se desenvolvendo sensivelmente. Trata-se também nesse caso de produzir uma dor significante para o ator em uma relação ritualizada com um outro.

comparada a uma câmara de tortura. Quanto mais se sofre, mais os músculos se desenvolvem e são valorizados. Ao mesmo tempo, a dor converte-se em um gozo difuso que os *body builders* muitas vezes comparam com o ato sexual. A sensação vem aí substituir o sentido; o limite induzido pelo corpo substitui aquele que a sociedade deixou de fornecer e que se deve elaborar de maneira pessoal.

Body art

A *body art* contemporânea, da qual daremos aqui principalmente os exemplos significativos de Orlan e de Stelarc, ilustra a condição inédita de um corpo transformado em objeto. O primeiro período da *body art* inscreve-se no clima político difícil do engajamento americano no Vietnã, da guerra fria, da descoberta da droga, da reviravolta das relações homem-mulher, do questionamento da moralidade antiga, principalmente por meio da liberação sexual, do culto do corpo. Coloca em jogo uma consciência aguda do desmembramento entre as possibilidades de desenvolvimento individual e o encerramento das sociedades em uma opressão moral e sobretudo comercial. As palavras de ordem de transformar a sociedade (Marx) e de mudar de vida (Rimbaud) conjugam sua força crítica contra as proibições de um mundo obstinado em perdurar apesar de suas desigualdades e de suas injustiças. A consciência infeliz de certos artistas é viva e conduz a formas radicais de expressões artísticas. O corpo entra em cena em sua materialidade. A incorporação da arte como ato inscrito no efêmero do momento, inserido em um ritualismo combinado ou improvisado segundo as interações dos participantes, contesta os funcionamentos sociais, culturais ou políticos por um engajamento pessoal imediato. A *body art* é uma crítica pelo corpo das condições de existência. Oscila de acordo com os artistas e as *performances* entre a radicalidade do ataque direto à carne por um exercício de crueldade sobre si, ou a conduta simbólica de uma vontade de perturbar o auditório, de romper a segurança do espetáculo. As *performances* questionam com força a identidade sexual, os limites corporais, a resistência física, as relações homem-mulher, a sexualidade, o pudor, a dor, a morte, a relação com os objetos etc. O corpo é o lugar onde o mundo é questionado. A intenção deixa de ser a afirmação do belo para ser a provocação da carne, o virar do avesso o corpo, a imposição do nojo ou do horror. O realce das matérias corporais (sangue, urina, excremento, esperma etc.) esboça uma dramaturgia que não deixa os espectadores ilesos e em que o artista paga com sua pessoa, pelo corpo, sua recusa dos limites impostos à arte ou à vida cotidiana. A vontade de atingir o outro fisicamente está muitas vezes presente no exagero das alterações ou da encenação. O espectador sente-se tocado, participa por procuração dos sofrimentos do artista (ou daquilo que o espectador deles imagina).

Para a *body art*, o corpo é um material destinado às fantasias, às provocações, às intervenções concretas. Em um gesto ambivalente em que o desprezo se mistura intimamente com o elogio, o corpo é reivindicado como fonte de criação.

> Nos antípodas da abstração e da arte conceitual, os artistas plásticos querem de certa forma, por meio desse novo *pathos*, "colocar debaixo do nosso nariz" aquele que se tendia a esquecer ou a se despersonalizar sob o artifício: esse corpo banal, feio, cotidiano, inconstante, sofredor, bem mais do que um corpo estetizado e em seguida distanciado por uma espécie de couraça. (Maisonneuve e Bruchon-Schweitzer 1981, p. 169)

Sangue, músculos, humores, pele, órgãos etc. são colocados em evidência, dissociados do indivíduo e tornam-se elementos da obra. "Corpo sem órgãos", disponível para todas as metamorfoses e até para seu suplício ou para seu desaparecimento, para sua hibridação animal ou sexual quando os artistas operam sobre o travestismo das roupas ou mesmo corporal, subvertendo as formas orgânicas. Contudo, a dor não é valorizada, não é redentora ou iniciática, nem mesmo é um limite – é indiferente, ninguém se detém nela. Na pior das hipóteses é uma lembrança irrisória da "carne", o protesto de uma carne vivida como uma máquina corporal que as tecnologias contemporâneas tornaram obsoleta.

As extrações e os transplantes de órgãos, as mudanças hormonais e cirúrgicas de sexo, as manipulações genéticas, o *morphing*, a informática etc. modificaram radicalmente os desafios e o contexto da *body art*. Se o corpo dos anos 60 encarnava a verdade do sujeito, seu ser no mundo, hoje ele não passa de um artifício submetido ao *design* permanente da medicina ou da informática. Tornou-se autônomo com relação ao sujeito, ciborguizado etc. Em outros tempos suporte da identidade pessoal, seu *status* hoje é muitas vezes o de um acessório. Diferentemente da primeira fase da *body art*, na época da Internet e das viagens espaciais, os artistas pós-modernos ou *pós-humanos* consideram insuportável possuir o mesmo corpo que o homem da idade da pedra. Pretendem alçar o corpo à altura da tecnologia de ponta e submetê-lo a uma vontade de domínio integral, percebendo-o como uma série de peças destacáveis e hibridáveis à máquina.

O corpo é o centro do trabalho de Orlan há muito tempo. Num primeiro tempo, ela expõe seus humores orgânicos e usa o obsceno. Transforma o lençol dado por sua mãe para o enxoval de casamento em cama de seus muitos amores que o maculam, nele imprimindo os vestígios do desejo; ela os compila com marcadores, lápis, bordados etc. Em seguida expõe esse recalcado do corpo erigindo a intimidade em local de publicidade. As manchas de esperma de seus amantes, às vezes misturadas com o sangue de sua menstruação, formam a trama da obra. O corpo é material; se é templo, é apenas para profanação. Uma outra *performance* arvorava seu "sexo (os pêlos de um lado dele estavam pintados de azul), no momento da menstruação. Um monitor de vídeo mostrava a cabeça daquele ou daquela que ia ver; um outro, a cabeça daqueles ou daquelas que estavam vendo" (Orlan 1997, p. 35). Quando do *Beijo do artista, cinco francos*, ela beija homens e mulheres que pagaram a soma. Essa era a obra do momento e a proposta feita ao público de entrar no efêmero da criação partilhando um momento de intimidade com a artista. Em Lisboa, ela veste uma casula de tecido opaco sobre a qual mandara reproduzir em tamanho natural seu corpo nu. Ostentação paradoxal de uma nudez que não é nudez, mas que produz seus efeitos de provocação nos transeuntes e nas autoridades. Para Orlan, a pele é um espólio cujo *design* se modifica à vontade. O corpo é um *ready made*, mas que deve ser sempre retomado em busca de novas versões de si que dão forma a "um auto-retrato no sentido clássico do termo com os meios tecnológicos disponíveis atualmente. Oscila entre desfiguração e uma nova figuração, inscreve-se na carne, pois nossa época começa a dar-lhe a possibilidade" (Orlan 1997, p. 1).

A cirurgia estética é uma medicina destinada a clientes que não estão doentes, mas que querem mudar sua aparência e modificar, dessa maneira, sua identidade, provocar uma reviravolta em sua relação com o mundo, não se dando um tempo para se transformar, porém recorrendo a uma operação simbólica imediata que modifica uma característica do corpo percebida como obstáculo à metamorfose. Medicina pós-moderna por excelência – por sua preocupação de retificação pura do corpo –, baseia-se em uma fantasia de domínio de si do cliente e na urgência do resultado. Orlan desvia para seu uso pessoal, sem referência à enfermidade ou ao sofrimento moral, uma cirurgia que se presta às suas fantasias – a tarefa não é aumentar sua sedução, nem lutar contra o envelhecimento ou corrigir uma imagem desacreditada de si, mas apenas experimentar os possíveis corporais, assumir uma carne de segunda mão, maleável e desejada como tal, à maneira de uma roupa emprestada de um guarda-roupa infinito. A cirurgia funciona aqui fora da legitimidade médica, torna-se um meio de transformação de si e de criação de uma obra de arte que se identifica à forma física do próprio sujeito. Após a anestesia da dor graças a uma peridural, o cirurgião e os membros de sua equipe, todos vestidos por grandes costureiros, começam a trabalhar, seguindo uma dramaturgia meticulosa. Uma cerimônia barroca mescla a dança à palavra, a pintura à imagem de vídeo ou à fotografia, o teatro, as artes plásticas, a carne e a faca. A *performance* é substituída por sistemas de vídeo e é difundida simultaneamente em diferentes galerias ou museus em Paris, Toronto, Nova York etc. A cena da operação torna-se uma oficina, e a intervenção cirúrgica, o espetáculo, mas também parte da obra apresentada. Fotografias, desenhos, pinturas, relicários que contêm sangue e gordura do artista prolongam a *performance* e seu registro em vídeo.

Ela escolhe para si uma forma física, faz com que recortem seu corpo sob medida pela cirurgia, ou melhor, cinzela-o segundo um catálogo de citações corporais ligadas à história da arte (a Gioconda, Psique, Diana, Vênus, Europa etc.); ela escreve a si mesma física e alegremente como colagem de citações, como uma forma deliberadamente híbrida. Reivindica um desvio da meta habitual da cirurgia, uma vontade de construir a si mesma não segundo critérios estéticos em vigor, mas segundo um arbitrário pessoal que não tem de prestar contas a ninguém. A própria forma corporal é autoritária e convém, portanto, zombar dela para aí inscrever uma decisão própria. O corpo declina-se em componentes a serem modificados ou reorganizados. Em *O desprezo* (Godard), Michel Piccoli declara seu amor por diferentes partes do corpo de Brigitte Bardot, seus seios, suas coxas, suas costas etc., em um momento em que um desejo cúmplice os une. A enumeração não é mórbida, é jogo erótico, mas permanece sob a égide da fase do espelho. No entanto, sendo o indivíduo percebido como uma série de peças carnais, é a partir de então possível, ao pé da letra, segundo Orlan, dizer: "Querida, amo seu baço, amo seu fígado, adoro seu pâncreas, e a linha de seu fêmur me excita" (Orlan 1997, p. 3). O espelho quebra-se, os órgãos tornam-se nômades, a carne é "carne". Trata-se de escarnecer a loucura e a obscenidade. Em outras *performances*, ela mede as construções com seu corpo que se transforma em acessório de geometria. Deita-se no chão, rasteja e faz um sinal com giz. Conta o número de "Orlan-corpos" contidos no espaço. Em seguida, tira seu vestido, lava-o em público, faz análises de água suja e apresenta-as em seguida lacradas com cera, numeradas, nas galerias, com as fotografias ou o vídeo da *performance*. A morte não deterá Orlan, pois seu cadáver mumificado um dia será encontrado em um museu, inserido em uma instalação com vídeo interativo. "Meu trabalho", escreve, "combate o inato, o inexorável, a natureza, o DNA (que é nosso rival direto como artista da representação) e Deus" (Orlan 1997, p. 41).

Orlan não teme modificar seu rosto, isto é, o próprio local da singularidade pessoal, o lugar mais sagrado do corpo (Le Breton 1992), segundo as citações estéticas que deseja valorizar. Algumas zonas do rosto são até trabalhadas com a preocupação de discriminar da dialética do mesmo e do outro que marca a cirurgia estética. Desse modo, ela quis colocar implantes subcutâneos na região da testa que lhe dessem "uma impressão de eflorescências por chifres demoníacos potenciais, chifres de um bode cuja etimologia lembra o tempo todo o parentesco com a tragédia" (Onfray 1995, p. 24). Ela apaga na carne, pelo menos na aparência do rosto, a separação do sexo para arvorar ao mesmo tempo uma feminilidade e uma masculinidade ostentadas na forma radical do sátiro. Os chifres são a assinatura ostentatória da vontade de usar segundo sua vontade a forma corporal, de não se contentar com ela e de fazer do jogo de viver um jogo de corpo. O sujeito erige-se em metafísica. Os chifres de sua testa são uma propaganda para a modelagem individual do corpo como antidestino. Além do sexo, além do biológico, o corpo de origem é uma bugiganga, uma colagem que se move todo o tempo, à qual o indivíduo dá retoques sem a menor contenção, pois nem o corpo nem o sexo são mais matéria do sagrado, mas matéria para a metamorfose de si. Orlan sonha ademais com uma intervenção cirúrgica que lhe permita construir o nariz mais comprido possível. A máscara não é mais um acréscimo ao rosto: torna-se o próprio rosto e dissolve-se como máscara. Antropologicamente, Orlan pretende contratar uma agência de publicidade para obter um novo nome correspondente à sua nova identidade. Em seguida, encetaria um processo administrativo para legitimar a mudança de estado civil. Orlan leva a seu termo a vontade individualista de colocar a si mesma no mundo, de construir a si mesma fisicamente segundo sua vontade e de assumir provisoriamente uma identidade desejada em uma recusa radical da atribuição de identidade. O corpo escolhe a si mesmo em seu conteúdo e, sobretudo, em sua forma; a anatomia deixa de ser um destino para ser uma escolha; a indústria do *design* espalha-se pela vida cotidiana, como vimos, ou no campo artístico, aplicando-se ao corpo próprio. O princípio de identidade torna-se tão obsoleto quanto as formas corporais indefinidamente remanejáveis. "Meu corpo", diz ainda Orlan, "é um local de debate público onde se colocam as questões cruciais de nossa época" (1997, p. 37). Orlan não para aí. Após tornar o corpo um objeto de criação, ela deveria chegar à ideia de se desvencilhar dele como de uma carcaça supérflua, não mais a ser retificada, mas a ser jogada fora. Em uma *performance* irônica com Paul Kieve, seu rosto aparece em uma tela. A essa imagem virtual sem corpo, Paul Kieve pergunta: "Orlan, onde está seu corpo?". Ela responde: "Magia, ilusão, simulação, virtualidade". Etapa final da metamorfose, a decisão de dispensar provisoriamente ou de maneira duradoura o corpo:

"Isto é um corpo, isto é um programa de computador", diz ainda Orlan (Donguy 1996, p. 210).

Stelarc, artista plástico australiano, começa a série *Suspensões* em 1971, a princípio pendurando-se no ar com cordas e arreios antes de radicalizar sua pretensão a partir de 1976, utilizando alfinetes fixados na carne. Um assistente pinça e levanta a pele enquanto um outro enfia o gancho. A distribuição do peso implica entre 14 e 18 pontos de inserção de acordo com a *performance*. A operação exige em média cerca de 40 minutos. Alfinetado dessa forma sem qualquer recurso a analgésicos e graças à elasticidade, os lábios e as pálpebras muitas vezes costurados, Stelarc permanece pendurado por horas no espaço de acordo com as circunstâncias. Em sua *performance* de 1980, em Tóquio, *Event for rock suspension*, Stelarc flutua no espaço contrabalançado por uma pedra pesada. Em 1981, em *Seaside suspension*, é enganchado acima das ondas, varrido pelo vento e pelos espirros da água. Em *City suspension*, é amarrado em uma grua e descreve grandes círculos no espaço. Stelarc realiza desse modo cerca de 20 suspensões entre 1976 e 1988, o corpo perfurado por alfinetes e amarrado em cabos em diversas situações. Quando é içado ou baixado, a dor o consome, e em geral precisa de uma semana para se recuperar e para que as feridas cicatrizem. Stelarc radicaliza a obsolescência do corpo, sua despedida da espécie e sua insignificância diante das tecnologias atuais. Para Stelarc e muitos outros contemporâneos, o corpo é uma espécie de carapaça anacrônica da qual é urgente se livrar. Sua mortificação, sua transformação em puro material é uma etapa preliminar antes de sua eliminação ou da fusão necessária de um resto de carne com as técnicas da informação. Para Stelarc, a estrutura fisiológica do homem determina sua relação com o mundo; modificando-a, o homem modifica o mundo. A obsolescência do corpo marca a das condições da subjetividade. "O artista", escreve,

> (...) é um guia na evolução que extrapola e imagina novas trajetórias (...); um escultor genético que reestrutura e hipersensibiliza o corpo humano; um arquiteto dos espaços internos do corpo; um cirurgião primal que implanta os sonhos e transplanta desejos; um alquimista da evolução que desencadeia mutações e transforma a paisagem humana. (*In*: Dery 1997, p. 166)

Por meio do jogo da criação e da opção por considerar o corpo como simples acessório destinado a um desaparecimento em pouco tempo, Stelarc chega com suas últimas *performances* ao tema da máquina humana. A tecnologia vem substituir as funções fisiológicas e transforma o artista em ciborgue, em precursor do que chama de "pós-evolucionismo", progresso radical rumo à humanidade modificada que ele deseja estigmatizando o corpo. Mundo da pós-humanidade, isto é, habitado por uma humanidade retificada, realçada por próteses, ligada em computadores. "Menos ser humano", escreve Dery, "do que centro nervoso orgânico de um sistema cibernético" (1997, p. 166). Colonização do corpo pela técnica, do fisiológico pelo eletrônico e pelo virtual. Em *The third hand*, com uma prótese de mão fabricada no Japão, aumenta em muito a eficácia corporal, controlando uma extensão física de si pelos sinais elétricos dos músculos abdominais e da perna. Longe de ser supérflua, a terceira mão agarra, pega os objetos, gira sobre si mesma. É capaz de "sentir" graças a um sistema de eletrodos. Enquanto ela amplia os poderes do corpo, o braço esquerdo do artista é violentamente estimulado por descargas elétricas. Stelarc transforma igualmente os movimentos reflexos ou provocados do corpo em sons por meio de uma mediação eletrônica científica. Enquanto seu coração produz batimentos surdos, o artista pode comprimir uma artéria e induzir, soltando-a, o estrondo do sangue que corre de novo sem obstáculos. Também produz sonoridades específicas dobrando o joelho, os braços etc. Nenhuma área de seu corpo escapa à monitoração. Da mesma forma, uma endoscopia de seu estômago projeta na tela uma alquimia colorida e precisa de suas entranhas. Os estímulos eletrônicos que suporta e a ação do robozinho cilíndrico inserido em seu estômago, que emite sons e luzes, logo se tornam penosos. Após uma hora de ação, a tensão torna-se cada vez mais dolorosa. Para Stelarc, essa sensação é pior que a das suspensões. Como em Orlan ou em outros artistas, a intimidade do corpo virado do avesso como uma luva torna-se obra, entra no domínio do espetáculo, isto é, do espaço público. Por uma acoplagem informática, Stelarc virtualiza seu corpo. Graças ao braço artificial, inventa inúmeras formas físicas que interagem com um duplo digital, leva o corpo a seus limites físicos e psicológicos, ao mesmo tempo em que amplia suas possibilidades técnicas. Em um empreendimento recente (*Ping body*), Stelarc conecta-se pela Internet com correspondentes que estão em diversos pontos do mundo e desencadeia, por meio de uma interface, descargas elétricas nos músculos a fim de provocar movimentos involuntários; transforma fisicamente a informação em ação por meio de uma espécie de coreografia Internet.

Para Stelarc, o corpo é obsoleto, despojado de valor, tornado insípido e suscetível de todos os emparelhamentos tecnológicos ou de todas as experiências extremas para ampliar suas possibilidades, suprimi-lo ou convertê-lo em simples suporte. O corpo deixa de ser o lugar do sujeito e torna-se um objeto de seu ambiente. Em suma, Stelarc diz que a era darwiniana está se extinguindo; o homem liberta-se da evolução a partir do momento em que a tecnologia invade o corpo e o recompõe de acordo com as circunstâncias. O corpo antigo tornou-se anacrônico. Em uma época em que os indivíduos comunicam-se com a velocidade da luz pela Internet, o corpo não serve mais para nada, pensa Stelarc, é inapto para acumular a soma de informações que circulam. Além disso, observa Dery, Stelarc jamais fala de *seu* corpo, mas *do* corpo (Dery 1997, p. 171). "Considerar o corpo obsoleto", diz Stelarc,

> (...) pode ser considerado como o auge da loucura tecnológica ou como a mais nobre das realizações humanas. No entanto, é quando o corpo toma consciência da precariedade de sua posição que ele é capaz de organizar estratégias pós-evolucionistas. Não é mais o caso de perpetuar a espécie pela reprodução, mas reforçar o indivíduo remodelando-o (...). Não há mais sentido em ver o corpo como o lugar do psiquismo ou do social; deve-se antes considerá-lo como uma estrutura a ser controlada, a ser modificada (...). A tecnologia miniaturizada e biocompatível se instala no corpo (...). A tecnologia não é mais apenas amarrada, enxertada, é igualmente implantada. Após ter sido um contentor do corpo, ela tornou-se seu componente. (*In*: Bureaud 1995, pp. 30-31)

As declinações da obsolescência do corpo formam um dos canteiros mais férteis da arte contemporânea.

O corpo parceiro

O imaginário social contemporâneo atribui um valor fundamental a esse corpo colocado como *parceiro* privilegiado, o melhor amigo que se pode ter, mesmo se as relações às vezes são difíceis com ele. Após um longo período de discrição, hoje o corpo se impõe como um lugar de predileção do discurso social. A individualização crescente de nossas sociedades ocidentais modificou em profundidade a atitude coletiva com respeito a ele. O indivíduo torna-se a fonte principal de escolha e de valores que ele extrai mais da atmosfera da época do que da fidelidade ao peso das regularidades sociais; hoje ele é relativamente autônomo diante das inúmeras propostas da sociedade. Isolado estruturalmente pelo declínio dos valores coletivos do qual é ao mesmo tempo beneficiário e vítima, o indivíduo busca, em sua esfera privada, o que não alcança mais na sociabilidade comum. Ao alcance da mão de certa forma, o indivíduo descobre, por meio de seu corpo, uma forma possível de transcendência pessoal e de contato. O corpo deixa de ser uma máquina inerte e torna-se um *alter ego* de onde emanam sensação e sedução. Torna-se o local geométrico da reconquista de si, território a ser explorado à espera de sensações inéditas a experimentar (terapias corporais, massagens etc.) (Perrin 1984), local do contato desejado com o ambiente (corrida, caminhada etc.), local privilegiado do bem-estar ou do parecer bem por meio da forma física e da juventude a ser mantida (frequenta academias, faz ginástica, *body building*, usa cosméticos, faz dietas etc.). Trata-se, então, de satisfazer essa sociabilidade *a minima* baseada na sedução, isto é, no olhar dos outros. O homem alimenta com seu corpo – percebido como sua melhor exploração – uma relação bem materna de indulgência terna, da qual extrai ao mesmo tempo um benefício narcisista e social, pois sabe que é a partir dele, em certos meios, que o juízo dos outros se estabelece. Na modernidade, a única consistência do outro é muitas vezes a de seu olhar, o que resta quando as relações sociais se tornam mais distantes, mais comedidas. Essa paixão repentina pelo corpo é uma consequência da estruturação individualista de nossas sociedades ocidentais, sobretudo em sua fase narcisista, como analisadas, por exemplo, por C. Lasch, R. Sennett ou G. Lipovetski.

Concentrando-se em si mesmo, o indivíduo conquistou um mundo portátil no qual ele se esforça por manter a sedução, por continuar explorando as sensações, por levar os limites mais longe, seu próprio corpo promovido à categoria de parceiro privilegiado.[8] É de fato a perda do corpo do mundo que leva o ator a se preocupar com seu corpo para dar corpo à sua existência. Encontramos em nós mesmos o parceiro complacente e cúmplice que faz falta ao nosso lado. Ao mesmo tempo, os locais onde se cuida do corpo são espaços propícios para encontros provisórios e calorosos, onde é possível passar horas agradáveis sem ter de se comprometer muito. A paixão pelo corpo modifica sem dúvida o conteúdo tradicional do dualismo, que transformava o corpo antes na parte decaída da condição humana. Nessa vertente da modernidade, o corpo é associado a um valor incontestável, e essa admiração tende a psicologizá-lo, a torná-lo um local felizmente habitável a ele, acrescentando-se uma espécie de suplemento de alma (suplemento de símbolo). Favorece na escala do indivíduo uma espécie de substituto do outro. Essa preocupação com a aparência, essa ostentação, essa vontade de bem-estar que faz correr ou se consumir não modificam, contudo, em nada a eliminação do corpo que reina na sociabilidade. A ocultação do corpo permanece e encontra seu melhor analista no destino dos idosos, dos moribundos, dos deficientes ou no medo que todos temos de envelhecer. Um dualismo personalizado adquire de certa forma amplidão, e não se deve confundi-lo com uma "liberação". O homem só estará liberado neste caso quando toda a preocupação com o corpo desaparecer.

---

8. Na mesma lógica do corpo *alter ego*, o corpo parceiro torna-se facilmente um corpo adversário, principalmente nas atividades físicas e esportivas radicais, onde se trata também de exercer um domínio sobre si (Le Breton 1991, 1995).

2
A PRODUÇÃO FARMACOLÓGICA DE SI

A sociedade industrial sabe que, para sobreviver, ela deve
tomar todas as medidas que permitam conter a angústia e
seus efeitos sobre o comportamento dos homens.
É uma evolução bastante paradoxal quando se considera
que a segurança material jamais foi tão grande, que o
homem jamais teve em seu passado, mesmo próximo, tantas
chances objetivas de se alimentar sempre que tem fome, de
se reproduzir sem perder seus filhos
e de se proteger contra a doença.

Henri Pradal, *Le marché de l'angoisse*
[*O mercado da angústia*], 1977

O órgão de humor

Em *Blade Runner* (1968), de Philip K. Dick, os personagens não deixam mais seu humor ao acaso; programam-no de acordo com o conteúdo e a duração que escolhem, sem temer a ambivalência de seus sentimentos. Assim, Deckard e sua mulher Iran, um casal esgotado, encetam uma viva discussão decorrente da ambiguidade inerente a qualquer empreendimento desse tipo.

> Diante do teclado, hesitou entre um depressor talâmico que acalmaria sua raiva e um estimulante que o enfureceria o suficiente para ganhar a briga. (...) Iran observava-o.
> – Se você programar alguma sujeira (...), farei o mesmo. Vou me bloquear na intensidade máxima e servir-lhe uma descompostura da qual você vai se lembrar.

Iran inflige a si mesma regularmente seis horas de depressão e de autoacusação. Como Deckard observa que ela corre o risco de não querer mais sair de si, tal estado perpetuando-se por conta própria, ela lhe diz que antes registra uma correção de programa mais otimista. Ambos recusam os acasos de seus humores, querem dominá-los, mesmo quando se trata de prever para si horas de angústia e de depressão a intervalos regulares, para não deixar inexplorados todos os recursos de sua afetividade e porque a ambivalência é uma estrutura da consciência. O órgão de humor filtra sua vida cotidiana, insufla-lhe sua tonalidade, seu estilo, e favorece o controle do que era ainda há pouco o inapreensível por excelência. Hoje o arsenal de psicotrópicos coloca a emoção à disposição do sujeito. Desde que o estímulo químico seja eficaz, a escolha do humor se opera com base em uma vasta paleta, segundo a iniciativa do indivíduo.

Muitas técnicas da vida cotidiana concorrem para o uso de si, visam a uma transformação deliberada do foro íntimo tendo em vista uma finalidade precisa: melhorar seu poderio sobre o mundo, aguçar suas capacidades de percepção sensorial, modificar seu estado de vigilância, superar o cansaço, proporcionar meios para um esforço prolongado, escapar do sono, ou, ao contrário, conseguir finalmente adormecer etc. Nossas sociedades contemporâneas fornecem uma formidável extensão a essas técnicas de gestão do humor e da vigilância. Favorece a esse respeito o desenvolvimento de um imaginário da onipotência sobre si amplamente empregado pelos indivíduos. Abandonar-se a seu humor "natural" do dia seria privar-se de recursos preciosos ou se tornar menos competitivo no plano do trabalho ou da vida cotidiana. Se a anatomia não é mais um destino, a afetividade tampouco, quando um vasto leque de meios farmacológicos propõe seus serviços. A chave da relação com o mundo reside na vontade que decide sobre a molécula apropriada para retificar um corpo mal-ajustado, modificando o humor. Melhor traçar um caminho bioquímico em si do que enfrentar sem defesa a provação do mundo.

Existe um consumo de psicotrópicos no contexto do sofrimento mental – este não nos interessa, participa do sistema clássico de cuidados. Em compensação, a gestão farmacológica dos problemas existenciais comuns, aqueles de que Freud dizia que "não impedem de existir", manifesta uma intolerância às asperezas da existência e inscreve-se no extremo contemporâneo.

Mais reveladora ainda é a vontade de produzir estados afetivos sem que se coloque nem por um único instante a questão da dificuldade de viver, mas com a preocupação de decidir por conta própria. Sem desprezar os usos médicos dos psicotrópicos para usuários que neles encontram uma resposta sintomática para seu sofrimento, são sobretudo os usuários do segundo tipo que nos interessam, os que simulam farmacologicamente sua existência por opção, por preocupação com o desempenho, com o controle de si etc.

Os psicotrópicos (hipnóticos, tranquilizantes, barbitúricos, antidepressivos ou estimulantes) tornaram-se técnicas banais de estabelecimento de modelos do comportamento e do humor, produtos de consumo comum, muitas vezes fora de qualquer contexto patológico. Na Grã-Bretanha, um estudo avaliou que mais de 500 mil pessoas recusam-se a parar seu tratamento com benzodiazepinas, mesmo quando mais nenhuma patologia o justifica (Zarifian 1995, p. 219). Milhares de doses de tranquilizantes são comprados anualmente pelos franceses. São vendidos cerca de 115 milhões de caixas de benzodiazepinas (tranquilizantes, soníferos etc.). O *temesta*, um tranquilizante, é um dos medicamentos mais vendidos na França. Mais do que a aspirina. O mercado de fortificantes não fica atrás e também está se desenvolvendo muitíssimo. É claro que o produto comprado não é necessariamente consumido. No entanto, tais números não são anódinos; mal se pode pensar que esses produtos sirvam apenas para encher os armários de remédios das famílias. Além disso, a administração intensiva de psicotrópicos às pessoas internadas em hospitais psiquiátricos ou aos idosos em certas instituições é um dado conhecido, participando de uma regulagem autoritária dos comportamentos.

O domínio químico do cotidiano não poupa a criança. Nos anos 80, nos EUA, considerava-se uma criança demasiado ativa como manifestando um *deficit* de atenção. Ela entrava no registro das patologias da química cerebral e da constituição genética. Milhões de estudantes são hoje tratados com *ritaline* ou outros medicamentos em virtude de sua dificuldade de aprendizagem ou de perturbações que provocam em suas classes. São tratados por ansiedade, depressão, problemas de comportamento etc. (Rifkin 1998, p. 225). A educação familiar é protegida, dessa forma, de qualquer dúvida quanto a seu funcionamento, tem certeza de jamais estar errada. Presume-se que a criança sofra de uma "disfunção cerebral leve", mesmo se os exames neurológicos nada detectam e se as crianças suspeitas de carregar essa patologia estejam às vezes muito calmas no momento das consultas. As obras sobre esse problema afirmam que esse comportamento não é contraditório e que o médico não deve recuar diante da prescrição de medicamentos adequados para "acalmá-la" (Lewontin, Rose e Kamin 1985, p. 223 ss.). A biologização do sintoma da criança naturaliza suas condutas – que pretensamente agora exprimem sua patologia e não mais seu sofrimento por estar imersa em uma situação em que não encontra sua razão de ser. A escuta da criança, o suporte afetivo, o acompanhamento ao seu lado, a detecção de violências familiares ou escolares deixam de se impor quando se trata de cuidar estritamente do sintoma (a criança transformada em terminal biológico) sem ter mais de interrogar as causas (o sistema de relação em que está imersa). Testemunha disso à sua maneira foi uma pesquisa feita em Paris na 12ª circunscrição, baseada em 900 questionários, por uma equipe de psiquiatras pediátricos, cujos resultados se tornaram públicos quando das recentes entrevistas de Bichat. A pesquisa refere-se aos medicamentos mais frequentemente prescritos pelos médicos ou dados pelos pais por iniciativa própria. Em média, a criança vai ao médico três vezes por ano. Em 15,7% dos casos, prescrevem-lhe um psicotrópico. A *teralena*, um tranquilizante dado em forma de xarope, é o mais prescrito. Seguem-se o *valium* e um sonífero, o *nopron*. Outros produtos cuja tarefa é "acalmar" a criança vêm a seguir. Também nesse caso revela-se uma gestão do humor que não se refere mais a um estado patológico, mas que contribui para a manutenção da ordem das coisas por meio da comodidade e da eficácia. A pouca idade da criança não é um argumento para esse gênero de prescrição, paradoxo perturbador caso nos lembremos que, durante muito tempo (e ainda hoje), muitos médicos não admitiam aliviar as dores mais fortes das crianças com derivados de morfina com o pretexto de evitar um risco ulterior de dependência (Le Breton 1995).

Conduta mágica que garante pelo menos um domínio sobre si onde o ambiente social é problemático, em uma sociedade em crise, presa em um remanejamento sem trégua de seus valores e de suas bases sociais, os recursos pessoais de cada indivíduo são solicitados o tempo todo, com a confusão ou a ansiedade que nasce do medo de não estar mais à altura. Diante da confusão das referências e da incerteza que reina a respeito do futuro, hoje os indivíduos replicam por uma produção pessoal de sua identidade de um modo mais individualista por meio de uma espécie de bricolagem cultural, na qual as influências sociais procedem mais da atmosfera do momento do que de regularidades mais profundas e duráveis. Não é mais a sociedade que fornece um significado para a existência por meio da integração inequívoca do indivíduo. O último tende cada vez mais a ter a si próprio por referência, a procurar em si mesmo, em seus próprios recursos, o que em outros tempos procurava no contato com os outros, nas instituições sociais e no recurso à cultura. Sua latitude de escolha é considerável. Mas o paradoxo da liberdade é exigir uma bússola para orientar seu uso. "Apavorante", dizia Gide, "uma liberdade não orientada por um dever". A liberdade é sempre equívoca para o homem cujo sentimento de identidade dá prioridade à ambivalência, à ambiguidade, também à necessidade de uma direção para amansar o fato de viver. Na verdade, essa autonomia propicia a exaltação ou o medo, dependendo dos indivíduos e dos momentos de sua existência. O imaginário que preside ao seu uso torna os psicotrópicos um dos meios simbolicamente eficazes de produzir sua identidade pessoal de um modo que dê segurança pela busca de um estado psicológico adaptado às condições de vida: o indivíduo adapta sua vigilância ou sua resistência com o auxílio de estimulantes psíquicos ou de fortificantes, ou combate os efeitos do estresse tomando tranquilizantes ou soníferos para acalmar suas tensões. O indivíduo está em busca da melhor adequação possível à realidade social.

O uso de medicamentos cuja finalidade é modificar a tonalidade afetiva da relação com o mundo torna-se banal. O indivíduo percorre à vontade a bioquímica das emoções de acordo com a opção mais ou menos esclarecida que faz da molécula adequada para suscitar o estado desejado. A resolução farmacológica das tensões tem primazia sobre qualquer outra conduta de compreensão ou de restauração. Manifesta a intolerância maior das sensibilidades contemporâneas a qualquer forma de dissabor. Esses produtos participam das técnicas de gestão do humor e do uso de si. Contribuem cada vez mais para a manutenção do normal ou para uma aceleração de seu ritmo ou de seu desempenho, de acordo com a vontade do indivíduo, às vezes sem nem mesmo roçar o limiar patológico. Visam mais a uma restauração das funções ou ao combate da doença. O indivíduo emprega os princípios ativos dos medicamentos para garantir melhor uma relação comum com o mundo ou antecipar circunstâncias vividas como problemáticas. A medicação do cotidiano situa-se na linha fronteiriça do normal e do patológico; sua aposta deixa de ser a saúde, que não está forçosamente ameaçada, está em um exagero com relação à saúde, isto é, numa acentuação das capacidades de reação ou de resistência de funções orgânicas com as quais o indivíduo não mais se satisfaz. Visa à criação de um ângulo de mira sobre o mundo, um ajuste melhor e não ao restabelecimento de um equilíbrio vital comprometido. Concorre para "uma gestão instrumental de seu foro íntimo, para uma medicação para funcionar melhor e inserir-se do ponto de vista das relações" (Ehrenberg 1995, p. 109).[1] Sua busca é um outro estado do corpo e não o retorno à sua baixa habitual; esta não está ameaçada, é a

---

1. Os trabalhos de Alain Ehrenberg (1995, 1998) analisam com sutileza o uso social dos psicotrópicos; mostram igualmente o caráter autoterapêutico das drogas desde o final dos anos 1970. A droga tornou-se menos um instrumento de exploração de si do que um remédio para continuar a viver.

que se deve modificar para atingir o humor apropriado. Nesse sentido, o *doping* que atinge as atividades esportivas não passa do aspecto mais visível de uma atitude banal que afeta profundamente milhões de ocidentais no próprio nível do exercício do cotidiano em uma existência que tende a se converter em competição permanente.

A medicalização do humor cotidiano

A modernidade elevou as emoções à dignidade (científica) de reações químicas. O usuário comum dos psicotrópicos vive a si mesmo como uma espécie de console ligada a um corpo do qual ele programa à vontade os desempenhos afetivos. De uma maneira geral, as técnicas de seu ambiente ensinam-lhe uma moral pragmática da melhor eficácia, sem preocupação real com as consequências a curto ou a longo prazo desse recurso. Elas induzem o sentimento difuso de que há soluções para tudo, mesmo para a vontade de ampliar infinitamente sua capacidade de trabalho ou de tornar finalmente a ter um sono tranquilo. Uma gama ampla de produtos, semelhantes ao órgão de humor de P.K. Dick, está à disposição de qualquer indivíduo que deseja mudar de humor ou de estado de vigilância sem ter de se entregar ao tempo para conquistar o estado psicológico desejado, ou desenvolver uma disciplina para a qual não tem paciência. Supostamente, o produto ingerido suprime a duração na obtenção do resultado: propicia o estado desejado no momento desejado sem esforço particular do indivíduo que só tem de estender a mão até seu armário de medicamentos. Ele o livra de sua ansiedade ou de seu cansaço, dá-lhe a força ou a vigilância da qual necessita. Economiza para ele, desse modo, uma análise mais intensa do mal-estar – o protesto do corpo é entravado, força-se seu "funcionamento" graças a uma instrumentação bioquímica que o refreia. Tudo isso até um certo ponto, pois o uso desses produtos tem às vezes efeitos colaterais ou indesejados,[2] e sua eficácia é muitas vezes limitada.

---

2. Não falaremos disso aqui. Nosso objetivo é erigir uma espécie de antropologia da ingestão desses medicamentos no contexto da vida cotidiana, é compreender seu deslocamento para

Além dos efeitos buscados intencionalmente, perfila-se uma vontade de libertar-se dos acasos e da ambivalência do mundo, substituindo-os por uma vontade percebida como autônoma e soberana. Opõe-se ao inapreensível da vida moderna o apreensível do corpo, único objeto que é um ponto de apoio para o real (Le Breton 1990). A relação com o mundo, com aquilo que implica de turvo, de precário, de imprevisível, é contida, decerto provisoriamente, mas o usuário tem o sentimento de que possui a eternidade diante dele e de que esse mesmo gesto que o salva naquele instante é passível de reprodução todas as vezes em que ele tiver necessidade de recuperar o estado desejado. Dessa forma, a afetividade é subtraída da temporalidade, transforma-se, graças à ação da molécula sobre o sistema nervoso, em um espaço a ser percorrido à vontade, de acordo com um programa determinado. A duração é abolida; em vez de reconstruir pacientemente para si os dados desfavoráveis da existência, em vez de se dar o tempo de uma medicação sem efeitos colaterais e que não vicia, o indivíduo entrega-se a uma solução de urgência. Solal (1991, p. 211) evoca uma propaganda de um hipnótico que mostra um pássaro saindo da objetiva de um aparelho exatamente no momento do disparo. Pretensamente o produto induz a um sono imediato. A própria duração do adormecimento é percebida como supérflua – é necessário dormir exatamente no momento da decisão de dormir. As moléculas modelam os comportamentos segundo a imagem ideal que o indivíduo faz deles. O indivíduo administra seu humor e seus desempenhos com os meios sofisticados da tecnologia molecular. Ele não tem confiança em seus próprios recursos para se oferecer à situação que apreende com o estado psicológico propício que acha que lhe falta. É preciso uma solução imediata e previsível em seus efeitos – os comprimidos estão ali. Por meio deles, o indivíduo propicia-se o sono desejado, o apaziguamento da angústia e da ansiedade, o melhor estímulo para o exame ou para o dia de trabalho difícil, uma maior inteligência ou memória, o esquecimento de um cansaço persistente, o fim de um nervosismo que impede a concentração etc. Nesse sentido, o consumo de produtos para orientar o humor ou a vigilância inscreve-se nos hábitos comuns de grande

---

fora de sua referência médica e sua promoção a técnicas de gestão da vida cotidiana. Digamos apenas que os efeitos colaterais produzidos pelo consumo regular do produto reintroduzem, como contrabando, a ambivalência que o indivíduo acreditava estar suprimindo.

número de ocidentais, mesmo onde não existe qualquer patologia. As tecnologias não se contentam mais com envolver a vida cotidiana – elas insinuam-se no âmago da intimidade para aliviar o indivíduo de seu esforço de amansar o fato de viver. E este se entrega a elas quanto àquilo que deve sentir do mundo que o cerca. A programação farmacológica de si estende os poderes do homem sobre seu universo comum. Os psicotrópicos se oferecem como auxiliares técnicos de existência, modulando o ângulo de abordagem do cotidiano, estabelecendo uma fantasia de domínio de si diante da turbulência do mundo, concorrendo para a ciborguização do indivíduo, para a eliminação de fronteiras entre o que depende de nós em um comportamento e o que cabe a uma técnica exterior.

O recurso aos instrumentos de gestão de si supõe a confiança em uma vontade pessoal onipotente, apta a dirigir as condutas e o humor. O paradoxo dessa vontade é claramente abdicar a qualquer vontade, entregando-se à onipotência imaginária ou real do produto consumido. A decisão do indivíduo intervém apenas no fio tênue que orienta a escolha da substância para provocar o estado desejado. Quanto ao resto, o indivíduo permanece nos trilhos, segue linhas de força decididas anteriormente. A afetividade é entregue à razão, ao mesmo tempo subordinada ao indivíduo e subordinando-o.

O *prozac* é um antidepressivo, objeto de enorme sucesso do outro lado do Atlântico. Provedor de uma química da felicidade, ferramenta que multiplica a energia, depurador da relação com o mundo, sua ação modifica a taxa de serotonina; relativamente eficaz contra a depressão, é também muito admirado pelos indivíduos perfeitamente integrados e que se sentem bem em sua pele. Desviado de seu destino clínico inicial, solicitam-se então suas propriedades que estimulam a psique. Os homens públicos carregados pelas asas do sucesso reivindicam tomá-lo regularmente para melhorar seu desempenho. Ajuste técnico da relação com o mundo no sentido de uma eficácia desejada, mais do que busca de um outro modo de vida em harmonia com as capacidades pessoais, o psicotrópico instaura-se como prótese do sentido. O leque de tratamentos com o *prozac* é amplo: anorexia, angústia, bulimia, dores crônicas, ciúmes, fobia, distúrbios da atenção, da alimentação, depressão etc. Em uma perspectiva quase religiosa, os adeptos do *prozac* não temem acrescentar às curas obtidas a do autismo e a da esquizofrenia. Ao contrário dos outros antidepressivos que provocam efeitos colaterais nada desprezíveis, o *prozac*, bem dosado, tem a fama de não provocar muitos.[3] Precisão, campo de ação vasto e ausência de efeitos colaterais, todos os ingredientes estão reunidos, observa A. Ehrenberg, para alimentar o "mito da droga perfeita" (1995, p. 145). M. Narden escreve sem ironia que, em nossas sociedades contemporâneas, o estilo de vida conduz a "uma deficiência de *prozac*". Nos EUA, o uso dessa droga é claramente desvinculado dos imperativos médicos e da resolução química do sofrimento mental. Torna-se um produto de consumo comum como as vitaminas, uma engenharia química à disposição do usuário. É consumido pelos indivíduos que querem assumir um domínio de si com a preocupação de ampliação das possibilidades pessoais, da otimização dos recursos afetivos e intelectuais. A identidade cinzela-se quimicamente quando se recorre judiciosamente aos produtos apropriados. E o *prozac* é uma ferramenta de primeira da paleta disponível para as modificações químicas do comportamento. Arraiga o sujeito, expurgando os traços que o incomodam e simulando os que ele deseja como um cosmético afetivo. Proporciona o domínio sobre si por meio de uma alquimia ideal: não sermos mais nós mesmos para sermos finalmente nós mesmos; retificarmo-nos à maneira de um esboço que, por fim, chega ao texto final. Autor de uma apologia do produto, P. Kramer escreve que seus pacientes tratados dessa maneira "sentem-se melhor do que bem".[4]

Produção farmacológica de si

"O órgão de humor" é um meio privilegiado para permanecer firme em um ambiente que foge aos esforços do indivíduo. Consomem-se seus

---

3. Os usuários mais críticos apontam, contudo, manifestações de violência, tendências suicidas, distúrbios da sexualidade em certos pacientes. Existem, portanto, efeitos colaterais, às vezes diferentes de acordo com o indivíduo. Existe de fato um "mito" do *prozac*.

4. Um outro medicamento, a *melatonina*, suscita a fantasia de ser o antídoto para todas as "fraquezas" do corpo. Segundo os médicos americanos, esta poderia "prolongar nossa vida por várias décadas mantendo nosso corpo jovem; prevenir doenças cardíacas, cânceres e outras afecções comuns; proteger dos efeitos nefastos do estresse crônico, tratar os problemas de sono", e isso, ao que parece, sem viciar e sem efeitos colaterais (*Le Monde*, 17/11/1995).

produtos para fortalecer a vontade, ancorar-se com solidez em uma realidade flutuante, sempre provisória, e permanecer na competição. Não se tenta mais escapar de condições de vida julgadas contestáveis ou insuficientes. Ao contrário, as pessoas nelas se arraigam, anulando, por meio de tranquilizantes, as dificuldades a elas vinculadas ou decuplicando suas forças para, por um tempo, inscrever-se da melhor forma em uma sociedade em que a concorrência se torna mais rude e onde o fato de viver não caminha mais com as próprias pernas, de maneira que é preciso sustentá-lo com regularidade com tutores farmacológicos. A gama de estados psicológicos suscitados pelos psicotrópicos harmoniza-se com a identidade de geometria variável que convém para se manter em boa posição em nossas sociedades. Em vez de o nosso humor ser um efeito da ressonância do mundo em nós, queremos tornar o mundo uma consequência de nossa intenção. A salvação da vida cotidiana reside em uma fórmula química que libera de uma parte da incerteza e do medo. A ambivalência do corpo é neutralizada. Para orientar uma opção propícia, multiplicam-se os conselhos em revistas especializadas ou não, em obras de vulgarização, onde se estabelecem complacentemente as receitas da felicidade, do repouso e do desempenho. Uma grande quantidade de guias prodigaliza conselhos e alimenta uma automedicação real ou indireta pelo recurso à prescrição do médico de quem se solicita o produto. Não se trata mais apenas de uma medicalização do sofrimento existencial, mas também de uma fabricação psicofarmacológica de si, modelação química dos comportamentos e da afetividade que manifestam uma dúvida fundamental com relação ao corpo que convém manter à nossa mercê por meio da molécula apropriada.

A sexualidade não escapa da ascendência da vontade; dissocia-se do desejo graças a um estímulo externo. O sucesso mundial do *viagra* atesta essa preocupação de escapar dos acasos do corpo e do tempo para transformá-lo em uma máquina confiável que responde imediatamente às exigências. O *viagra* exerce um efeito mecânico sobre a ereção; ele não é um afrodisíaco, não estende o gozo. Prótese química para restaurar a autoestima, dar uma imagem positiva ao outro tentando iludir, prolongar infinitamente a juventude sexual. Fantasia de domínio do desejo. "Será tão natural para um homem de 50 a 60 anos ter no bolso uma dessas pílulas quanto para um jovem carregar um preservativo", diz um bioético americano. Alguns anos antes, A. Rosenfeld escreve que é

> (...) fácil imaginar que no futuro as pessoas carreguem eletrodos auto-estimulantes (o que poderia mesmo se tornar moda) que as tornariam sexualmente potentes a qualquer momento, que lhes permitiriam dormir ou permanecerem acordadas de acordo com sua necessidade, que diminuiriam seu apetite caso quisessem perder peso, que suprimiriam o pesar, que lhes dariam coragem quando tivessem medo ou as acalmariam quando sentissem raiva. (*In*: Packard 1978, p. 70)

A gestão de si ao modo da *technè* não é somente o fato de recorrer maciçamente à psicofarmacologia diante das dificuldades ou das sinuosidades da existência no cotidiano, revelando-se, também, em outras práticas sociais: o uso corrente das vitaminas, dos fortificantes, da dietética etc.; a modelagem da forma do corpo: ginástica tonificante, aeróbica, regimes alimentares etc., cujo sucesso também se conhece hoje em dia. Essas práticas são modos voluntários de produção de si, de modelagem da identidade pessoal – elas testemunham um imaginário no qual o indivíduo se desdobra, faz de seu corpo um *alter ego* e se coloca diante de si como *bio engineer* ocupado em gerir seu capital físico ou afetivo, em retificar os erros que ele acredita descobrir em sua "máquina", em otimizar e explorar seus recursos. Em sua escala, um grande número de indivíduos posiciona-se como artesão dessa visão desenganada do corpo e manipula seu humor no teclado já considerável do órgão de humor complacentemente colocado à sua disposição. Mas um punhado de comprimidos consegue dissolver a morte quimicamente? A fabricação bioquímica da interioridade que acopla o sujeito e a molécula apropriada faz do corpo o terminal de uma programação do humor, uma forma inédita do ciborgue, isto é, da aliança irredutível do homem e da técnica incorporada.[5]

---

5. Em seu sonho de uma humanidade biônica livre do antigo corpo graças a procedimentos informáticos e de engenharia genética (*infra*, capítulo 7), Hans Moravec não se esquece de considerar a programação do humor. Demora-se principalmente na descrição das possibilidades de reduzir o limiar do surgimento do tédio para manter um nível constante de implicação e de prazer (Moravec 1992, p. 140).

3
A MANUFATURA DE CRIANÇAS

Como é possível que médicos tão zelosos na apreciação dos riscos fisiológicos ou biológicos tenham tão pouca consciência dos riscos psicossociais vinculados ao esfacelamento dos elementos da progenitura, à ruptura do tempo linear da vida (congelamento prolongado dos gametas e dos embriões) e à perda das referências simbólicas que nos lembram que todo poder e todo desejo não são, a priori, de direito?

Catherine Labrusse-Riou, "Les procréations artificielles: Un défi pour le droit". *In*: VVAA. *Éthique médicale et droits de l'homme* ["As procriações artificiais: Um desafio para o direito". *In*: VVAA. *Ética médica e direitos do homem*], 1988

A assistência médica à procriação

Hoje o nascimento de uma criança não se deve mais apenas a um desejo, com o acaso de um encontro sexual entre dois parceiros no qual há uma troca de prazer. A existência não começa mais apenas nas profundezas de um corpo de mulher, mas também nas provetas da fecundação *in vitro* (FIV). Talvez um dia isso resultará em uma incubadora artificial sob controle médico que exclua radicalmente a mulher. No campo do processo contra o corpo que anima muitos empreendimentos do extremo contemporâneo, colocar uma criança no mundo tornou-se uma aposta impressionante. Em algumas décadas esboça-se uma antropologia radicalmente nova, que remodela profundamente as representações e os usos que definiam o homem ocidental.

A criança pode assim ter três mães (genética, uterina e social) e dois pais (genético e social) e até três na medida em que a mídia entronizou o médico desde o nascimento de Louise Brown. A assistência médica à procriação tende, com efeito, à eliminação dos homens (maridos ou amantes). Reduzidos à posição acessória de suporte afetivo de sua companheira, só existem simbolicamente em forma de esperma.[1] A esse respeito é clara a descrição de J. Testart do momento em que uma jovem descobre que está grávida: "Eu pronunciei com doçura: 'A senhora está grávida!...'. Nada mais foi dito com palavras durante essa cerimônia... Quando ela foi ter com o marido alguns minutos depois, disse apenas: 'Fiz amor com os três' (os três cirurgiões)" (Testart 1986, pp. 72-73). A coleta de espermatozoides impõe a masturbação em um lugar do hospital e praticamente não deixa uma lembrança imperecível. A tecnologia médica oculta o pai, simples genitor, e coloca face a face a mulher e o médico em uma poderosa relação imaginária que esboça o lugar onde a criança é fabricada. Quando de conflitos com sua companheira, os homens que se tornaram pais graças à inseminação com doador começam – aliás, com todo conhecimento de causa – uma pesquisa de paternidade e depois pedem, obtido o resultado, a retratação da paternidade.

Embora a medicina a assuma, a esterilidade não é uma doença e, além disso, o nascimento de uma criança por procriação *in vitro* não é

---

1. Em compensação, têm uma função essencial para deter a fecundação *in vitro*, dando legitimidade para a mulher renunciar a ela, aliviando-a da culpa de não ter tentado tudo e reconhecendo-a plenamente em sua feminilidade mesmo que ela não tenha se tornado mãe.

uma cura, pois permanece a esterilidade. À custa de uma conduta difícil do ponto de vista humano, não sem riscos, do ponto de vista médico, a fecundação *in vitro* permite apenas que um homem ou uma mulher estéril coloque uma criança no mundo. A "esterilidade" funciona como um maná para esse setor da medicina contemporânea.[2] Salvo exceção, praticamente não se questiona seu significado. N. Athéa mostra a maneira surpreendentemente desenvolta como alguns médicos confirmam a esterilidade, levando em consideração simplesmente as palavras do casal (1990, p. 62 ss.). Um grande número de trabalhos demonstra, contudo, que é muitas vezes uma infertilidade provisória, da qual o tempo – ou as palavras – livra. A ovulação e a espermatogênese, a fertilidade do encontro sexual fundamentam-se não apenas em uma fisiologia, mas em uma fisiossemântica (isto é, um corpo que faz sentido), uma relação particular com o outro que determina o travamento provisório ou a abertura do corpo (Le Breton 1990). Os acontecimentos da vida, o estresse, as relações inconscientes com o pai ou com a mãe, as modalidades afetivas do casal etc. são muitas vezes decisivos para a "esterilidade" ou para a hiperfertilidade do homem, da mulher ou do casal[3] (Delaisi de Parseval 1982; Reboul 1993; Chatel 1993). Em cem casais que permanecem infecundos após seis meses de espera, a quase totalidade é composta por casais férteis que conceberiam sem auxílio de médicos; após dois anos, a metade dos casais torna-se fértil e concebe espontaneamente (Athéa

---

2. A assistência médica à procriação dá lugar à sua própria lógica de organização, justifica uma reorganização médica, a ampliação ou a criação de serviços, de postos, de créditos, por aí mesmo alimentando uma demanda social infinita. Segundo J. Testart, metade das fertilizações *in vitro* é feita por casais não estéreis. No plano deontológico e ético, o nascimento de Louise Brown, o primeiro bebê concebido em proveta, já levantava inúmeros problemas (Blanc 1986, pp. 391-393). Segundo a feminista G. Corea (1985), as mulheres serviram de material experimental para os pesquisadores e para os médicos, na pressa, que nada justificava, de chegar a um resultado.

3. Um exemplo entre outros: Annie Duperey jamais engravidou durante 13 anos sem recorrer a qualquer método anticoncepcional, e um dia algumas palavras de seu companheiro a atingiram em cheio: "Acolhi as palavras. Elas penetraram em mim. Agiram quase que imediatamente à maneira de um revelador; três meses depois eu estava grávida" (1992, p. 174). Estimando uma prática médica de escuta das mulheres, Jean Reboul declara: "Posso relatar mais de 5.000 casos de mulheres estéreis... cuja esterilidade havia sido comprovada por médicos. Mais de 2/3 das mulheres ficaram grávidas sem tratamento ou graças a um tratamento menor já utilizado sem resultados" (Reboul 1993).

1990, p. 50). Alguns médicos negligenciam esses dados e mal se preocupam em situar a vida social do casal que veio em busca de tratamento (com todas as anomalias que ela implica); a queixa é na maioria das vezes sanada a despeito das baixas taxas de sucesso da fertilização *in vitro* (seus sucessos são de 14% por ciclo contra 25% da fecundação natural) e da provação fisiológica e moral que inflige em primeiro lugar à mulher e depois ao casal após meses ou anos de tentativas. A mecanização do corpo não leva em consideração, assumindo riscos, o simbólico e obriga a uma resolução sem que os atores tenham a possibilidade de obter uma inteligência da adversidade encontrada e de sua ambivalência. Nada das razões inconscientes da infertilidade e de uma indução orgânica que se situa na origem do problema é resolvido. As esterilidades definitivas e constatadas pela medicina justificaram o estabelecimento das técnicas de fecundação *in vitro*, mas está claro que não são elas a origem do desenvolvimento considerável dessa técnica e da admiração que provoca (Chatel 1993). Como escreve com correção J. Testart, "as mesmas atitudes que nos levam quatro em cinco vezes a aplicar a fertilização *in vitro* em casais capazes de ter uma criança sem ela já dão caução a práticas futuras" (1990, p. 20).

A assistência médica à procriação quase não leva em conta a dimensão simbólica da progênie. Muitas vezes, basta-lhe uma declaração de vontade, bem diferente do desejo arraigado no inconsciente. A medicina do "desejo" negligencia a ambivalência da mulher, do cônjuge, do casal em sua dinâmica afetiva, ignorando a base do desejo inconsciente que urde a fecundidade humana. Sendo para ela um problema de conjunção de gametas, só considera uma resposta técnica. Não seria, aliás, o caso de criticá-la por isso – a medicina não é psicoterapia nem busca de sentido, mas obrigação de prestar contas, tendo em vista uma eficácia exigida pelo paciente.[4] Um atraso entre a vontade de ter a criança e a gravidez transforma-se em sintoma e justifica o ato médico. Só o pedido já se torna uma indicação de fertilização *in*

---

4. Certamente ela também pode reunir simultaneamente essas dimensões na pessoa particular de um médico graças à qualidade de sua presença, à sensibilidade de seu acompanhamento às pessoas que o solicitaram.

vitro sem qualquer outra forma de processo. Mas a criança do querer não é necessariamente a do desejo.

O jogo com a saúde da mulher levanta outros problemas não menos incisivos. Em primeiro lugar, o estresse inerente a uma provação longa e semeada de episódios plenos de ansiedade. Muitas mulheres descrevem-na como "um percurso do combatente". Têm a impressão de "só existir para isso"; muitas vezes denunciam a falta de consideração da qual são objeto ("são apenas homens!") e têm a impressão "de ser cobaias" (Santiago-Delefosse 1998). O estímulo dos ovários é uma conduta penosa que se traduz por meses de injeções diárias de hormônios com efeitos secundários sensíveis (a mulher engorda, tem náuseas, cólicas, diarreias, pode provocar gravidez extrauterina, uma cesariana etc.). Às vezes suscita acidentes graves e prepara o terreno para certas formas de câncer, de complicações circulatórias, podendo induzir menopausas precoces. A coleta do ovócito por celioscopia expõe a mulher ao risco de qualquer anestesia geral; já houve casos de incidentes hemorrágicos ou infecciosos; a transferência de embrião não deixa de suscitar riscos de infecção. Quanto aos embriões supranumerários, mergulhados em azoto líquido, imersos no frio, liberados do corpo, escapam ao tempo, solidificados em sua eternidade gelada.[5] A implantação de muitos embriões gera uma taxa elevada de gravidez extrauterina, de partos complicados. Ocorre um grande número de partos prematuros; eles provocam uma profunda reviravolta no recrutamento para os serviços de reanimação neonatal. Algumas crianças nascem no limite da viabilidade, outras são submetidas à reanimação com sequelas psicomotoras sérias. Tudo acontece como se essas crianças, concebidas fora do corpo e fora do desejo, não conseguissem vir ao mundo. "Como não estabelecer a ligação entre a criança impossível de conceber e a criança impossível de se rematar sem a ajuda desse terceiro onipotente que é o médico?" (Périnaud 1998, p. 44).

Os nascimentos múltiplos são normais: entre 1986 e 1993 na França: 27,2% das gestações obtidas por fertilização *in vitro* resultaram

---

5. A Fivnat, associação que agrupa 89 centros de fertilização *in vitro*, assinala na França, em 1992, o número de 68 mil embriões estocados dessa forma. Os mais velhos datam de 1985. *Libération* avalia-os entre 5 mil e 15 mil em fevereiro de 1999.

no nascimento de gêmeos e 7,3%, na de trigêmeos.[6] Essas crianças inesperadas levantam problemas materiais e simbólicos tremendos para os "pais", pegos em seu jogo de uma demanda de filhos que os ultrapassa. Se vários embriões se desenvolvem, surge então a questão de sua "redução", isto é, da interrupção seletiva do desenvolvimento de muitos deles, a fim de evitar, se possível, uma gravidez múltipla. Alguns pesquisadores, como M. Auroux, apontam que a fertilização *in vitro* é acompanhada de uma elevação de frequência de anomalias do tubo neural na criança; ela aumenta de um em mil os casos de trissomia 21. Muitas vezes se observou a insuficiência de desenvolvimento de peso e tamanho das crianças. Referindo-se a experiências com animais, M. Auroux sugere que o congelamento de ovócitos ou de embriões poderia lesar certas células. Embora sublinhe que as estatísticas não mostram taxas significativas de más-formações graves, nem por isso deixa de concluir que "a vigilância a longo prazo e até pela vida inteira das crianças nascidas graças à assistência médica à procriação agora aparece como uma obrigação" (*La Revue du Praticien*, nº 45, 1995). Georges David, fundador da Fédération Française des Centres d'Études et de Conservation du Sperme (Cecos), repete a mesma coisa: "É imperativo estabelecer uma vigilância nascida após a procriação assistida por médicos" (*Le Monde*, 3/2/1995). Uma pesquisa de Béatrice Koeppel lembra que uma "maioria de mulheres, 52%, esperou seis anos ou mais por uma gravidez". Vinte e dois por cento tiveram gravidez extrauterina. A maioria passou por várias intervenções cirúrgicas ginecológicas (Koeppel 1996). O procedimento de fecundação *in vitro* é uma provação psicológica. Se fracassa, às vezes termina em depressão. Em um estudo inglês, seis mulheres, em 36 casais que viveram esse fracasso, desenvolveram

---

6. Noventa e cinco por cento dos trigêmeos nascem antes do término da gestação e 7% sofrem sequelas neurológicas, pulmonares e psíquicas. Em 1996, na França, 50,7% dos trigêmeos (28,9% dos gêmeos) nascidos por fertilização *in vitro* tiveram de ser hospitalizados em um serviço de neonatalogia e 29,5% (6,6% de gêmeos) tiveram de ser reanimados. Evocando sua experiência de reanimação neonatal, J. Périnaud (1998) constata que muitas vezes, nos casos de fertilização *in vitro*, a reanimação do recém-nascido gera um "fenômeno de despaternalização e de desmaternalização". Desinveste-se afetivamente a criança, sobretudo se sua reanimação tiver sequelas.

72 Papirus Editora

sintomas depressivos (Frydman 1998, p. 44). O casal às vezes tem dificuldade de se encontrar ao final das manipulações médicas da qual é objeto: sexualidade com finalidade, dissociada do prazer, planejada em virtude de exames médicos, obsedada por uma preocupação de eficácia, medicalização extrema do corpo da mulher, culpa gerada pelo sentimento de uma esterilidade permanentemente mantida durante os tratamentos, incapacidade de lidar com o luto do filho difícil ou impossível em decorrência da repetição contínua da esperança que nasce com as novas tentativas: anos inteiramente consagrados a uma vontade de ter filhos que pode fracassar. A pesquisa de B. Koeppel (1996) revela a crise ou mesmo a ruptura de muitos casamentos após o nascimento da criança.

A assistência médica à procriação é objeto de inúmeras críticas e levanta a questão de seu sucesso entre os casais, apesar do custo humano do procedimento, de seu perigo relativo para a saúde da mulher e de seus parcos resultados, sabendo-se, aliás, que muitas candidatas à fertilização *in vitro* conseguem afinal ficar grávidas antes do início do tratamento e muitas outras nos anos após o fracasso desse tipo de fertilização. M. Vacquin aponta o motivo principal de sua atração sobre certos casais quando escreve que "certamente não é de sua taxa de sucesso que as procriações artificiais tiram seu sucesso, é de sua prodigiosa carga de fantasia" (Vacquin 1989, p. 193).[7] Diante desse balanço contestável, surpreende a maneira elogiosa e unívoca (como em relação aos transplantes) com que as mídias relatam essas técnicas. Muitas vezes não se levam em consideração o sofrimento dos casais – e sobretudo o da mulher –, a longa duração dos procedimentos e suas coerções, os resultados muitas vezes críticos com respeito à saúde da criança. Cerca da metade dos casais acaba desistindo após várias tentativas.

A procriação assistida pela medicina cria uma demanda, aviva uma carência que seria com certeza suprida de outra forma e de maneira mais propícia. A infertilidade tornou-se um grande problema a partir do

---

7. A crítica da procriação assistida pela medicina foi feita de maneira notável pelos autores da obra dirigida por J. Testard (1990), principalmente A-M. de Vilaine (p. 150 ss.); J. Testard (p. 16 ss.); N. Athéa (p. 62 ss.) etc.

momento em que as mídias, desde o nascimento de Louise Brown, alardearam as possibilidades da procriação *in vitro*. Com uma intenção mais tardia de gravidez, o hábito de administrar a contracepção, a infertilidade gera um sofrimento e uma impaciência de resolvê-la ignorados pelas gerações anteriores. Em outros tempos, um casal aguardava por anos o nascimento do filho sem demasiada inquietação, em uma sexualidade mesclada à trama de sua vida. Hoje, a urgência se impõe e aparece a ansiedade. A medicalização da procriação une-se a uma temporalidade própria da modernidade que não suporta a espera.[8] A contracepção e a interrupção voluntária da gestação modificaram ontologicamente a relação com o corpo e com a criança, tornando os dois programáveis. O recurso à contracepção suscita uma relação instrumental com o corpo que faz pressagiar que, assim que esta for deixada de lado, a mulher deve ficar grávida logo depois das primeiras relações sexuais: o corpo é um instrumento à disposição. Sua recusa é percebida pelo casal como uma anomalia que solicita o apoio do médico mais do que a paciência ou a palavra. O tempo tornou-se uma patologia.

A oferta de assistência médica para a procriação provavelmente criou mais sofrimento do que o resolveu, tornando a vontade de filhos uma exigência fundamental a ser satisfeita logo e a qualquer preço. Foi uma fábrica formidável de sintomas. Os casais que em outros tempos considerariam adotar uma criança hoje penam para resolver essa questão porque as intervenções da medicina alimentam permanentemente a esperança de ter um filho próprio.[9] A crença na onipotência da ciência oculta os resultados medíocres e a longa espera pelo nascimento de uma criança por esse meio. O corpo deixa de fazer sentido, "funciona" ou manifesta uma "pane", é obstáculo (Le Breton 1990). Em última instância, prefere-se contorná-lo para não permanecer entregue aos acasos da

---

8. Mesmo se, como vimos, o sentimento de urgência encontra paradoxalmente o peso, a demora e a eficácia muito comedida do procedimento.

9. Surpreende a amplidão dos esforços humana e economicamente custosos da procriação assistida pela medicina com relação ao número de crianças abandonadas, do sofrimento que seria possível atenuar dessa forma na chance mútua de as crianças conquistarem pais e de os pais conquistarem um filho. Nossas sociedades escolheram outra solução (Mattéi 1994, p. 170 ss.).

74 Papirus Editora

sexualidade e de uma fisiologia que assusta. A maternidade torna-se então um arcaísmo ainda parcialmente corporal, mas que não tardará a tornar-se integralmente um fato técnico da medicina. É claro que resta o investimento dos interessados que podem reintroduzir sentido, reapropriar-se da procriação assistida pela medicina como um episódio de sua história – a criança pode ser amada como deve e o procedimento funcionar rapidamente sem danos. A criança nascida em condições "naturais" pode carecer de investimento, ser mal amada. Nenhuma transparência moral existe nesse assunto. Não se trata de colocar em dúvida o recurso à procriação *in vitro*, legítima em situações comprovadas de esterilidade, mas de observar a insinuação dessa técnica para fora dessas prescrições da medicina e de ver no que ela abala os dados fundamentais de nossas sociedades: progenitura, maternidade, feminilidade, masculinidade ou relação com a criança. Aplicada a uma maioria dos casais que poderiam dispensá-la, é manifestamente o sintoma de uma dúvida fundamental com relação ao corpo.

O corpo indesejável da mulher: A gestação fora do corpo

A procriação *in vitro* separa a fecundação da maternidade, tende hoje a dissociar a criança da gravidez para transformá-la em pura criação da medicina. A mãe é a portadora incômoda com cujo desaparecimento radical se sonha. Com a fantasia do útero artificial pelo qual alguns médicos clamam, ela é excluída do começo ao fim do processo. A criança nasceria sem mãe, fora do corpo, sem sexualidade, na transparência de um olhar médico que dominasse cada instante de seu desenvolvimento. A mácula do corpo materno seria apagada pela higiene do procedimento e pela vigilância sem trégua das máquinas que assinalariam qualquer anomalia. Trabalho e fantasia de homens, não de mulheres, como se aí houvesse um resultado de muitos séculos que visasse transferir tecnicamente para as mãos do masculino um processo que lhe escapa organicamente. Nostalgia confusa que introduz na fecundação e no nascimento da criança a interferência da técnica objetivando o controle do início ao final da gestação, provocando o encontro dos gametas fora do corpo. Y. Knibielher bem que percebeu a suspeita que pesa sobre a mulher: "O ideal dos ginecologistas", escreve,

> (...) só pode ser afastar essa mulher incômoda e chegar o mais cedo possível à gestação *in vitro*. Esse tipo de fecundação já é banal, logo se conseguirá prolongar a vida do embrião *in vitro* até a gestação completa. Não é apenas ficção científica: já existem equipes de pesquisadores competindo para alcançar esse objetivo. A maternidade que, no século XX, ainda constituía a especificidade do sexo feminino, seu saber próprio, sua dignidade, está se fragmentando, se dispersando, caindo integralmente sob o controle da medicina e da sociedade. (*Le Monde*, 19/4/1985)

A ectogênese, isto é, toda a maturação do feto em incubadora artificial, está na ordem do dia. Gestação sob controle médico, que reúne as condições de vigilância e higiene. O privilégio materno é sentido como uma injustiça, cuja reparação só aparece hoje graças aos progressos da medicina. A mulher já pode ser mantida afastada da fecundação e logo mais da gravidez. J.-L. Touraine escreve a esse respeito com entusiasmo: "Nessa nova era, o pai estará em pé de igualdade com a mãe. Alguns homens, invejosos das ligações particulares que se estabeleciam entre a mãe e a criança, manifestam desde já sua impaciência" (Touraine 1985, p. 227). De maneira reveladora, nessa paixão puritana por um mundo sem corpo e sem sexualidade, no qual o prazer reside a princípio no olhar voltado para os processos técnicos, ele não duvida de que "a mãe e o pai poderão acompanhar visualmente o desenvolvimento fetal, e sua afeição pelo novo ser irá se desenvolver ao mesmo tempo" (p. 227). J.-L. Touraine baseia a maternidade das décadas vindouras na exclusão radical da mulher. A partir de agora só importam de fato os gametas, a mulher é supérflua. Tranquilamente, ele remete a gravidez à "poesia retrógrada" das "vovós" (p. 226), condenando ao desuso as mulheres animadas de "sentimentos românticos e nostálgicos" que "formularem objeções de ordem psicológica" (p. 226). Mas lhe parece inconcebível que esses argumentos possam por um único instante pesar mais que as possibilidades de "liberação" (*sic!*) da mulher e da melhoria da vigilância médica do feto. Apesar dos lamentos, das críticas, segundo ele, nada poderá se opor a esse progresso próximo. Para a mulher, será um novo passo para a conquista de uma liberdade legítima, em que terá uma capacidade de trabalho e uma disponibilidade finalmente iguais às do homem (pp. 226-227).[10] Tal generosidade confunde. Jean Bernard está convencido de que a "igualdade" de condições entre o pai e a mãe graças a esses "progressos" tornará as crianças "talvez mais felizes do que as dos séculos passados" (*Le Monde*, 7/2/1982). Magia abençoada que diz bastante sobre a onipotência religiosa associada à ciência e à técnica e sobre o desprezo das condições de existência deixadas à iniciativa da sexualidade e dos pais.

Essa repulsa explícita à maternidade (e à mulher?), esse ódio confesso do corpo que leva a controlar mesmo grosseiramente os processos naturais levam a pensar que um dia, de fato, as crianças nascerão dessa maneira, disponíveis aos remanejamentos físicos ou genéticos, à escolha do sexo, à triagem de sua qualidade genética. Crianças sem mãe, sem pai, cultivadas em uma proveta, incubadas por máquinas antes de ser entregues com garantia e serviço pós-venda aos doadores de gametas. Os habitantes do *Brave New World* de Huxley lembram-se com horror do tempo em que os homens eram vivíparos. Em muitos aspectos, essa narrativa de 1932 é uma premonição dos avanços atuais da biotecnologia. Com todo rigor, a ectogênese é o complemento necessário de uma medicina de predição que garante assim o domínio sem falha sobre o desenvolvimento embrionário; ela é o resultado de uma concepção médica da existência humana em que o sujeito como tal é um homem virtual, epifenômeno de características físicas ou genéticas que decidem sua existência ou sua morte sob a égide de uma vontade normativa sem apelação.

Para um certo imaginário da medicina, o útero da mulher de fato coloca em risco a salvação e a saúde do embrião. Mundo arcaico, não civilizado, que escapa do controle regular do médico, constitui, por exemplo para o vulgarizador científico G. Leach (1970), "o meio mais perigoso no qual [o ser humano] é convidado a viver". O corpo da mulher é agora promovido a ambiente de alto risco para o desenvolvimento do feto.

---

10. A feminista americana S. Firestone (1970) também considera que por esse procedimento as mulheres estarão liberadas das coerções da reprodução.

L. Gavarini aponta na escrita de certos médicos um vocabulário militar para explicar as relações entre o feto e a mãe. Surpreende a mãe não rejeitar seu feto,

> (...) que é, sem dúvida, um corpo estranho porque a metade de seu material genético é de origem paterna... O conflito imunológico não pode não existir. Ele existe de fato, mas deve-se admitir que há um estado de paz, "paz armada" seria possível dizer, porque a mãe conserva sua capacidade de reação imunológica normal, enquanto seu feto dispõe de um sistema de proteção muito particular, no qual a placenta desempenha um papel essencial. (*In*: Gavarini 1990, p. 166)

A paixão do olhar, o que resta ao homem ou ao médico de sua relação com a maternidade, resulta em uma vontade de vigilância o tempo todo, assimilando o ventre materno à "escuridão", à selvageria implícita de um mundo que ainda resiste à onipotência médica. A mulher insinua-se no território do homem e adapta-se a uma representação da criança que preenche a diferença com o homem apagando a sua. Evocando esse sonho de certos médicos de que a criança, da fecundação à gestação e ao nascimento, permanecerá sob uma rígida vigilância médica com a exclusão do corpo e, portanto, da mãe, J. Fletcher escreve que

> (...) a perspectiva de ter uma janela aberta sobre um feto em desenvolvimento é esperada pela maioria dos embriologistas, placentologistas, fetólogos (...). A possibilidade que terão de acompanhar a vida do feto abertamente, fora da escuridão do ventre, enriquecerá enormemente nosso conhecimento e nos ajudará a reduzir os acasos enfrentados pelos obstetras e seus pacientes. (*In*: Gavarini 1990, p. 167)[11]

A mulher corrigida pela medicina

Graças a uma coleta de ovócitos de uma doadora e de espermatozoides do marido, após uma fecundação *in vitro* e uma implantação do embrião,

---

11. F. Laborie analisa o campo da reprodução medicalizada como "um local de revanche possível de uma onipotência médica e biológica masculina" (1986, p. 186).

mulheres de 60 anos ou mais, há muito na menopausa, objetos de múltiplos tratamentos médicos e de uma vigilância aprofundada de sua gravidez, colocam crianças no mundo por meio de uma cesariana. Realizam uma fantasia de maternidade além das normas fisiológicas e culturais, transformando a vinda ao mundo de uma criança em uma *performance* esportiva. Essa "gravidez para si" praticamente não questiona o significado para uma criança de talvez se tornar logo órfã ou de ter, com 20 anos, pais de 80 anos, que rompem, dessa maneira, a corrente das gerações. Além disso, ela é perigosa para o organismo dessas mulheres forçadas a sofrer um tratamento hormonal para favorecer a implantação do embrião e ameaçadas de infartos ou de acidentes vasculares. A gravidez, mesmo assistida por médicos, é, na idade delas, uma provação terrível. Já aconteceram acidentes graves que resultaram principalmente em hemiplegias. O "pai" é ausente, ele também transformado, como a criança, em artefato. O desejo de ter filhos é inteligível, tanto mais após a menopausa, porque aí se acrescenta a saudade de uma feminilidade plena, associada à juventude e à possibilidade de conceber. O que perturba, em compensação, é a transformação em ato de um desejo que então se torna uma vontade de ter um filho seu, para si, uma criança prótese de nostalgia ou de uma vontade de ressuscitar a juventude. Nesse contexto, a criança é claramente um sintoma. O médico, prestador de serviço, entrega-se ao papel de agente da realização de fantasia; recusa de antemão, com a consciência limpa, qualquer responsabilidade sobre a existência da criança que vai nascer. Um médico italiano, especialista em gestações de mulheres na menopausa, confessa, achando tudo natural, que inseminou uma mulher siciliana de 62 anos com o esperma congelado de seu marido que morrera dez anos antes (*Libération*, 22/2/1993). Essa equipe italiana, que ostenta claramente suas intenções, não hesita em fazer ofertas às "estrelas" que gostariam de ter um filho tardio após consagrar sua existência à carreira.

A procriação *in vitro* dá total liberdade a uma profusão de fantasias. Alguns aspectos do individualismo encontram na medicina técnica uma incitação impensável há poucos anos e reforça-lhe o caráter. As lésbicas teriam financiado pesquisas nos EUA a fim de obter a possibilidade de fecundar um óvulo com outro óvulo, de forma que duas mulheres poderiam conceber juntas uma criança sem recorrer a um parceiro masculino (Blanc 1985). Algumas clínicas americanas propõem-se a vender para os casais um embrião fabricado a partir de óvulos e de esperma de doadores. As características dos "pais genéticos" são cuidadosamente detalhadas para evitar qualquer surpresa. Para a doação de óvulos e de esperma, há catálogos que descrevem os doadores, regularmente atualizados para que os clientes possam escolher. Há firmas comercializando óvulos pela Internet. O cliente percorre o arquivo de eventuais doadoras, vê suas fotografias com informações precisas sobre a "raça", a religião, o QI, o lazer, os gostos sexuais, as características físicas particulares etc. O mesmo acontece com os doadores de esperma. A partir de 1979, um banco de esperma americano oferecia, a seus clientes, doadores cuidadosamente escolhidos e com QI elevado. Esse banco solicitava principalmente o prêmio Nobel. A ideologia genética e eugenista dá toda liberdade às fantasias e esquece o fato de que se trata principalmente de esperma de idosos. Outros centros, que foram criados com base no mesmo modelo, fazem da criança uma mercadoria de nível elevado e tanto mais cobiçada quanto suas características genéticas supostamente provêm de "indivíduos da elite".

As mulheres de cerca de 20 anos, preocupadas com sua fertilidade aos 30 ou 40 anos e interessadas em "aproveitar" a vida antes de pôr uma criança no mundo, fazem com que coletem seus óvulos, com que os congelem, e adiam sua eventual maternidade, protegendo-se dos "riscos" ligados ao "envelhecimento". Em 1995, na Grã-Bretanha, lésbicas que reivindicam com vigor sua virgindade tornam-se "progenitoras" de uma menininha obtida graças ao esperma de um amigo e a uma triagem de embriões. Uma mulher de 40 anos, de nacionalidade inglesa, virgem, é inseminada com cuidado para preservar seu hímen após oito anos de tentativas infrutíferas. A criança-prótese tapa os buracos da identidade pessoal na maior indiferença quanto a seu próprio destino de nascer deliberadamente sem pai, e a mãe se vangloria de permanecer virgem. Pedidos de mulheres sozinhas envolvidas em sua carreira, não querendo o estorvo de um homem e não querendo perder sua possibilidade de pôr uma criança no mundo. Ou, ainda, satisfação pura e simples de uma busca sem questionar suas condições: após o nascimento de sêxtuplos por fecundação *in vitro*, descobre-se que o casal que queria as crianças não vive junto, que o pai já tem três filhos com os quais não se preocupa e que a mulher já é mãe de outro filho (*Libération*, 18/12/1993). A procriação *in vitro* também se tornou um meio de conjurar a morte de um cônjuge, de fabricar uma prótese viva sua, autorizando as mulheres cujo companheiro faleceu a usar os embriões congelados para uma tentativa de fecundação e até de coletar os espermatozoides do cadáver para uma tentativa ulterior, ou a recorrer ao esperma coletado antes em um Cecos. "Criança substituta" do pai, negação do luto, fabricação deliberada de uma criança órfã, "relíquia do pai" (Michel Hanus).

Na África do Sul, uma mulher de 48 anos dá à luz trigêmeos que são filhos genéticos de sua filha e de seu genro. Uma mãe negra, que recebeu o óvulo de uma mulher branca inseminada com o esperma de um homem branco, coloca no mundo uma criança branca para, diz ela, protegê-la do racismo. Na Grã-Bretanha, os médicos experimentam a possibilidade de "tratar" certas formas de esterilidade, colhendo, em fetos femininos abortados, ovários em maturação e implantando-os em mulheres estéreis. Uma mulher que jamais existiu fornece, do fundo de sua morte, óvulos a uma barriga de aluguel. Permanecendo feto, será, contudo, a mãe biológica de uma criança que vai nascer. Em 1996, uma mulher que se sabia condenada faz com que colham seus óvulos e fecunda-os com o esperma de um doador anônimo antes de solicitar o congelamento dos embriões. A fim de garantir uma descendência póstuma, pede, em seu testamento, que esses embriões sejam implantados no útero de uma barriga de aluguel (*Libération*, 17/2/1998). Uma lista assim poderia prosseguir por várias páginas, deixando em suspenso o futuro da criança nascida em tais condições. Em torno da proveta, um universo de fantasias está à procura de atores que as incorporem. Mas, ao contrário dos outros objetos, a criança-mercadoria jamais é garantida, principalmente no que se refere à sua aptidão à felicidade, mas evidentemente isso jamais foi uma preocupação.

Útero de aluguel

A manipulação da maternidade leva igualmente a recorrer a uma mãe de aluguel, principalmente nos EUA, onde alguns *sites* da Internet fornecem tarifas e uma galeria de retratos rebuscados de candidatos. O corpo de outra mulher é o acessório necessário à gestação, o equivalente vivo de uma incubadora artificial. Ao dar a criança, objeto do contrato, esta se separa de uma parte sua. Dissocia-se de seu corpo, que transformou em um meio; oferece ao casal ansioso por ter filhos a parte mais íntima de si, bem além da consciência que dela tem, e sem nem sempre avaliar as consequências de seu ato sobre ela e sobre a criança. Aceitar alugar seu corpo e carregar nove meses a criança de um outro casal é um ato de vontade que negligencia o inconsciente e o que o fato de sentir a criança em si pode provocar numa mulher. As mães de aluguel estão fadadas a um apoio psicoterapêutico no final da gravidez ou mais tarde, após a "entrega" da criança. Elas são conduzidas a um processo de luto marcado pela culpa. Algumas recusam entregar a criança e atraem sobre si a fúria da Justiça por ruptura de contrato. Em 1990, um juiz americano não deixa que uma mãe de aluguel fique com a criança, considerando que "quem somos e o que somos não passa de uma combinação de fatores genéticos" e denunciando friamente "a presunção de que a pessoa que dá à luz é a mãe" (Testart 1992, p. 84). A criança não passa de um feixe de genes que estruturam sua identidade futura; a mãe de aluguel é designada como "estranha no plano genético", e o pedido indeferido com todo o direito (Nelkin e Lindee 1998, p. 216). Ela é o receptáculo de um produto a ser restituído a seus proprietários genéticos em tempo útil, segundo os termos do contrato. Da mesma maneira, os "pais" que alugam as barrigas às vezes recusam uma criança não conforme a seus desejos. Esse recurso negligencia igualmente as consequências que pode haver para a criança de estabelecer sua origem e situar-se diante das circunstâncias particulares de sua vinda ao mundo. Os dados psicológicos abundantes sobre o ambiente fetal são abalados em nome da onipotência genética. Em 1998, quatro mil crianças nasceram nessas condições nos Estados Unidos.

Ao mesmo tempo em que os centros de procriação *in vitro* se multiplicam nos EUA, um grande número de grupos de pressão opõe-se à adoção em nome da genética sentida como base da identidade pessoal. A adoção seria uma espécie de traição dessa filiação. Muitas empresas propõem que as pessoas "adotadas" identifiquem seus "laços de sangue", reivindicando a necessidade de todas as pessoas conhecerem suas raízes genéticas. O responsável por um movimento de adotados declara que "a criança acolhida em uma família não é uma ardósia vazia. Ela carrega seus cromossomos consigo". O amor e os cuidados com a criança adotada são uma coisa, mas a hereditariedade é outra, e esta "sofre um prejuízo" se os fundamentos genéticos de sua personalidade não são restaurados (Nelkin e Lindee 1998, p. 107).

Gravidez masculina

G. Groddeck (1973) formulou, em outros tempos, belas análises do pesar do homem por não poder conceber. Esse desejo, mais ou menos oculto, encontra simbólica (a criação artística) ou ritualmente (a incubação) uma sublimação. Groddeck até via esse princípio tão enraizado no homem que sugeria inverter a proposta freudiana: a mulher não é um homem castrado, obsedada pela inveja do pênis; ao contrário, é o homem que é uma mulher falha, perseguido pelo desejo inconsciente de gerar. Mas a ciência não sonha – pega esse desejo ao pé da letra e obstina-se em realizá-lo, ou seja, em eliminar a mulher da procriação, da gravidez e do parto. Já se fala em implantar embriões na parede abdominal de homens que seriam assistidos pelos médicos durante todo o período de suas "gestações" e que depois dariam à luz por meio de cesarianas. Os médicos e os pesquisadores consideram tal realização tecnicamente possível (Silver 1998, p. 195). Não faltam voluntários, principalmente certos transexuais definidos em primeiro lugar como "homens" e preocupados em ir até o fim em sua identidade desejada de mulher. Em 1986, J. Testart observava que, quando dos congressos Fivete, muitas discussões de corredor diziam respeito ao melhor lugar no corpo masculino para implantar o embrião.

Para E. Badinter, tal evento significaria finalmente a igualdade dos sexos. O corpo é hoje menos um destino, como vimos, do que um reservatório de elementos destacáveis e manipuláveis a serem trabalhados em busca de coisas inéditas, de pesquisas de visibilidade social para uns, ou de legitimidade e de aprendizado para outros. O individualismo democrático de nossas sociedades libera as fantasias. Em matéria de reestruturação da condição biológica do homem, multiplicam-se os artesãos, prontos para tentar tudo a fim de alcançar os "15 minutos de fama" prometidos a qualquer um por Andy Warhol no extremo contemporâneo. O triunfo de qualquer singularidade como nova forma de heroísmo emprega todos os meios à disposição. Essas realizações provocam a reviravolta da antropologia ocidental dos gêneros. Tocam também nas raízes da identidade e, em primeiro lugar, na necessidade de cada ser humano de se situar como homem ou mulher e de perceber o outro em sua diferença.

A invenção do embrião

A fecundação fora da sexualidade e *in vitro* faz com que seja representado um processo que ocorre naturalmente no escuro do corpo da mãe. Gametas e embriões, desvinculados dos indivíduos e transformados em satélites do corpo, tornam-se disponíveis para as investigações mais perturbadoras. A experiência mostra que os únicos limites no caso, mais do que morais, são os da "imaginação" dos pesquisadores. O embrião está nu, à disposição da curiosidade da medicina. As procriações assistidas por médicos abriram a caixa de Pandora da fecundação humana, fazendo "existir" e entregando às manipulações médicas um embrião em outros tempos confundido com a mãe. A partir de então a questão de seu *status* antropológico se coloca de maneira inédita.

O embrião humano *in vitro* é fonte de humanidade e não promessa de um cão ou de um gato. Todos nós somos embriões que "deram certo". Mas o embrião *in vitro* ou congelado não passa ainda de projeto de si mesmo, está suspenso em uma *no man's land*, teste projetivo moderno no qual se cristalizam fantasias e valores que vêm justificar as intenções manifestadas a seu respeito. Para alguns, a vida humana já está presente no encontro de gametas e solicita um *continuum* do qual é artificial isolar os graus; para outros, ela intervém na nidação na parede uterina, quando da transformação do embrião em feto, ou no momento em que a mãe percebe seus primeiros movimentos, no momento em que se torna viável,

84 Papirus Editora

quando seu sistema nervoso se desenvolve, ou mesmo no nascimento: a humanização é gradual e assinala a superação de etapas biológicas necessárias. Identificar o momento em que o embrião adquire sua carga de humanidade escapa a qualquer critério científico e sugere, antes, uma metáfora metafísica, um juízo de valor, uma questão infinita com mil respostas. Segundo as legislações, o embrião é desigualmente protegido – o prazo para a interrupção voluntária da gravidez variando, por exemplo, de 10 semanas na França a 28 no Reino Unido. O embrião oscila da qualidade de coisa indiferente à de pessoa em uma posição desconfortável, que deixa o pensamento insatisfeito nos dois casos (Fagot-Largeaut e Delaisi de Parseval 1989; Testart 1990; Caspar 1991; Folsheid 1992).

O questionamento sobre a condição do embrião nasce da forma como a medicina o utiliza: sexagem, DPI, embriões supranumerários que se acumulam, hipótese de experimentação médica sobre ele etc. Não é o próprio embrião que levanta dificuldades, mas o fato de ele ser projetado fora do corpo.[12] Fragmento de humanidade, pessoa potencial, pedaço de corpo, amontoado de células, participa da confusão das fronteiras simbólicas, da mecanização do homem e da humanização da máquina. Pura criação da medicina, que se tornou supranumerário com as procriações assistidas por médicos, mantido como reserva, caso falhe a implantação ou a gravidez, conservado como objeto virtual no azoto líquido. Imóvel no frio, fora do tempo, fora do corpo, fora do mundo, fora do desejo, o embrião coloca depois a seus "pais" (as palavras deslizam e revelam-se impotentes para denominar o insólito) questões terríveis. O casal pode utilizá-lo para uma nova tentativa, abandoná-lo para a pesquisa científica (são grandes as reticências) ou deixá-lo para "adoção" – a maioria dos casais não suporta a ideia de "abandoná-lo", mesmo reconhecendo o caráter abstrato de sua atitude. Somente 10% aceitam doá-los para a pesquisa, para outros casais ou destruí-los (*Libération*,

---

12. M.-A. Hermitte sugere colocar humanidade no embrião, deixando à jurisprudência o cuidado "de decidir em que esse ser humano não tem o mesmo regime jurídico que as pessoas munidas de suas cédulas de votação". Lembrando que "todos os sujeitos de direito não são, portanto, pessoas, ainda menos 'pessoas humanas'", ela acha que o embrião fora do corpo poderia ter um "representante para fazer seus direitos valerem" (1990, p. 238 ss.).

13/1/1994). Algumas mulheres acabam não suportando mais que esses embriões não empregados permaneçam congelados. Há casais que se separam e brigam por sua propriedade. O amontoado de células humaniza-se e provoca um dilema de consciência. Destruí-los ou abandoná-los provoca então o sentimento de uma espécie de traição contra essas "crianças" adormecidas e que foram objeto de tanta aflição e tanto desejo. A impotência de resolver esse dilema enquista a questão (Mattéi 1994). E, quando os "pais" morrem, e os embriões ficam "órfãos", a situação torna-se ainda mais confusa.

O exame de aptidão para a vida

Nas culturas ocidentais, o corpo é o vetor de individuação, estabelece a fronteira da identidade pessoal. A igualdade do homem consigo mesmo, sua identidade própria, implica a igualdade com seu corpo. Tirar-lhe ou acrescentar-lhe algo coloca esse homem em posição intermediária, ambígua, rompe as fronteiras simbólicas. Aquele que pretende a humanidade de sua condição, sem oferecer suas aparências comuns em virtude de suas mutilações, suas deformidades, suas ações imprevisíveis ou sua dificuldade de comunicação, é fadado à suspeita – a ele está prometida uma existência que se desenvolve no palco, diante do ardor dos olhares sem indulgência dos transeuntes ou das testemunhas da dessemelhança. A este, as sociedades ocidentais expressam implicitamente sua humanidade menor, sua alteração simbólica que exige um afastamento ou alguma prova. Em nossas sociedades, o homem que sofre de alguma deficiência física não é mais sentido como homem inteiro; é visto pelo prisma deformante do distanciamento ou da compaixão. Qualquer alteração notável da aparência do corpo, qualquer transtorno que afete a motricidade ou a preensão, suscita o olhar e/ou a interrogação e até mesmo de imediato a perturbação, a estigmatização (Goffman 1975; Murphy 1990). A fisiognomonia e a morfopsicologia, vestimentas em termos científicos dos preconceitos comuns mais contestáveis, associam qualquer não conformidade anatômica ou funcional à não conformidade moral. Qualquer distinção que separa um homem de seu semelhante é um indício nefasto que provoca desconfiança.

Se a diferença morfológica ou funcional fosse insignificante socialmente, não seria pesquisada, armazenada, exposta a esse ponto à curiosidade dos amadôres nos museus anatômicos. Algumas anedotas sinistras da história da anatomia revelam, aliás, os excessos que esse frenesi de colecionadores podia provocar (Le Breton 1993). A indiscrição dos passantes aos olhares sempre assestados no insólito corporal é a versão popular de uma paixão mórbida bem compartilhada. O homem é moralmente reduzido apenas ao estado de seu corpo percebido como um absoluto; é deduzido, de certa forma, pela maneira como aparece aos olhos dos outros. A anatomia tem aqui valor de destino. Fala-se, aliás, de "deficiente", como se fosse da natureza da pessoa "ser um deficiente" mais do que "ter" uma deficiência. Apenas sua presença já gera um incômodo, uma desordem na situação das interações sociais mais comuns. O emaranhamento fluido da palavra e do corpo, da distância e do contato com o outro depara com a opacidade real ou imaginária do corpo e suscita um questionamento angustiado sobre o que convém fazer ou não. E o mal-estar é tanto mais vivo quanto os atributos físicos do indivíduo impedem a identificação com ele. O simbólico tranquilizante que preside as interações não é mais usado. Mais ainda, o homem que tem uma deficiência visível lembra com força a precariedade da condição humana, desperta a fantasia da fragmentação do corpo que habita muitos pesadelos (Le Breton 1990).

A alteração do corpo remete, no imaginário ocidental, a uma alteração moral do homem e, inversamente, a alteração moral do homem acarreta a fantasia de que seu corpo não é apropriado e que convém endireitá-lo. Essa passagem a um outro tipo de humanidade autoriza a constância do julgamento ou do olhar depreciativo sobre ele, e até a violência contra ele. Só ao homem comum se reserva o privilégio aristocrático de passear por uma rua sem suscitar a menor indiscrição. Se o homem só existe por meio das formas corporais que o colocam no mundo, qualquer modificação de sua forma determina uma outra definição de sua humanidade. Os limites do corpo esboçam, em sua escala, a ordem moral e significante do mundo (Le Breton 1990, 1992). E nossas sociedades contemporâneas cultivam uma norma das aparências e uma preocupação rígida de saúde.

O embrião e o feto são o centro de inúmeros procedimentos de controle. As diversas formas do diagnóstico pré-natal (DPN) permitem verificar seu "bom estado" e submetê-los a um exame atento de sua legitimidade para existir. O DPN foi aplicado pela primeira vez nos anos 70 para a identificação da trissomia 21 antes de se estender às moléstias de cromossomos e outros distúrbios metabólicos. A ecografia abriu em seguida caminho para a detecção de más-formações morfológicas. Mais tarde, os progressos da biologia molecular tornaram possível o diagnóstico pré-natal da miopatia de Duchenne ou da mucoviscidose e outras moléstias genéticas. O DPN[13] torna-se um exame rotineiro ao qual a medicina e os pais submetem a criança que vai nascer a fim de verificar sua conformidade genética e morfológica. Às vezes, em certos países, a amniocentese ou a ecografia é utilizada para estabelecer o diagnóstico do sexo e eliminar em seguida os fetos normais de sexo indesejável. Se é constatada uma enfermidade, o objetivo terapêutico é acessório porque, de qualquer maneira, os distúrbios encontrados raramente podem ser tratados. A identificação de uma doença genética, que hoje escapa a qualquer tratamento de cura, provoca uma eventual decisão de interrupção terapêutica da gravidez (ITG), a medicina passando de um papel terapêutico a uma obra de supressão do que a põe em xeque. Às vezes trata-se de uma simples presunção, como, por exemplo, o duplo cromossomo Y, anomalia banal, mas à qual o boato genético atribuiu o nome de "cromossomo do crime" porque alguns pesquisadores de Edimburgo descobriram um bom número de indivíduos portadores desse cromossomo em um estabelecimento especializado no tratamento de pacientes considerados perigosos. Os hospitais americanos estabeleceram imediatamente exames sistemáticos enquanto a mídia alimentava os boatos. Alguns anos depois, um estudo dinamarquês mostrava que um par de cromossomos Y suplementar induzia apenas uma leve deficiência

---

13. As diferentes formas de diagnóstico pré-natal são em geral demoradas. Terminado o exame, são necessárias várias semanas para saber o resultado. Enquanto isso, a mulher permanece na expectativa; seu investimento afetivo, suspenso. A criança está ali sem estar; a mãe às vezes a sente, mas deve conter sua emoção por medo de se apegar a ela e descobrir em seguida que é portadora potencial de alguma doença grave ou trissômica.

mental pouquíssimo incompatível com uma existência social normal. Os homens marcados geneticamente dessa forma não apresentavam qualquer agressividade anormal.

O diagnóstico pré-implantação (DPI) é um outro exame realizável nos embriões fecundados *in vitro*; visa prevenir o nascimento de uma criança exposta a uma enfermidade grave. Realiza-se a partir de algumas células dos embriões. É uma versão melhorada do DPN na medida em que permite de imediato a seleção do embrião considerado mais propício à implantação, enquanto o DPN é feito depois de iniciada a gravidez.[14] O DPI oferece, portanto, um meio confortável de fazer a triagem dos embriões e manter os candidatos de acordo com certos critérios genéticos. "Um defeito menor que não justificaria a interrupção de uma gravidez", diz J. Testart, "poderia ser levado em conta na triagem dos embriões, porque o nascimento da criança não seria adiado por esse motivo" (1992, p. 97). O DPI torna, portanto, a lançar a fantasia do "aperfeiçoamento da espécie" e do eugenismo, abrindo uma brecha moral em escala coletiva, reduzindo ainda mais a criança a objeto. O DPI será muito atraente para os casais que não querem correr nenhum risco no contexto de uma sociedade de garantia e segurança (Testart 1992, p. 212).[15] O peso da fecundação *in vitro* vai parecer-lhes decerto um mal menor do que o risco de uma gravidez ignorando-se a "qualidade genética" da criança.

Os métodos de seleção refinada do que se torna finalmente material genético transformam às vezes de maneira radical a própria criança em prótese claramente afirmada quando, por exemplo, os pais a concebem a fim de utilizá-la para conseguir medula óssea em proveito de um outro filho do casal atingido por alguma forma de câncer, com, é claro, muitos protestos de amor com relação a ela. Os pais não hesitam em recorrer

---

14. "Existe a tentação de ativar o DPI para fugir do DPN, de eleger a seleção precoce e indolor antes da supressão tardia e dilacerante" (Testart 1992, pp. 270-271). A lei francesa votada em julho de 1994 enquadra o DPI de maneira bastante rigorosa. Outras legislações são mais laxistas.

15. Continua a existir a questão no plano genético do efeito a longo prazo sobre a espécie de tal seleção de indivíduos com base em sua anomalia cromossômica. Ninguém pode avaliar as consequências em termos de saúde pública. As propriedades de um gene são múltiplas e estão longe de ser todas conhecidas.

ao aborto se o sistema imunológico do embrião ou do feto não corresponde à sua exigência. Na hipótese de os pais recorrerem à procriação *in vitro* para se beneficiarem do DPI, podem, desse modo, escolher o embrião compatível com a pessoa que precisa do transplante (Testart 1992, pp. 182-183). Essa criança nasce, assim, após uma triagem de embriões, a fim de ser geneticamente compatível com um irmão ou com uma irmã que espera um transplante de medula. Na fertilização *in vitro*, o DPI é uma garantia da criança que vai nascer, um investimento de tempo e de dinheiro para adquirir a certeza de um bom produto final, de uma criança *à la carte* de acordo com a vontade "dos pais", validada pelas normas de aparência da sociedade. Com o DPI é possível matar no ovo, antes da sua implantação, os embriões portadores de doenças genéticas, como a miopatia, a hemofilia, a trissomia etc. E de só conservar os embriões ilesos. A triagem do sexo também se torna possível, permitindo de imediato uma escolha de aceitação ou eliminação dos embriões machos em caso de doenças que só atingem esse sexo. As pesquisas paralelas sobre o genoma humano fornecem a esse método de triagem uma terrível eficácia no controle normativo e eugênico da condição humana. O embrião tornou-se um objeto virtual sujeito a procedimentos de simulação. Antes mesmo de existir como sujeito, já se efetua sobre ele uma projeção imaginária e a ele já se insinua, se manifesta alguma anomalia, que o sofrimento que o espera após o nascimento prevalece sobre o prazer que teria em viver, e decide-se por ele que nessas condições seu desaparecimento é preferível a uma *wrongful life*.

A discriminação genética[16] do nascimento que conduz à interrupção terapêutica da gestação é tanto mais perturbadora quanto muitas vezes confunde genótipo e fenótipo, ou seja, virtual e real, mensagem do gene e funcionamento dentro do organismo, estatística e realidade única. Surge uma nova medicina, que não trata mais o doente, mas uma categoria hipotética. De fato, as doenças genéticas não têm as mesmas incidências,

---

16. A discriminação genética já está muito presente nos EUA; compreende companhias de seguros, serviços médicos, agências de adoção, a administração pública, estabelecimentos escolares, empresas particulares etc. (Rifkin 1998, p. 216 ss.; Kevles 1995, p. 367 ss.; Blanc 1986, p. 347 ss.). Em certos estados americanos, os exames genéticos tornaram-se obrigatórios (Kevles 1995, p. 400).

não podem ser situadas no mesmo plano. Da mesma forma, as variações típicas de cada doença são às vezes consideráveis. Assim, por exemplo,

> (...) de duas crianças que apresentam anemia falciforme, uma pode viver uma vida inteira com sintomas menores, e a outra pode ter crises terrivelmente dolorosas com bastante freqüência ou morrer com pouca idade. Uma criança com síndrome de Down pode ser apenas moderadamente retardada ou mesmo, se for seriamente retardada, viver uma existência enriquecedora, ao mesmo tempo para si mesma e para os outros na família. (Duster 1992, p. 93)

A espinha bífida e a trissomia 21 têm incidências mais ou menos graves e acarretam níveis diferentes de deficiência. Muitas doenças genéticas detectadas manifestam-se em diversos graus de gravidade e às vezes permanecem inexpressivas em virtude da interação com o meio ou outros dados genéticos. Outro exemplo: a policistose renal e a coreia de Huntington, certas formas hereditárias do mal de Alzheimer, só atingem a pessoa após a segunda metade da vida. Na maioria das vezes, os pais acham preferível para aquele que ainda não existe poupar-lhe da eventualidade de tal destino – os 40 anos anteriores em nada pesam com relação a esse prazo. Hoje se fala do "direito da criança a uma dotação genética saudável" (Dianoux 1998, p. 11). A suscetibilidade a uma doença não é fatalidade, não é a doença, indica uma probabilidade. Não apenas as condições do ambiente podem evitar que ela seja desencadeada, como outros genes também interferem entre si e contribuem para a incerteza. B. Jordan dá o exemplo do diabetes e explica que, como o alelo de um gene faz passar a incidência do diabetes ao longo da existência de 0,5% a 3%, ele é classificado, de maneira redutiva, como um "gene do diabetes", quando 97% dos indivíduos portadores jamais serão atingidos pela doença. Algumas moléstias são a conjugação de muitos genes. Detectam-se disposições genéticas que talvez jamais se atualizem, como certas formas de câncer do seio ou do útero. A moléstia ou a deficiência torna-se apenas erro de codificação, motivando a recusa por defeito de fabricação.

A preocupação de se proteger de qualquer acaso, a pressão dos planos de saúde – que às vezes recusam, nessas condições, assumir um doente ou uma pessoa deficiente, cuja patologia foi identificada pelos exames pré-natais – provocam muitas vezes a opção pela supressão do embrião ou do feto. Diante da evidência de uma trissomia 21 ou de um nanismo, que escolha fazer se ambas são ruins: pôr a criança no mundo e expô-la à intolerância social ou eliminá-la, sabendo que sua aptidão à felicidade não foi absolutamente entabulada? O homem virtual decide o destino do embrião (ou do feto) real. Os julgamentos de valor em torno de traços genéticos, anatômicos ou funcionais dominam a decisão. O embrião torna-se uma figura importante da cultura virtual que rege a margem mais avançada da modernidade tecnológica. A palavra de especialista é o evangelho da sociedade leiga. Decerto vai se encontrar um exame para detectar a suscetibilidade ao mal de Alzheimer e vai se colocar a questão de saber se a interrupção terapêutica da gestação não se impõe nessas condições. Um dia um pesquisador chegará com surpresa à conclusão de que a morte também é uma doença genética e que talvez não seja útil, nessas condições, destinar os embriões a uma morte inelutável, mesmo numa idade respeitável.

A possibilidade de conservar ou não o embrião ou o feto segundo as qualidades que comprovam provoca a vertigem da opção e alimenta a tentação de não se incomodar com preconceitos. O DPI, com seu ar tranquilo, amplia as possibilidades de controle não mudando em praticamente nada o procedimento de fertilização *in vitro*. Basta fazer sua escolha entre os dez embriões artificialmente concebidos e eventualmente decidir seu sexo. Os pais desejam legitimamente dar à luz uma criança que disponha de todas as chances na existência, mas a repercussão de milhares de decisões individuais não deixa de ter consequências sensíveis para a tolerância da anomalia ou da deficiência. Os fetos portadores de lábios leporinos, de um defeito na mão ou nos pés, de uma particularidade insólita provocam, na maioria das vezes, uma decisão pela interrupção terapêutica da gestação, mesmo que a medicina possa corrigir a má-formação. Antes mesmo de existir, a criança sofre, em forma de embrião ou de feto, um exame de aptidão para a vida. Um rígido controle genético e depois morfológico, com a ecografia, acompanha seu desenvolvimento. O cálculo genético e a satisfação às normas de aparência correm o risco de ser (já são em parte) as duas provas temíveis do exame de aptidão para a vida dos embriões ou dos fetos. Como lembra J. Testart,

> A liberdade de escolher nossos filhos poderia bem ser apenas a liberdade de especialistas. E o que dizer da liberdade dessas mesmas crianças lançadas na existência com base no índice de conformidade? Proibidas de decepcionar nisso quem as elegeu, nem por isso estariam livres de apresentar imperfeições variadas. (Testart 1992, p. 242)[17]

Algumas crianças, cujos exames fracassaram em detectar as doenças ou as deficiências no momento de sua chegada ao mundo, já são consideradas "erros médicos". Em nome desses "nascimentos errados", as crianças ou os pais querelantes obtêm nos EUA reparações financeiras dos médicos. As crianças alegam que prefeririam não ter nascido a suportar as más-formações físicas, as deficiências sensoriais ou os problemas ligados a seu estado de saúde. Entram com ações na Justiça contra seus pais ou seus médicos em nome de seu direito ao gozo sem defeitos da existência que deveria ter-lhes sido garantida quando do nascimento (Le Breton 1990). Colocar no mundo uma criança doente ou deficiente com conhecimento de causa talvez seja um dia considerado motivo de sevícias contra a criança, fornecendo à última a possibilidade de entrar na Justiça contra seus pais. A responsabilidade do médico ou dos pais é empregada de maneira obsessiva. A medicalização já intensa da gravidez pode se tornar cada vez mais rígida para nada deixar ao acaso.

Se os embriões ou os fetos portadores de uma anomalia são eliminados, qual será a condição das crianças que nascem com uma deficiência ou uma doença? A detecção *in utero* de qualquer anomalia acentua a suspeita que já pesa sobre as crianças ou sobre os adultos portadores de uma diferença física ou mental. D. Kaplan, do Instituto

---

17. "Hoje", escreve Duster (1992, p. 14), "a discussão pública parece ocorrer entre especialistas (geneticistas, médicos especialistas, pesquisadores etc.) de um lado, e, de outro, críticos que foram apresentados como tolos, teimosos, ignaros, luditas prontos a enterrar a cabeça na areia ou tentar bloquear a maquinaria do progresso. Eu gostaria de ver um outro nível de discussão em que os cidadãos, muito mais bem informados, se engajariam num debate animado sobre questões como o segredo e a divulgação, as terapias ou as detecções, a nutrição ou os genes".

Mundial do Handicap, teme que o emprego da detecção pré-natal difunda a ideia de que "as pessoas deficientes normalmente não deveriam existir" (Nelkin e Lindee 1998, p. 246). Em 1991, nos EUA, houve uma viva polêmica quando uma animadora de televisão que todos sabiam ser portadora de uma má-formação hereditária das mãos e dos pés anunciou que iria ser mãe em breve. Deu à luz uma criança dotada da mesma particularidade física. Anos depois, ficou grávida de novo; uma jornalista a censurou publicamente e lançou um debate, perguntando a seus espectadores se era legítimo, sendo portadora de tal deficiência, assumir a responsabilidade de pôr filhos no mundo: "É justo transmitir aos filhos uma má-formação genética que enfeia?". Esse tipo de debate e de julgamento sem equívoco atesta de fato a transformação da doença ou da deficiência em falha moral. A discriminação da diferença na origem só pode acentuar mais tarde a discriminação social, tornando mais rígidas as normas de aparência e de qualidade genética. Nos EUA, uma companhia de planos de saúde reembolsa os exames pré-natais para detectar a mucoviscidose. No entanto, se o exame der positivo, a mãe deve interromper a gravidez ou desistir do plano de saúde. Em um outro exemplo, uma criança de dois anos recebe o diagnóstico da síndrome do X frágil, capaz de provocar uma deficiência mental. O plano de saúde recusa prolongar o contrato com a família, apesar de nenhuma das outras seis pessoas padecer desse mal (*Le Courrier International*, nº 419, 1998). O autor pergunta se daqui a um tempo, no processo de divórcio, os pais não serão submetidos a testes genéticos para avaliar sua suscetibilidade a desenvolver esta ou aquela doença grave, a fim de só confiar a criança ao progenitor que dispuser da melhor expectativa de vida.

Qual será o sentimento com relação aos pais que decidirem, apesar da pressão social, dar à luz uma criança com trissomia, com uma deficiência física ou com possibilidade de desenvolver uma moléstia genética? As companhias de seguro aceitarão cobrir suas eventuais despesas com a escolaridade ou com a saúde? Essa prevenção radical das doenças genéticas que é a interrupção terapêutica da gravidez faz com que se tema que as pesquisas terapêuticas para seu tratamento sejam freadas e até mesmo suspensas em detrimento dos que foram (ou serão) atingidos. Que consequências haverá também para a criança que cresce sabendo que a maioria dos casais prefere a eliminação de um embrião portador da mesma deficiência que a sua? Aqui não se está colocando a questão da aptidão do indivíduo para a felicidade, e sim de uma definição normativa do humano que não tolera qualquer derrogação. Uma fantasia de onipotência desenvolve-se em uma sociedade liberal que faz da saúde um *marketing* sem precedente, modificando o tempo todo sua definição para englobar novas características que produzem, dessa maneira, novos sofrimentos e, portanto, novas solicitações médicas corretivas. Na prateleira do supermercado é anunciado o *kit* genético de criança a "ser instalada" com assistência médica. Uma clínica de reprodução por fertilização *in vitro*, triagem dos embriões e logo remanejamento genético da criança a nascer é bem pensável comercial e tecnicamente em qualquer lugar no mundo. A repercussão no sistema de valores de nossas sociedades é grande e se fecha como uma armadilha sobre qualquer indivíduo um dia portador de diferença aos olhos do humano normal, após um acidente, uma doença, ou simplesmente as sequelas do envelhecimento (Le Breton 1990, p. 145 ss.).[18]

Para a biologia, a normalidade de uma espécie é definida por sua latitude de resposta ao meio ambiente e, portanto, por uma variedade que autoriza a flexibilidade. Esta última, diz Canguilhem, "é uma espécie de garantia contra a especialização excessiva sem reversibilidade e sem flexibilidade que é uma adaptação bem-sucedida" (1996). Apesar de tudo, um grande número de cientistas, embora bastante minoritários, exprime regularmente sua vontade de eugenismo, não duvidando nem um instante de sua excelência pessoal. Essas considerações indignam nossas sociedades democráticas. No entanto, os exames pré-natais desenvolvem uma forma sutil de eugenismo. Quando se exerce o controle da qualidade genética e morfológica da criança, antes ou durante a gestação, por uma escolha particular de gametas ou pelos exames pré-natais e eventual

---

18. "Em qual lógica nos fundamentaremos", pergunta M. Delcey, "se renunciarmos a deixar viver um recém-nascido com *spina bifida* para não renunciarmos a reanimar uma criança vítima de uma lesão medular acidental com conseqüências similares e pelos mesmos motivos: sofrimento temido do indivíduo, de sua família, custo social?" (Delcey 1998, p. 37). O mesmo raciocínio aplica-se, aliás, à reanimação, às terapêuticas pesadas etc.

recurso à interrupção terapêutica da gestação – e talvez até um dia por intervenções diretas sobre os genes – este é um ato de conduta individual, democrática, *soft*, familiar, que perpetua, contudo, uma forma inédita de eugenismo, que está dando seus primeiros passos. A normatividade genética torna-se, nas sociedades mais ricas, uma exigência crescente. Mas o eugenismo brutal daqueles que consideram que parte da população polui o patrimônio genético de uma nação e o eugenismo tranquilo dos que desejam apenas poupar a criança de um sofrimento caso nasça tendem a se juntar nos fatos. Hoje o eugenismo não entra

> (...) pela porta da frente como no projeto *lebensborn* de Hitler. Em vez disso, virá pela porta de trás, com detecções, tratamentos e terapias. Alguns serão admiráveis, pois oferecerão saúde, e será o primeiro passo. Porém, mais cedo ou mais tarde, todos terão de enfrentar a questão: quando fechar ao eugenismo a porta de trás. (Duster 1992, p. 15)

O direito ao infanticídio

O sentimento de que o recém-nascido é uma espécie de objeto manufaturado leva alguns filósofos a reivindicar uma legitimidade do infanticídio por razões "humanitárias", em virtude de moléstias ou deficiências. Para o filósofo australiano Tooley, a pessoa deve ter "um desejo de existir na duração" (1983, p. 103) para entrar de pleno direito na ética. A seu ver, o recém-nascido não preenche essa condição, pois não tem nem consciência de sua existência, nem sentimento de sua duração. A responsabilidade para com ele não tem consequências; a sociedade não é obrigada a assumir o custo e a paciência dos cuidados com os quais é necessário cercá-lo. O controle biológico prossegue seu cerco da imperfeição corporal mesmo após o nascimento. Para Tooley, o infanticídio, pelo menos nas primeiras semanas de existência, não levanta qualquer objeção moral. Kuhse e Singer (1985) retomam essa tese e consideram que o recém-nascido deve ser suprimido se estiver sofrendo e não estiver em condições de levar uma existência autônoma e razoável. A imperfeição não perdoa. P. Kemp (1997, p. 167), que denuncia esse raciocínio, aponta as contradições desses autores que, com toda a lógica, deveriam legitimar o infanticídio pelo menos até os dois anos (senão mais), no momento em que a criança se distingue dos outros, tomando consciência de si. Tal consideração praticamente não contradiz a instrumentalização da criança, encontrada principalmente na versão americana da assistência médica à procriação. Só conduz a seu termo de maneira cínica uma vontade de controle de qualidade que não se incomoda com estados de espírito. A redução do sujeito a seu corpo como a uma medalha sem reverso autoriza, sem objeção de consciência, a passagem ao ato. A perfeição do corpo, tal como uma certa medicina a rotula, é a única salvação.

Impossível decidir

Objeto de uma encomenda para fins estritamente utilitários, as pessoas se questionam sobre o lugar deixado à identidade própria da criança. Como se as condições em torno da origem não tivessem importância. O silêncio ou a revelação a esse respeito não terão incidência apenas sobre a criança – os pais vão se perguntar por muito tempo qual deverá ser sua atitude, não sem problemas de consciência: o que dirão das condições de procriação, da triagem eventual dos embriões etc.?

O corpo da mulher se oferece à maneira de um laboratório onde se produz tecnicamente uma reformulação de suas funções, onde se inventa uma antropologia inédita que apaga sua diferença a fim de desviá-la para um detalhe biológico tecnicamente dominável; laboratório em que se esboçam novamente a condição humana, a sexualidade, a procriação, o corpo, a infância, a filiação, a genealogia, a maternidade, a paternidade, o casal, o vínculo social e até a velhice ou a morte. "Tudo acontece como se a reprodução não fosse mais uma aposta das relações de sexo (os técnicos e os médicos da reprodução aparecem como neutros, até assexuados porque científicos), mas um desafio lançado pelas ciências e pelas técnicas à natureza", escreve L. Gavarini (1986, p. 197).[19] Importam apenas os gametas disponíveis, a técnica fazendo o resto.

---

19. Uma análise semelhante em H. Rouch (1995, p. 251), que fala de "indiferenciação sexual" atuante nessas técnicas de reprodução artificial.

A modernidade biomédica desequilibra para o impossível de decidir os dados elementares da condição humana que não deixam de provocar uma repercussão sobre o sistema de sentido. A criança entra na era de sua reprodutibilidade industrial. Mas, da mesma maneira que a obra de arte analisada por Walter Benjamin, ela não perde sua unicidade, seu mistério, sua aura, sua diferença? O mesmo ocorre com a progenitura. Submetida a manipulações técnicas, a modelos, torna-se antes um objeto de investimento. Se todas as sociedades humanas, como lembra F. Héritier, conhecem formas de regulagem social da infertilidade, esses modos de ajuste inserem-se em tradições baseadas em mitos. O mesmo não acontece com nossas sociedades contemporâneas, onde o leque das procriações assistidas pela medicina e as fantasias que autorizam abrem rupturas que não deixam de ter incidências simbólicas sobre os casais e sobre as crianças nascidas dessas técnicas, nem sobre os imaginários sociais de nossas sociedades, nesse contexto de sequenciamento do genoma e dos jogos com as gerações, de pedidos insólitos de casais ou de mulheres sozinhas, de crianças *à la carte* etc. As procriações assistidas pela medicina liquidam referências profundamente arraigadas no *anthropos* e induzem paralelamente em grande número de casos um receio pela aptidão à felicidade das crianças que nascem nessas condições.

Se o embrião nos escapa, as procriações sem sexualidade, sem corpo, na longa paciência dos casais estéreis, essas gestações assistidas por médicos, às vezes até além da menopausa, com a manipulação biológica que as acompanha e as rupturas de filiação simbólica que induzem, questionam igualmente o *status* da maternidade e, além, até o da mulher. As inúmeras técnicas de procriação assistida pela medicina instrumentalizam a gravidez e muitas vezes fazem da mãe a simples portadora de uma criação totalmente médica. A criança, finalmente, escapa ao entendimento contemporâneo de ser encomendada, manufaturada, examinada após a entrega, eliminada se não corresponde ao pedido dos pais, objeto de uma vontade e não mais de um desejo, não mais feita dentro do prazer do casal, mas dentro da programação médica. Como se o inconsciente não existisse, como se não conhecêssemos os sofrimentos ligados à questão da origem, ou as patologias do segredo que pesam na concepção de uma criança. A responsabilidade para com uma criança tornou-se um belo objeto técnico e praticamente não é questionada no ardor dessa vontade tenaz de ter um filho de si, para si. Para uma certa racionalidade médica, a criança é apenas o cruzamento deliberado de gametas e não a conjunção de um homem e de uma mulher – o resto não é de sua jurisdição, ela se desinteressa com a consciência limpa. Uma coisa é certa: o corpo não assumido pela técnica é indigno, sobretudo o corpo da mulher ou do recém-nascido, e os procedimentos de acompanhamento e de controle zelam para suprir suas falhas ontológicas.

4
O CORPO RASCUNHO DAS CIÊNCIAS DA VIDA

Deparamos com questões extremas a partir do momento
em que nos propomos a abordar a fabricação do ser humano.
Todas convergem para uma: qual será sua imagem?

Hans Jonas, *Philosophical essays* [*Ensaios filosóficos*], 1974

A informação como mundo

Uma forte tendência do mundo contemporâneo é considerar toda forma viva como uma soma organizada de mensagens. A informação iguala os níveis de existência, esvazia as coisas de sua substância própria, de seu valor e de seu sentido a fim de torná-las comparáveis. Impõe à infinita complexidade do mundo um modelo único de comparação que permite colocar realidades diferentes no mesmo plano. H. Atlan expressa isso muito bem:

> O que a biologia nos ensina sobre o corpo faz desaparecer aquilo que, por outro caminho, a sociedade, a história, a cultura nos ensinaram sobre a

pessoa. De um ponto de vista biológico, a pessoa não existe. A pessoa é uma realidade social, e a sociedade, um dos elementos mais importantes de nossa vida. Já a biologia diz apenas: o corpo é um mecanismo, impessoal, que é, afinal, o resultado de interações entre moléculas. (Atlan 1994, p. 56)

Para F. Jacob, igualmente,

(...) todos os seres vivos parecem constituídos dos mesmos módulos distribuídos de maneiras diferentes. O mundo vivo é uma espécie de combinação de elementos em número finito e parece o produto de um gigantesco mecânico que resulta de uma manipulação incessante da evolução. Esta é uma mudança de perspectiva no mundo da biologia nos últimos anos. (1997, p. 12)

A biologia alcança a informática em seu terreno; nela se inspira para uma metáfora fundadora – a do organismo vivo como mensagem. Para F. Jacob, qualquer estrutura material (viva ou inerte) é comparável a uma mensagem

(...) no sentido de que a natureza e a posição dos elementos que a constituem, átomos ou moléculas, resultam de uma escolha entre uma profusão de possíveis. Por transformação isomorfa de acordo com um código, tal estrutura pode ser traduzida em um outro jogo de símbolos. (1970, pp. 271-272)

F. Jacob cita Wiener, fundador da cibernética, insistindo no fato de que nada impede "considerar o organismo como mensagem". A biologia torna-se, por sua vez, uma ciência da informação. O sujeito dissolve-se em seus componentes elementares, é um feixe de informações, uma série de instruções que visa a seu desenvolvimento. As antigas perspectivas do humano dissolvem-se por não encontrar mais sujeito em seu caminho, mas genes ou informações – uma nebulosa significante, mas cujo rosto é indiferente.

A redução epistemológica é legítima, acompanha qualquer desenvolvimento de conhecimento, mas, no discurso e no imaginário de muitos cientistas, ultrapassa seu campo de aplicação para englobar o próprio indivíduo e dissolvê-lo, por exemplo, na forma de seu programa genético. Essa dissolução do sujeito tem graves consequências no plano prático ou moral, porque elimina o humano concreto. A noção de informação (no campo da biologia ou da informática) rompe a fronteira entre o homem e a máquina e autoriza a humanização da Inteligência Artificial ou a mecanização do homem e sua instituição médica no contexto das procriações assistidas pela medicina ou das intervenções gênicas. Rompe as ontologias clássicas e, com isso, destrói as distinções de valor entre o homem e seus instrumentos e introduz uma mudança moral considerável. A resolução do vivo e do inerte sob a égide da informação abre caminho à indiferenciação, ao final dos reinados: o homem, o animal, o objeto, o ciborgue já não se opõem mais fundamentalmente como no humanismo tradicional. Escreve Rifkin:

> Os seres vivos não são mais sentidos como entidades individuais, aves e abelhas, raposas e galinhas, mas como feixes de informação genética. Todos os seres vivos são esvaziados de sua substância e transformados em mensagens abstratas. A vida torna-se um código à espera de ser decifrado. Não se trata mais de seu caráter sagrado ou de sua especificidade. (1998, p. 282)

É o próprio homem que se apaga na surpreendente perseguição do desabono de si. Na última linha de *Palavras e coisas*, M. Foucault lembrava a invenção recente do homem e talvez seu fim próximo. O sujeito do humanismo apaga-se sob nossos olhos "como à beira do mar um rosto de areia" (1966, p. 398). A informação não tem fronteira de espécies ou de reinos, não se preocupa com o singular, ao mesmo tempo em que apaga os corpos, elimina qualquer vestígio de ser. Sua antropologia torna-se uma física meticulosa dos elementos. Tal visão do mundo deixa de imediato de permitir uma moral, pois o rosto do outro não tem densidade para ter de responder por seus atos. Mesmo que estejamos apenas no limiar do caminho, a figura humana resvala lentamente para o anacronismo.

O Projeto Genoma

O Projeto Genoma[1] consiste em identificar o encadeamento dos milhares de elementos que compõem a estrutura do DNA e em determinar a localização do conjunto dos genes do homem. Esses elementos são as bases, semelhantes a letras químicas, que formam uma palavra, o gene comandando as proteínas e, portanto, a fabricação de uma característica: cor dos olhos, composição da hemoglobina etc. O objetivo é constituir uma imensa enciclopédia de referência para a biologia e para a medicina do futuro. Trata-se de estabelecer a sequência completa do genoma e compreender a função e o desenvolvimento do gene. Esse projeto nasceu do cruzamento da genética (com o progresso da biologia molecular) e do apoio logístico do computador sem o qual ele seria impensável.[2] Biologia e informática caminham juntas, encarnando os dados fundadores do mundo contemporâneo, esboçando a paisagem técnica do novo Gênese do qual fala Rifkin. Ao final do projeto, um banco de dados com mais de três bilhões de tópicos será concebido. Milhares de pesquisadores estão mobilizados com recursos consideráveis para identificar a mensagem hereditária que as células humanas contêm. Esse trabalho imenso pretende apreender os mecanismos de ação do genoma a fim de talvez um dia conseguir tratar melhor algumas doenças genéticas que atingem o homem e as moléstias multifuncionais nas quais a predisposição genética tem alguma função. No entanto, será preciso aguardar um bom tempo antes que os resultados possam ser interpretados. O sequenciamento do genoma é apenas uma etapa: evidenciar a origem da doença não basta para tratá-la; a pesquisa de tratamentos de cura é a consequência complexa que daí

---

1. Sobre a história desse projeto e sua inclusão em uma vasta utopia da saúde, cf. Sfez (1995, p. 131 ss.). Uma boa parte de desconhecido, contudo, permanece. Existem cerca de cem mil genes ativos no homem, que representam apenas 5% do DNA. O significado dessa parte considerável de DNA não mobilizada permanece à margem da pesquisa. Por outro lado, além das relações entre os próprios genes, resta compreender a trama de relações entre o gene, os tecidos, os órgãos, as funções e o ambiente externo a fim de situar com precisão sua eficiência.

2. É precisamente o que os defensores da genética total recusam que torna esse empreendimento possível, isto é, uma interação estreita entre diversos campos de pesquisa que se reforçam cada um com sua contribuição mútua.

decorre. Mas alguns biólogos são críticos a esse respeito. Para M. Veuille, uma vez terminado o sequenciamento, os biólogos estarão diante de um texto apenas legível,

> (...) um pouco como um não-francófono que se obstinasse a ler Proust da primeira à última linha, porque sabe que é sutil, mas sem ter as chaves... Com certeza a leitura será interessante por si só e permitirá à pesquisa fundamental fazer descobertas sobre a natureza do genoma, mas não se deve acreditar, como tanto se repete, que isso será diretamente vendável em termos de biologia aplicada à medicina. (*In*: Debru 1991, p. 37)

Muitos genes defeituosos já são conhecidos e mais ou menos localizados, sua sequência de DNA foi identificada, mas as terapêuticas estão longe de ser estabelecidas. "Não apenas todas as tentativas de transformar um conhecimento das seqüências de DNA em terapia eficaz fracassaram até agora, mas é difícil conceber que tentativas possam se saldar por algo além de fracassos" (Lewontin 1993, p. 142). O genoma permanece um continente inexplorado, mas provoca sérios conflitos de interesses e, sobretudo, propaga um ambiente social danoso, dando ao público o sentimento de que todo comportamento é programado geneticamente, entregando sem remissão o indivíduo a seu destino.

O genoma humano é um dado evolutivo, infinitamente complexo, no qual às vezes interagem dezenas de genes para uma única informação; ele não é o repertório de uma fatalidade, mas um conjunto de virtualidades que se exprimem de maneira diferente, dependendo do ambiente social, cultural ou ecológico do indivíduo. Para a biologia contemporânea, cada indivíduo é uma soma considerável de genes potencializados ou modelados por condições de existência particulares. A interação dos genes com o meio ambiente é a única realidade biológica, exceto com relação a traços físicos ou doenças raras, cujo determinismo genético é estrito. Além disso, os genes contêm uma infinidade de instruções necessárias para o desenvolvimento do ser vivo, mas em nada comandam o comportamento. O "cálculo" do organismo a partir da sequência completa de DNA é uma fantasia de cientistas, ou uma manobra que finge esquecer que a forma humana não é apenas o desenvolvimento de seu DNA, mas o resultado complexo de interações com o ambiente e com condições internas próprias.

> Os organismos não encontram um mundo predeterminado, pronto, dentro do qual se desenvolvem. Eles próprios constroem o mundo. Reciprocamente, as forças internas não são autônomas, mas reagem em função de suas interações com o exterior. Uma parte da maquinaria química interna da célula é fabricada quando as condições externas exigem. (Lewontin 1993, p. 135)

A sequência do DNA não é a transparência revelada de uma existência humana; o que ela é importa tanto quanto o que o indivíduo fará consigo mesmo com seu modo de vida. No entanto, relacionam-se normalmente a determinação de doenças genéticas e a determinação de comportamentos. F. Gros, por exemplo, manifestando seu entusiasmo pelo Projeto Genoma, resume seu objetivo: "reconduzir o comportamento humano e os mecanismos vitais a um algoritmo gigantesco do qual o programa seria o cromossoma e sobre o qual teríamos tanto mais facilmente domínio quanto ele se prestasse a um tratamento informático" (1990, p. 220). F. Gros não estabelece qualquer distinção entre os "mecanismos vitais" e os "comportamentos" – os últimos não tendo, contudo, nada a ver com o genético.

> Os cientistas que se dedicam a promover o Projeto Genoma rejeitam explicitamente um determinismo genético absoluto, mas não se escapa à impressão de que se trata de uma negação puramente formal, que não procede de qualquer convicção verdadeira. Se levarmos a sério a consideração segundo a qual o organismo é igualmente determinado por forças internas e externas em interação constante, a idéia segundo a qual a seqüência do genoma humana seria o Graal que nos revelará o que significa o fato de ser humano, que mudará a concepção filosófica de nós mesmos ou que nos revelará o segredo do funcionamento da vida perde toda credibilidade. (Lewontin 1993, p. 136)

O comportamento, sim, é determinado culturalmente; só tem a ver de maneira distante e trivial com a biologia, só com relação a formas particulares de integrismo genético.

O geneticamente correto

A sociedade americana tem uma admiração formidável pelos genes e pelas interpretações biológicas dos comportamentos. São abundantes as referências às características genéticas nas novelas, nos telefilmes, nos filmes, na imprensa, nas revistas femininas etc., ou no discurso político. O gene tornou-se desse modo um "ícone cultural", "um equivalente leigo da concepção da alma no cristianismo" (Nelkin e Lindee 1995, p. 17). Encarna a verdade oculta do sujeito apesar de seus subterfúgios de aparência. A crença se espalha e difunde à maneira de uma cultura de massa que vem explicar de forma mágica as situações sociais. Fala-se normalmente de gene da resistência, da preguiça, da poupança, da celebridade, do sucesso, da matemática, do hedonismo, da felicidade, da propensão à toxicomania etc. (*id.*, p. 16).

Em 1997, alguns pesquisadores ingleses acreditam descobrir um grupo de genes que favorecem a competência das moças nas relações. Volta à tona a "natureza feminina" associada à doçura e à sensibilidade, enquanto outros biólogos explicam o *deficit* de ternura do homem pela necessidade que tem de combater ou matar para sobreviver (em Rifkin 1998, pp. 201-202). Afirma-se cientificamente que os negros correm mais, que saltam mais alto, qualidades que não exigem qualquer aprendizado, mas que, em compensação, são menos inteligentes. Maravilhemo-nos com um gene que soube prever a recente invenção dos cem metros rasos ou do basquete. Decerto existe um gene que favorece a crença de que os genes são uma resposta para todas as questões. A fantasia da onipotência do gene só é valorizada no círculo de uma minoria de pesquisadores,[3] mas seu discurso é muitas vezes ouvido pelos políticos e transmitido como lugar-comum pela mídia e nas conversas de bar. Constitui imediatamente a manchete dos jornais, mas sua refutação é mais discreta, e até sem incidência nas mesmas mídias. Essa paixão por uma interpretação fatalista dos comportamentos acompanha a

---

3. Pesquisadores que raramente são geneticistas, mas antes etologistas (Dawkins), entomologistas (Wilson), psicólogos (Herrstein, Jensen, Eysenck, Murray, Rowe, Mednick...) etc.

midiatização das pesquisas sobre o genoma humano – é a consequência direta de grandes declarações de biólogos que afirmam que a decifração do genoma carrega uma promessa de revelação sobre os comportamentos. Torna a fornecer autoridade às teses do integrismo genético defendidas principalmente pelos sociobiólogos.

Nas representações do grande público, alimentadas por certos cientistas que ultrapassam o rigor da disciplina, o DNA é a projeção biológica das estruturas mentais e físicas do indivíduo. A transparência do gene seria a transparência do sujeito, uma revelação sem recurso de seu destino em termos de doenças ou de comportamentos. Os videntes ficam sem emprego a partir desses fatos – os biólogos dirão o futuro do indivíduo, suas probabilidades de carreira, seus gostos sexuais, suas chances de ser bem-sucedidos na vida, sua inteligência etc. O gene tornou-se um ambiente de nossas sociedades contemporâneas, uma mitologia moderna, uma palavra-chave e mágica das conversas comuns irônicas ou sérias.

A violência ser de origem genética é hoje, por exemplo, uma ideia popular nos EUA, transmitida não apenas pela sociobiologia, mas também pelas mídias. O "cromossomo do crime", o "criminoso nato" tornam-se lugares-comuns. A tal ponto que, em 1986, em Sevilha, cerca de 20 cientistas de renome, sob a égide de J. Goldstein, reúnem-se e denunciam, em um texto de síntese, que a guerra se deve a um "instinto, a genes, ou a mecanismos cerebrais" (Nelkin e Lindee 1998, p. 132). Da mesma maneira que na época do tráfico de negros eles teriam, sem dúvida, afirmado a existência de um gene da escravidão, os adeptos do integrismo genético consideram hoje que a criminalidade é hereditária e que atinge desigualmente as classes e as "raças". Nas prisões americanas, a taxa de encarceramento de negros é alta, e disso eles concluem a dimensão "racial" da criminalidade. Em 1992, um funcionário da administração Reagan disse que os negros americanos foram "condicionados por dez mil anos de criação seletiva à batalha individual e à moral antitrabalho que é corolário da vida em liberdade na selva" (Nelkin e Lindee 1998, p. 166). Herrnstein e Murray (1994) atiçam as polêmicas do outro lado do Atlântico afirmando a hereditariedade da inteligência e a inferioridade dos negros: sua dotação genética os conduziria a uma representação elevada nas estatísticas da pobreza, do desemprego, da delinquência, dos nascimentos ilegítimos etc. A organização social desigual é assim generosamente libertada de suas responsabilidades. Denunciando a biologização de problemas sociais, T. Duster (1992) sublinha que essas pesquisas sempre se interessam pelos mesmos grupos sociais e negligenciam os estudos que poderiam ser feitos sobre os comportamentos criminosos dos que estão no poder ou procedem de grupos privilegiados. Quando é abordada a criminalidade de colarinho branco, em que a proporção de negros é pequena com relação aos brancos, autores como Wilson e Herrnstein apontam sutilmente que essa cifra é explicada porque a pouca inteligência dos negros não permite que tenham acesso a essa categoria. Em outras palavras, resume Duster, "quando os brancos cometem mais crimes na cúpula, atribuem isso a estruturas de oportunidade; quando os negros cometem mais crimes é implicitamente mais uma característica de sua raça" (1992, p. 167).

Nos anos 60, nos EUA e no Reino Unido, um punhado de psicólogos inscreve-se na atmosfera política do momento, que tendia à redução draconiana das políticas sociais. Afirmam a hereditariedade da inteligência e as disparidades sociais que a caracterizavam. As turbulências tradicionalmente imputadas ao meio e à desigualdade social são percebidas por esses autores como um problema de genética das classes e dos grupos. O famoso artigo de Jensen, professor de pedagogia e psicologia em Berkeley, publicado em 1969 na *Harvard Educational Review*, explica que as diferenças de resultados nos testes de inteligência em favor dos brancos em detrimento dos negros eram essencialmente de origem genética. Conclusão impressionante e arbitrária, não justificada por qualquer elemento biológico – muito pelo contrário. A noção de "raça" não tem qualquer sentido para as ciências da vida. Essa noção ideológica é ainda mais surrealista quando se leva em conta a particularidade de certos estados americanos de considerar como "negra" qualquer pessoa que possua um traço qualquer de linhagem "negra", mesmo se aparenta ser branca. Jensen não se pergunta nem por um só instante se as condições de vida dos negros e dos brancos das mesmas categorias econômicas são comparáveis. As diferenças de qualidade das escolas frequentadas pelos negros e pelos brancos, a reclusão de negros em guetos, o confronto com o racismo cotidiano são cuidadosamente ignorados para privilegiar melhor uma hipótese estritamente biológica. Os negros estariam desempregados não em decorrência da deficiência de suas condições de vida, do racismo ou de sua dificuldade de encontrar emprego em virtude da cor de sua pele, mas por sua falta de iniciativa e por uma insuficiência intelectual inata. O apoio escolar oferecido às crianças negras é, portanto, inútil, segundo Jensen. Não se retificam diferenças biológicas por meio de boas intenções. Os negros deveriam, antes, receber uma educação apropriada para tarefas mecânicas às quais são predispostos (geneticamente?). Jensen não teme afirmar que o desempenho dos negros nos testes de inteligência melhora em função direta da clareza de sua pele (Jensen 1974, p. 58).

Em 1994, Murray e Herrnstein tornam a lançar o debate sobre a característica racial da inteligência. Segundo eles, o QI explica as diferenças sociais, não tem relação com o ambiente, mas é de origem genética e, portanto, hereditário. Geralmente embaixo na escala social, os negros são, portanto, biologicamente inferiores e ocupam uma posição legítima. Murray e Herrnstein insurgem-se contra a ajuda social que se concede a eles e que, segundo os cientistas, mantém a miséria, a criminalidade e o nascimento de grande número de crianças fadadas a um destino genético inelutável. Temem que os negros, intelectualmente desfavorecidos, fiquem cada vez mais isolados na "versão moderna de uma reserva indígena", obrigando a "elite cognitiva" a proteger-se permanentemente contra sua violência. A proposta deles é clara: abandonar os programas de educação especializada em favor dos estudantes com dificuldades, pois seu QI não lhes permitirá uma boa escolarização; suprimir os auxílios às famílias, que estimulam as mulheres pobres (que supostamente têm um QI baixo) a pôr crianças no mundo; e, inversamente, promover a fecundidade das mulheres de meios privilegiados (que supostamente têm um QI alto) para aumentar a qualidade genética da inteligência nos Estados Unidos.

Na Grã-Bretanha, Eysenck defende igualmente a desigualdade "racial" da inteligência. Suas contribuições surgem em um contexto de campanha política contra a imigração dos asiáticos e dos negros. As organizações de extrema direita aí encontram uma base teórica para afirmar a inferioridade genética dos asiáticos ou dos judeus (Lewontin,

Rose e Kamin 1985, pp. 37-38).[4] Os defensores de uma diferença genética inelutável entre "raças", como Eysenck ou Jensen, são hostis a qualquer programa de educação ou de política social em favor das populações pobres. Se a inteligência é inata, jamais se transformará, mesmo diante de uma mobilização sem precedentes de meios. Como estes custam caro para o contribuinte, é melhor não fazer nada. Além disso, pretende Jensen, os políticos americanos podem ser criticados mais tarde por essa ajuda, culpados por favorecer as crianças negras e por não ter tido uma política eugenista clarividente o bastante. Em uma frase de rara astúcia, Jensen expressa de fato seu temor de que

(...) a política social atual, desprovida de perspectiva eugenista, leve à escravidão genética de uma parte substancial da população. As conseqüências possíveis poderiam ser consideradas pelas gerações futuras a maior injustiça de nossa sociedade com relação aos negros americanos. (*In*: Billig 1981, p. 63)

Eysenck, mais direto, teme que a ajuda aos negros prejudique os interesses "raciais" dos brancos: "Para cada matrícula de um negro moroso e com pouca instrução (...), estaria se forçando um estudante branco brilhante, com boa cultura, a abandonar a escola" (*in*: Billig 1981, p. 78). Em uma entrevista à revista *Newsweek*, ele reivindica uma reforma profunda da escola a fim de que esta leve em conta a inferioridade intelectual dos negros: "Muitas crianças só podem pretender a um sucesso escolar medíocre devido às suas aptidões limitadas" (10/5/1971). A astúcia consiste em passar da hereditariedade social, vinculada às condições de vida, à afirmação de uma hereditariedade genética, mediante o pretexto de que se encontram traços parecidos de uma geração a outra. Como observa Lewontin, seria possível, a esse respeito, tornar também o protestantismo um dado genético.[5]

---

4. M. Webster, um dos líderes do National Front, partido de extrema direita britânico fundado em 1967, escreve que "a contribuição mais importante à melhoria de estado de espírito entre os 'racistas' e à perda de autoconfiança entre os multirraciais foi a publicação em 1969 do artigo do Pr. Arthur Jensen na *Harvard Educational Review*" (*in*: Billig 1981, p. 65).

5. Um sociobiólogo californiano sugere até que a oposição à sociobiologia é ela própria de origem genética: "Pode haver desconfiança e desprezo de certos indivíduos pelos ensinamentos da

Para os sociobiólogos ou para os defensores do integrismo genético em geral, as desigualdades de condição social estão relacionadas às desigualdades genéticas que afetam cada um em seu lugar. As disparidades sociais, segundo seu ponto de vista, são naturais. Herrnstein denuncia as abordagens sociológicas da injustiça social.[6] Sua radicalidade o conduz a concluir que "a tendência ao desemprego poderia ser de fato o objeto de uma transmissão hereditária familiar, da mesma maneira que é atualmente a tendência a uma dentição ruim" (*in*: Kevles 1995, p. 389). A sociedade é, portanto, sempre "biologicamente justa". Já Wilson não teme falar de "sociedades que comportam uma alta freqüência de 'conformidade social'". Cita os trabalhos de Dahlberg: "Caso apareça um gene específico que se revele responsável pelo sucesso e por uma melhoria de condição, poderá facilmente estar concentrado nas classes socioeconômicas mais altas" (Wilson 1987, p. 539). Para o integrismo genético, o comportamento humano se oferece como o desdobramento social e cultural de uma maquinaria genética.[7]

O retorno virulento ao debate entre o inato e o adquirido inscreve-se em um contexto de fascínio pela genética, de recuperação das ideologias de extrema direita e de um novo questionamento das vantagens políticas e sociais obtidas por certas categorias sociais. Se o mundo não passa de um produto dos genes, então mudar o mundo implica apenas mudar os genes ou se abster de qualquer intervenção que corrigiria socialmente as desigualdades. Há alguns anos, Shockley, o inevitável prêmio Nobel, afirmava que o sistema de proteção social era um eugenismo ao avesso e contrariava os efeitos positivos da evolução, protegendo os mais fracos e os "deficientes genéticos" (*in*: Rifkin 1998, p. 209). Os problemas sociais seriam anomalias corporais, carências genéticas, e não lacunas do

---

sociobiologia de origem genética. A luta contra um destino predeterminado pode ter em si mesma uma utilidade para a sobrevivência. Talvez essa luta implique a rejeição de teorias que nos dizem que somos sujeitos a um determinismo imposto por nossos genes" (*in*: Thuillier 1981, p. 216).

6. Lógica com sua visão estritamente biológica do social, censura com vigor as mulheres americanas dos meios sociais privilegiados por terem poucos filhos e teme que os Estados Unidos se tornem uma "república de cretinos".

7. Em uma obra precedente, denunciamos a abordagem biológica das emoções para lembrar seu caráter codificado social e culturalmente (Le Breton 1998).

funcionamento social; não se deveria ter esperança com relação a eles – cada indivíduo encontrando seu lugar biológico adequado na sociedade. A política social é colocada em questão. Os problemas suscitados pelos sem-teto, pela pobreza, pelas dificuldades escolares, pela violência etc. devem ser tratados no ponto de partida por uma discriminação genética preventiva e não pela ajuda social, fadada ao fracasso. Se existe uma natureza humana imutável, geneticamente determinada, a sociedade deve adequar-se a ela e nada empreender para corrigir por artifícios as desigualdades sociais que estão na ordem das coisas.

Segundo eles, a política deveria ser apenas uma genética aplicada. O biólogo é promovido a moralista dos tempos modernos, ou melhor, a escrivão do inelutável dos comportamentos. O mundo é de fato o melhor dos mundos possíveis. Para Wilson,

> (...) o comportamento humano – assim como as aptidões mais profundas às respostas emocionais que o provocam e orientam – é uma maneira indireta de garantir a permanência do material genético humano. A moral não tem qualquer outra função demonstrável. (1979, p. 243)[8]

Visão do mundo lógica com a destituição da cultura e a afirmação peremptória segundo a qual "deve-se considerar o espírito (...) como um epifenômeno dos mecanismos nervosos do encéfalo" (p. 277).

Se as dificuldades sociais são de origem genética, a única solução é retificar o corpo de maneira radical por um eugenismo negativo que consiste em proibir algumas categorias sociais de procriar, ou modificando o estoque genético do indivíduo para torná-lo geneticamente correto. A moral coletiva, o apelo à cidadania ou à responsabilidade pessoal não têm fundamento, só importa a "moral do gene". Os outros modos de solução dos problemas sociais por redistribuição de renda, reformas políticas, medidas educativas etc. devem ser suprimidos. "Chegou o momento de tirar momentaneamente a ética das mãos dos filósofos a fim de passá-la para as mãos dos biólogos", escreve Wilson (1987, p. 556). Levando ainda mais longe seu gosto do poder, afirma a base genética da

---

8. O primeiro capítulo de *A sociobiologia* de Wilson intitula-se "A moralidade do gene".

religião. "A sociobiologia pode até explicar a origem das mitologias pelo princípio da seleção natural que age sobre a estrutura material do cérebro humano no decorrer de sua evolução genética" (Wilson 1979, p. 274). Wilson confere ao "naturalismo científico" a ambição de desmontar a "religião tradicional", atualizando seus fundamentos biológicos dissimulados. A partir desse momento, pensa, a teologia vai desaparecer, mas não a "força vital" geneticamente enraizada de seus adeptos. Wilson pretende participar ativamente da recuperação dessa "força" em proveito dos cientistas que substituiriam os padres para dar as indicações necessárias à conduta das sociedades. Wilson alimenta de fato o despeito de que falta à ciência a "força vital" que provoca a adesão religiosa. O descrédito dos sacerdotes deveria permitir a transferência de sua antiga autoridade para as mãos dos biólogos. "Chegou a hora", diz Wilson, "de se perguntar se existe um meio de desviar o poder da religião para colocá-lo a serviço desse novo empreendimento que desvela as origens desse poder" (1979, p. 275). A biologia é a nova religião dedicada ao culto do gene. Para Dawkins, o indivíduo dissolve-se em seu DNA, é apenas a habitação casual criada por seus genes a fim de se reproduzir da melhor maneira possível. "Somos máquinas de sobrevivência, robôs programados às cegas para preservar as moléculas egoístas conhecidas pelo nome de genes" (1996, p. 7). A única significação da moral é biológica; para Wilson, ela só serve para a propagação ótima dos genes. Sobre o fundo do desaparecimento das ciências humanas e das políticas sociais, "a felicidade incontestável deverá aguardar a nova neurobiologia" e um "código de ética preciso o suficiente" (p. 580).

Wilson está convencido de que os progressos da biologia só podem atestar os fundamentos genéticos dos comportamentos humanos e colocar à disposição dos cientistas os meios de modificar diretamente a condição do homem graças às intervenções nos genes. "Aos poucos se poderiam criar novos tipos de relações sociais", escreve Wilson. "Será possível imitar geneticamente o núcleo familiar quase perfeito do gibão de mãos brancas ou a harmoniosa comunidade das abelhas" (Wilson 1979, p. 294). A engenharia do gene é um refinamento do biológico favorecido pela lucidez daqueles que, como o próprio Wilson, pretensamente esclarecem os processos fisiológicos dos quais os homens são os joguetes

114 Papirus Editora

inconscientes e indiferentes. Trata-se apenas de ir no sentido da natureza, melhorando as condições de seu funcionamento. A moral, enfim, visa apenas maximizar a difusão dos genes egoístas, e os biólogos devem colocar-se a seu serviço.

Os sociobiólogos fingem confundir as modalidades de educação e das desigualdades sociais com uma determinação biológica; tentam naturalizar a moral, fornecer-lhe uma base universal e absoluta, mantendo-se cegos à diversidade das culturas e dos homens. Justificam, assim, as desigualdades sociais e políticas, porque a interpretação biológica implica pensar que a seleção distribui "naturalmente" – e, portanto, com toda a justiça – as competências individuais e coletivas. A existência continua sendo uma "luta pela vida" na qual "os mais capazes" prevalecem, seguram as rédeas da sociedade, enquanto os outros devem servi-los.

A ideologia do todo genético, que fascina as mídias, difunde na sociedade o sentimento de um destino que se impõe ao indivíduo, quaisquer que sejam suas tentativas de se transformar. Alguns outros esperam apenas que a descoberta de um gene da depressão, do alcoolismo, da obesidade ou do homossexualismo, por exemplo, reduza a rejeição social da qual são vítimas. Hoje os advogados defendem seus clientes fornecendo como argumentos uma série de fenômenos biológicos, como "a influência da taxa de açúcar no sangue (argumento da 'queda de vigilância'), a síndrome pré-menstrual, a depressão pós-parto, ou ainda o fato de possuir um cromossomo Y suplementar" (Nelkin e Lindee 1998, p. 219). Esses são os argumentos para explicar por que seus clientes agiram sem se darem conta de seus atos e por que, portanto, não merecem qualquer penalidade. Os defeitos do corpo explicam as anomalias da existência, chegam a legitimá-las. Se o assassino é portador de um "cromossomo do crime", ele próprio é a vítima inocente de uma maquinaria genética sob a influência da qual se encontra. Da mesma forma, os progenitores "saudáveis", cujos filhos vão mal na escola, ficam deprimidos, tentam se suicidar, aderem a uma seita ou caem na delinquência, não deveriam ser considerados responsáveis por isso. Os genes defeituosos devem ter levado seus filhos a comportamentos duvidosos. Os pais não precisam se sentir culpados ou questionar sua maneira de viver ou de estar envolvidos ou não com seus filhos, em nada interferem nas suas opções de existência. Maravilhoso antídoto para a responsabilidade individual ou social. Se a inteligência é hereditária, não há por que estimulá-la por uma atenção propícia. As revistas americanas destinadas aos pais já falam de programa genético de desenvolvimento que a criança é obrigada a seguir, qualquer que seja a qualidade do ambiente. Caso se admita que o desemprego, a delinquência e o fracasso escolar são predisposições genéticas, o Estado e a sociedade devem ser isentados de qualquer preocupação a esse respeito, da mesma forma que todo programa de auxílio social é inútil porque biologicamente infundado. A convicção do caráter genético das dificuldades psicológicas ou sociais favorece a passividade ou a resignação, libera o indivíduo ou a sociedade de qualquer responsabilidade, é um formidável elogio do *status quo*. A luta contra a injustiça ou contra a desigualdade social, pela redistribuição de recursos, deixa de se impor porque são as coerções genéticas que modelam as formas sociais. O feminismo, que pretensamente caminha na contracorrente dos dados genéticos, é ilusório e biologicamente nefasto, da mesma forma que os direitos civis, porque os negros não dispõem dos mesmos recursos genéticos dos brancos. Criar mais justiça social, estimular a escolarização das crianças de meios sociais desfavorecidos, lutar contra a discriminação racial ou contra a dominação dos homens sobre as mulheres, prevenir a delinquência, conjurar as formas de violência urbana por programas de educação ou por uma melhor distribuição de renda são empreendimentos inúteis e caros, pois não se pode ir contra a natureza. A genética é a forma moderna do destino. Se as desigualdades de todos os tipos estão distribuídas biologicamente, são imutáveis, consequências modernas da perseguição impiedosa da seleção natural, o integrismo genético milita por uma intervenção biológica no corpo e não por ações sociais que visem melhorar as condições de vida dos indivíduos.[9] A fetichização do DNA é uma mitologia naturalista que tenta justificar a discriminação social e a exclusão.

---

9. Mais do que nunca, as ciências sociais devem lembrar a responsabilidade coletiva para com as desigualdades sociais e para com as inúmeras injustiças que percorrem nossas sociedades; diante de um sofrimento social crescente, jamais há fatalidade. O homem é o criador do mundo no qual vive, ele é uma invenção do sentido que constrói e não dos genes, a não ser para as ideologias politicamente duvidosas. O homem não é dotado geneticamente de uma cultura e de uma moral, mas da possibilidade de adquiri-las e de construí-las, de criá-las de acordo com sua história; não é o produto de seus genes, mas do que faz com eles.

Em virtude do discurso entusiasta e às vezes quase religioso que acompanha o Projeto Genoma, das somas investidas, das justificativas de seus promotores, foi relançado um certo determinismo biológico; ele ultrapassa o campo da doença para arrastar, em sua esteira, o sentimento de que todas as turbulências sociais se enraízam em um defeito genético específico que um dia não deixará de ser descoberto. Reina a fantasia de uma transparência dos genes que fornece de imediato os sinais morais do indivíduo. A preocupação terapêutica na origem do projeto aqui se transforma em desejo inconfesso de descobrir os fundamentos genéticos das condutas humanas tradicionalmente depositadas no domínio do adquirido. Lévi-Strauss nem desconfiava o quanto se expressava bem quando escreveu que os últimos refúgios da transcendência se encarnavam na biologia. L. Sfez denuncia nas ideologias genéticas a emergência de uma nova religião (Sfez 1995, p. 174). O geneticista W. Gilbert, um dos promotores do Projeto Genoma, escreve que "o seqüenciamento da totalidade do genoma humano é o Graal da genética humana". Começa suas conferências tirando um CD de seu bolso e declarando ao auditório: "Vocês estão aqui". J. Watson, o primeiro patrono do *Genome Project*, fala regularmente de sua convicção de que "nosso destino está inscrito nos genes". A capa de um dos números de 1994 do *Times* estampa a imagem de Cristo como um homem com braços em cruz, o peito banhado de luz, contendo uma hélice dupla. O DNA transforma-se em uma nova religião próxima da gnose. Nela, o corpo também é o local da queda, o enfeite irrisório que encerra a alma, isto é, o DNA. Uma série de instruções programadas quando do nascimento, simples cópia do arquivo genético, seu corpo é perecível e imperfeito, só seu DNA é imortal e assumirá milhões de formas no decorrer de sua eternidade biológica. O homem identificado a uma carne imperfeita só encontra sua salvação nos genes, não passa do campo de manobra deles. Se alguns estão alterados, são portadores de uma anomalia, devem ser eliminados ou corrigidos para não serem mais uma mácula corporal, como são as deficiências ou as doenças.

A triagem genética, as terapias gênicas são medidas draconianas que protegem o DNA. A antiga fórmula socrática "Conhece a ti mesmo" não clama mais à compreensão moral de si, mas à lista dos genes que pretensamente comandam o comportamento. A religiosidade do discurso também se traduz pela convicção de que a doença e a dor vão desaparecer a partir de agora com o refinamento genético do homem. G. Venter, um dos líderes do Projeto Genoma, prevê até o fim próximo da medicina:

> A genética vai prolongar a vida, melhorando o desempenho da medicina. Num determinado momento, vai se tornar supérfluo tratar as doenças. A partir do momento em que soubermos que elas podem acontecer e pudermos evitá-las modificando o estilo de vida ou por intervenção direta sobre os genes, não haverá mais lugar para a doença. (*Courrier International*, nº 412, 1998)

Ao analisarem os avanços genéticos e cedendo eles próprios à vertigem milenarista, Lyon e Gorner prometem o fim próximo de

> (...) certas doenças mentais, do diabetes, da hipertensão arterial ou de quase todas as outras doenças (...). A forma final de terapia gênica seria talvez nossa espécie conseguir superar sua herança inferior para aprender a aplicar seu novo saber com sensatez e indulgência. (*In*: Castells 1998, p. 74)

A visão religiosa desses cientistas inclui até o desaparecimento do mal biológico. Retificado pela ciência, nosso corpo será necessariamente perfeito.

Patentear o vivo

Em 1981, aparecem dissensões entre organismos internacionais e interesses privados principalmente quanto ao estabelecimento de uma vacina contra o paludismo, elaborada por pesquisadores da universidade de Nova York, com o auxílio de um financiamento da OMS. A firma californiana Genetech reivindica a totalidade dos direitos inerentes à patente da vacina. Ela deveria proceder à sua produção industrial com uma margem de lucros reduzida de modo a torná-la disponível a preços baixos para os países do hemisfério sul. Afinal, a Genetech retira-se do projeto (Blanc 1986, p. 154). A participação de interesses privados no Projeto Genoma ou no contexto mais amplo das biotecnologias levanta a questão da saúde pública. Além disso, a insolubilidade de muitos países do hemisfério sul conduz a privilegiar os trabalhos relativos às doenças que atingem prioritariamente as sociedades ricas em detrimento daquelas que provocam estragos no resto do mundo (lepra, paludismo, doenças parasitárias, tuberculose etc.).

As pesquisas sobre o genoma são caras em termos de tempo e dinheiro; não são financiadas por organismos internacionais, mas por instituições nacionais – cada uma delas correspondendo a um funcionamento particular. Nos EUA, os organismos públicos às vezes entram na concorrência em busca de créditos e, portanto, para a afirmação de uma eventual prioridade nas descobertas ou nas suas aplicações, principalmente em medicina. As fundações particulares ou as firmas interessadas na comercialização do gene ou em suas aplicações em medicina preventiva ou terapêutica confundem ainda mais a paisagem da pesquisa. Os diversos estados implicados no *Human Genome Project* divergem quanto à questão de patentear o vivo. A França, por exemplo, recusa seu princípio, enquanto os Estados Unidos lhe são favoráveis. O Comitê Internacional de Biologia da Unesco, reunido em novembro de 1997, considera que o genoma humano é "em um sentido simbólico, patrimônio da humanidade" e que em "seu estado natural não poderia acarretar ganhos pecuniários". Mas esse texto, que lembra com vigor que "os indivíduos não se reduzem às suas características genéticas", tem apenas valor moral, não tem força de lei. As firmas particulares pretendem de fato obter como compensação de seus investimentos lucros substanciais – elas não fazem filantropia. A aplicação das regras de propriedade intelectual aos genes não concerne apenas às indústrias biotecnológicas ou farmacêuticas, atingindo também os pesquisadores que trabalham em universidades, em organismos do Estado. Alguns laboratórios, principalmente do outro lado do Atlântico, pretendem patentear os genes sequenciados por eles, a fim de ceder seus direitos de exploração em troca de dividendos. Um dos principais problemas nascidos com a patenteação é o entrave da circulação da informação que gera enquanto a patente não é registrada. O medo de ser ultrapassado acarreta o segredo e uma perda de tempo considerável na pesquisa das possíveis aplicações no campo da medicina. Ocorre uma corrida louca entre as diferentes equipes. Assim que é descoberta a sequência de um gene, seu "inventor" pede seu registro, antes mesmo de ele conhecer sua função. Como diz Rifkin:

> O resultado genético de milhões de anos de evolução está a ponto de ser transformado em propriedade intelectual particular, e esse empreendimento de envergadura internacional assinala ao mesmo tempo o rematamento de meio milênio de história econômica e o desaparecimento da última fronteira do mundo natural. (1998, p. 68)

Após um tratamento, os médicos descobrem que um de seus pacientes, Moore, tem o sangue enriquecido com anticorpos raríssimos. Os cirurgiões extraem seu baço e o dividem entre eles; as células são cuidadosamente cultivadas, patenteadas e cedidas em seguida a um laboratório que delas extrai um medicamento que dá um lucro substancial. Uma indiscrição revela o caso a Moore, que reivindica então sua parcela na exploração próspera de suas células. Moore tem o direito de comercializar produtos de seu corpo? Uma primeira decisão da Justiça é favorável a esse princípio, mas a Corte Suprema da Califórnia recusa afinal a Moore o direito de reivindicar a propriedade de suas células, o que paralelamente confirma a indelicadeza dos médicos e da firma farmacêutica e legitima o direito delas de prosseguir, somente em seu benefício, a exploração das células. Proibido para fins pessoais, o comércio do corpo humano é, portanto, considerado lícito para interesses particulares externos. Hoje os laboratórios solicitam patentes para células humanas ou transgênicas. Assim, recentemente, a sociedade Biocyte solicitou uma patente para o uso de células humanas do cordão umbilical que permitiria o transplante de medula para doentes que sofriam de várias afecções sanguíneas. Conduta duvidosa em se tratando de células humanas e de um procedimento terapêutico. O único mérito do empreendimento foi ter isolado essas células e tê-las congelado. A patente foi, contudo, concedida no início de 1997. Muitas organizações apelaram da decisão. Biocyte tem de fato o direito de recusar o uso dessas células a qualquer pessoa ou a qualquer solicitante que não lhe pagar os direitos exigidos. A sociedade possui a propriedade comercial dessa parte do corpo humano. "Enquanto isso", escreve A. Kahn, "todos os pais do mundo não podem impedir que as células sanguíneas umbilicais de seus bebês se tornem propriedade intelectual de Biocyte e que essas mesmas células sejam tiradas em proveito da empresa" (Kahn e Papillon 1998, p. 140).

O corpo humano fragmenta-se à vontade das patentes; suas partes entram em um ciclo econômico. Um pesquisador americano pergunta-se com ironia se logo não irão patentear a mão ou outros órgãos. Surge um grande número de questões do fato de organismos particulares reivindicarem a propriedade de células humanas ou de genes e os explorarem. O corpo humano torna-se um continente a explorar, que os pesquisadores exploram e com o qual pretendem obter lucros. No tempo dos anatomistas, as pessoas se contentavam com designar pelo seu nome determinado fragmento do corpo (Le Breton 1993); hoje as pessoas dele se apropriam para gerir economicamente suas vantagens. A colonização não é mais espacial – assalta a corporeidade humana em nome de interesses particulares que só podem prejudicar a saúde pública confrontada a uma alta de seus custos e a uma acentuação vertiginosa da desigualdade de meios com relação à medicina do hemisfério sul. "É provável", escreve Rifkin,

> (...) que daqui a dez anos, cada um dos cerca de cem mil genes que constituem o patrimônio genético de nossa espécie esteja patenteado e reduzido à condição de propriedade intelectual exclusiva de multinacionais farmacêuticas, químicas, agroalimentares e biotecnológicas. (Rifkin 1998, p. 95)[10]

10. Rifkin observa igualmente que o planeta inteiro é hoje objeto de uma caça aos genes por organismos privados que imediatamente os patenteiam. As sociedades apropriam-se assim de um direito de vigilância dos recursos naturais ou animais que despojam as populações que os exploram para seu uso. Também nesse caso os países do hemisfério sul são explorados como uma matéria-prima. A legitimação vem evidentemente da reivindicação de um esforço de pesquisa da parte de sociedades privadas a fim de produzir vegetais remanejados. Os países do hemisfério sul lembram que o desenvolvimento dos vegetais é bem anterior à sua chegada, que é uma realização da memória coletiva acumulada ao longo dos séculos (Rifkin 1998, p. 84). Um número crescente de organismos internacionais ou de Estados insurge-se diante do fato de que um patrimônio da humanidade possa ser assim dividido e assumido como propriedade por firmas particulares para uma exploração comercial. "A privatização do conjunto das sementes do planeta – outrora patrimônio comum da humanidade – em pouco menos de um século praticamente não chamou a atenção das mídias; constitui, contudo, uma das principais evoluções da era moderna. Há apenas um século, centenas de milhões de camponeses no mundo inteiro administravam seus próprios estoques de sementes e trocavam-nas entre si. Hoje, a maior parte do estoque de sementes é cultivada, manipulada e patenteada por multinacionais que garantiram sua propriedade industrial" (Rifkin 1998, p. 157).

O controle genético

"O genoma é o fundamento da medicina do futuro", repete incansavelmente G. Venter, personagem controvertido, cujos interesses pessoais são consideráveis no assunto. O sequenciamento do genoma aumenta a possibilidade no futuro de levantar as predisposições de um indivíduo a centenas de doenças genéticas sem que ele saiba se estas um dia irão se declarar. Apenas uma minoria ínfima das doenças genéticas detectadas são curáveis ou podem ser controladas por medidas médicas ou por um modo de vida apropriado. De uma maneira geral, a detecção genética permite identificar um indivíduo portador de uma mutação associada inelutavelmente a uma doença grave (mucoviscidose, miopatia, hemofilia etc.), indicar aquele que possui um gene transmissor sem ele próprio estar doente, ou fazer o diagnóstico de uma doença que surge tardiamente quando o indivíduo ainda goza de boa saúde (coreia de Huntington, policistose renal). É amargo o contraste entre as possibilidades de diagnóstico e a impotência de prevenir o desenvolvimento das graves moléstias detectadas. Quando se trata de um exame pré-natal, a única alternativa é o aborto preventivo ou o nascimento de uma criança ameaçada no presente (trissomia 21, *spina bifida*, miopatia, doença de Tay-Sachs etc.) ou no futuro, ou para quem a existência vai se desenvolver sem dificuldades com relação à saúde apesar das predisposições iniciais (certas formas de câncer). A primazia do virtual sobre o real, a redução do homem a um epifenômeno de seu corpo reduzido a um punhado de genes são bem traduzidas na consideração de J. Ruffié de que cada um na juventude se submeta a um teste genético e determine toda a sua existência em função dos resultados. "O inventário desse patrimônio", conclui, "deve nos conduzir a definir um 'capital-saúde', cuja gestão teremos de assumir, como administramos nosso capital imobiliário" (*Le Monde*, 1/2/1989).

A medicina que prediz não cura; é uma projeção hipotética, no futuro do indivíduo, de certos dados genéticos que o caracterizam. Com ela, todos os homens, mesmo gozando de boa saúde, são doentes que ignoram ser doentes, pois possuem com certeza uma probabilidade maior do que os outros de desenvolver esta ou aquela afecção. Evidencia as predisposições genéticas a centenas de doenças, mas de forma alguma anuncia um destino inscrito na célula, apenas uma suscetibilidade que deixa principalmente em suspenso a influência do meio e do modo de vida. Se a doença atingir o indivíduo, sua expressão, contudo, varia de acordo com as condições de existência dele. O material genético contido na célula não é o plano unívoco da construção de um organismo a partir da adição de seus componentes, cada qual prosseguindo seu caminho totalmente traçado. A projeção mecânica das proteínas não resulta em uma forma real. O genótipo não é o fenótipo, entre ambos se desenvolve uma profusão de interações que mescla genética e meio. Muitas doenças ditas genéticas solicitam múltiplos genes e condições particulares do meio. Uma pessoa que pode desenvolver um câncer é apenas um pouco mais vulnerável que outra. Da mesma forma que um automobilista que usa mais a estrada que outro corre mais riscos de ter um acidente. Inúmeros fatores interferem no desenvolvimento ou no silêncio da afecção detectada. Em certos casos, a detecção dá uma opção de tratamento, de uma dieta ou de um modo de existência apropriado para limitar ou afastar a emergência da doença se ela for inelutável. Permite apreender imediatamente o significado médico das queixas da criança ou do adulto, relacionando-as de imediato a causas reconhecíveis. Porém, a maioria dessas indicações genéticas de nada serve porque no presente elas não exigem qualquer terapêutica. A detecção genética levanta a questão da rotulagem negativa que encerra o indivíduo em uma profecia que pode produzir sua eliminação *in utero* ou lesar sua existência com uma angústia talvez sem razão, caso ele escape da doença em questão.

Quando se trata de um indivíduo do qual um dos pais foi atingido pelo mal de Huntington, o risco de desenvolver a doença é de um para dois. Os que temem ser portadores do gene ficam aliviados quando descobrem que foram poupados. Ao contrário, o anúncio da predisposição sem remédio provoca apreensões que transtornam a vida individual. Ainda perfeitamente saudável, o indivíduo vê o horizonte de sua liberdade barrado por um muro de sentidos. Os outros (seus empregadores ou corretores de seguro, por exemplo) podem percebê-lo como um doente em potencial ou como um condenado, ele próprio podendo, a partir de então, limitar seus projetos com a previsão do prazo fatal. O sentimento de identidade é assombrado por uma probabilidade funesta.[11] Quando o corpo peca por saúde ruim ou pelos riscos que o sujeito corre por causa dele, às vezes são aplicadas soluções radicais para erradicar qualquer semente de morte. Assim, nos EUA, propõe-se (e elas aceitam), como prevenção, às mulheres mais expostas que a média a um câncer de mama, uma quimioterapia ou a remoção dos dois seios. Várias mulheres de 20 a 75 anos que se submeteram a essa cirurgia talvez jamais fossem atingidas por esse câncer ou por algum outro, mas elas acreditam que é melhor prevenir do que remediar. No editorial do *New England Journal of Medicine* de 14 de janeiro de 1999, um médico pondera, no entanto,

> (...) o custo dessa estratégia. Com certeza se obtém uma redução sem precedentes de 90% da incidência e da mortalidade por câncer de mama. Mas é preciso observar que, nesse estudo, 639 mulheres, por medo do câncer, submeteram-se a uma intervenção desfigurante e que pode ser prejudicial psicologicamente. (*Le Monde*, 15/1/1999)[12]

O mesmo acontece com os indivíduos com predisposição a ter câncer no cólon (que não o terão, portanto, obrigatoriamente): alguns pontificam a ablação total do cólon, que condena as pessoas a ter diarreia a vida toda sem a garantia de que o câncer não irá se desenvolver. Se o corpo é o lugar da morte, será necessário um dia extirpá-lo do homem.

A detecção dos portadores de genes que podem induzir uma moléstia genética começa a se espalhar pelos Estados Unidos – por exemplo, no estado da Califórnia – e parece ter um futuro próspero pela preocupação exclusiva com a economia, que preside de maneira crescente

---

11. Um estudo americano pediu que 208 pessoas de quatro famílias com predisposição ao câncer colorretal participassem de uma sessão de informações sobre a doença e sobre o teste de detecção. Cerca de uma pessoa em duas aceitou participar (43%), enquanto 47% foram atingidas pela doença. Da mesma maneira, quanto ao mal de Huntington, metade dos pacientes abandona as consultas de genética antes do resultado (*Impact Medecin Hebdo*, 28/5/1999).

12. L. Sfez (1995, p. 64) conta seu diálogo com uma mulher que lhe confessou ter tirado os ovários que nada tinham como prevenção. Já em 1995 L. Sfez apontava essa tendência de certas mulheres americanas a soluções radicais de prevenção.

à organização dos laços sociais.[13] Visa, por exemplo, assinalar a constituição genética a indivíduos a fim de informá-los dos riscos potenciais de sua descendência em caso de encontro com um parceiro. Se a conjunção genética for desfavorável, o casal pode renunciar a ter um filho ou recorrer a exames pré-natais para verificar a conformação genética do bebê. Não é impossível alguns estados americanos intervirem com o intuito de dar ou não dar uma autorização para procriar (Duster 1992, p. 202). Já na China, uma lei de 1º de junho de 1995 estipula que

> (...) se os testes efetuados revelarem que os futuros pais são vetores de uma doença hereditária de natureza grave, o homem e a mulher devem ser avisados, e seu casamento só será autorizado se ambos aceitarem métodos anticoncepcionais a longo prazo ou a mulher sofrer uma ligadura para se tornar estéril. (*Génétique et Liberté*, nos 9-10, 1999)

A detecção genética, associada ao culto da saúde e da necessária perfeição corporal, conduz aos poucos a novas formas de discriminação biológica.[14] A ideologia da onipotência da genética, que pretende englobar igualmente a doença mental, infunde muitas vezes o medo nos pais de pessoas que sofrem de afecção psicótica de que eles próprios sejam portadores de genes defeituosos e os obriga, por meio de várias pressões (seguros etc.), a cessar de procriar diante da ameaça de que lhes suprimam o seguro-saúde do governo ou particular. Ameaça que pode se estender a toda a família (Nelkin e Lindee 1998, p. 246).

Embora seja em princípio protegida em inúmeros países, a informação estocada dessa maneira não está completamente fora do

---

13. A maioria dos estados americanos promulgou leis que proíbem a divulgação das fichas genéticas dos indivíduos e reprimem a discriminação no emprego e nos seguros. Mas esses textos têm apenas um alcance muito formal.
14. Um exemplo de efeito perverso é citado por T. Duster em Orchomenos, uma cidade grega em que foi feita uma detecção sistemática de anemia falciforme, que às vezes conduziu, nos primeiros anos da operação, à ruptura de noivados e, consequentemente, à estigmatização social dos indivíduos envolvidos (Duster 1992, p. 147 ss.). Outros problemas políticos e sociais nada negligenciáveis nascem da distribuição desigual de certas moléstias dentro dos grupos étnicos. Assim, mais atingida que as outras pelo mal de Tay-Sachs, a comunidade judaica norte-americana participou ativamente de sua detecção. Em compensação, a detecção da anemia falciforme, que atinge sobretudo os negros americanos, tornou-se obrigatória em certos estados americanos.

alcance das companhias de seguro, dos governos, das escolas, das empresas etc. O indivíduo assimilado às suas propriedades genéticas corre o risco de exclusão. Uma discriminação genética pode dirigir uma política de formação, a admissão em uma empresa, o nível de cidadania ou a liberação de uma política de seguros etc. Os pedidos das empresas de dados genéticos de seus funcionários permitiriam garantir empregos a menor custo no caso de serem escolhidos apenas aqueles cujos prognósticos de saúde são favoráveis. Um álibi para isso seria que certas condições de trabalho são nefastas a certos empregados. Novas formas de segregação genética surgem para doenças meramente virtuais.[15]

Pauling sugere a tatuagem frontal dos portadores de genes "defeituosos" para designar sua periculosidade potencial, principalmente em caso de casamento. Preconiza nesse sentido uma legislação com exames obrigatórios antes do casamento, pois considera que certos encontros amorosos são, antes de mais nada, erros biológicos. Uma concepção puramente genética do homem baseada na detecção pode substituir a antiga supremacia do mérito numa forma ainda mais irrevogável. "Observa-se o advento da época científica em que o computador, repleto de probabilidades, procederá à avaliação dos méritos genéticos e à prescrição de regras de sobrevivência personalizadas", escreve J. Testart (1992, p. 121).

Misturando diversas características prognosticáveis da existência, o quociente genético, aliado a uma certa qualidade (socialmente determinada) da constituição física, pode um dia se impor como uma condição da legitimidade do sujeito. A medicina *in utero* poderia selecionar os melhores "produtos" e eliminar os outros. Algumas companhias de seguro-saúde já recusam assumir doenças ou pessoas deficientes cuja patologia ou deficiência era previsível na hora do nascimento. É o caso de temer que no futuro uma firma só empregue o candidato após um exame atento de seu potencial genético. O QI (quociente de inteligência) cairá em desuso em proveito de um QG

---

15. O próprio ex-presidente Clinton se preocupa com "o abuso dos testes genéticos para praticar novas formas de discriminação" (*Libération*, 9/12/1998). Rifkin (1998, p. 216 ss.) dá inúmeros exemplos americanos desse fato.

(quociente genético). No filme *Gattaca*, de Andrew Niccol, coexistem dois mundos. Uma elite é constituída de homens e de mulheres originários da fecundação *in vitro*, cujos genes foram cuidadosamente escolhidos tendo em vista um "produto" impecável pela inteligência, pela saúde, pela beleza etc. Os outros, nascidos sem controle médico, são considerados produtos inferiores, destinados a tarefas subalternas. Quando o personagem principal do filme se candidata a um emprego, a empresa absolutamente não lhe pergunta sobre suas competências ou suas motivações, contentando-se em analisar a estrutura de seu DNA. L.M. Silver (1998, p. 244 ss.), biólogo molecular, imagina um futuro próximo em que uma minoria de indivíduos com os genes cuidadosamente triados e aperfeiçoados dominará uma população "natural" – e, portanto, "inferior" no plano biológico. Para Silver, o risco de surgimento de duas espécies humanas é totalmente pensável pela inelutabilidade do engenho genético aplicado ao embrião. A dignidade dos homens será apenas, a partir desse momento, a de seus genes. Já, segundo uma pesquisa March of Dimes/Louis Harris, mais de 40% dos americanos questionados enunciam sua vontade, caso as circunstâncias sejam favoráveis, de recorrer à engenharia genética para "melhorar" as características físicas ou intelectuais de seus filhos (*Le Courrier International*, nº 149, 1998). Esses pais desejam colocar todas as chances do seu lado. O mercado desse produto está garantido. A criança só será um produto acabado ao final de intervenções corretoras. A já imensa distância entre os favorecidos e os outros aumentará ainda mais, projetando o conjunto das sociedades "em vias de desenvolvimento" a uma distância astronômica. Uns manipulam os genes de seus filhos, em um lugar diferente, lá longe; outros tentam impedir que um recém-nascido com diarreia morra naquele dia.

A demiurgia genética

A terapia gênica do homem ainda está distante, constituindo uma manipulação que visa substituir um gene portador de uma anomalia por um gene funcional no desenvolvimento do organismo. Ora, essa inserção é aleatória; hoje é impossível saber se um gene se fixa e se não vai entravar outras funções celulares. E, mesmo que o gene transformado se enraíze no lugar desejado, não é certeza que irá se expressar. As terapias genéticas levantam, portanto, um grande número de problemas, apesar dos rumores da mídia e do imaginário informático que as transmite, quanto a suprimir e depois a colar a informação pertinente no *software* do indivíduo doente. O corpo humano não tem a transparência dos *bits*. Após muitos anos de tentativas em cerca de 600 pacientes, o National Institute of Health sublinha a extrema incerteza dessa terapia e declara que até hoje "nenhum protocolo de terapia gênica comprovou indiscutivelmente sua eficácia clínica, embora algumas curas tenham sido reivindicadas na época" (*in*: Rifkin 1998, p. 178). A terapia genética continua funcionando ao sabor do acaso, tanto mais que os genes de certas doenças parecem às vezes conferir imunidade a outras. As descobertas atuais da biologia molecular quase não têm peso diante do desconhecido que permanece. A terapia gênica só aborda atualmente as células somáticas e não as células germinais que modificariam o genoma de todos os descendentes do indivíduo. Nesse último caso, qualquer erro de cálculo teria repercussões definitivas infinitamente.

Apesar das incertezas dessas terapias, ainda vinculadas à ficção, alguns biólogos reivindicam sua preferência por aplicar uma terapia radical, capaz de cuidar antecipadamente das gerações que ainda não nasceram, a manipular as células somáticas de um indivíduo com o intuito de aumentar, no decorrer do tempo, o número de sobreviventes da doença e, portanto, de favorecer o desenvolvimento do gene defeituoso. Contudo, o conhecimento está se refinando. Logo será decerto possível desativar um gene e recombiná-lo com outros, produzir, com toda a consciência, indivíduos de acordo com certas bases genéticas. Nossas sociedades deverão, então, determinar as orientações éticas dessas intervenções; serão confrontadas com formas de eugenismo que as isolarão de maneira inaudita do resto do mundo em que os homens continuarão a ser atingidos pelas inúmeras doenças da miséria, desconhecidas ou controladas nos países ricos. Os pais de toda criança que manifestar uma anomalia serão confrontados a uma opção radical de interrupção terapêutica da gravidez ou de cirurgia gênica, com os riscos existentes no caso de uma fixação ruim da célula ou de uma não ativação do gene.

Os pais já pedem normalmente aos médicos, quando seus filhos lhes parecem baixos demais, uma receita de hormônios do crescimento para que fiquem mais altos – não em virtude de uma anomalia hormonal, mas com a preocupação de uma melhoria de sua aparência para não prejudicá-los mais tarde no mercado de trabalho. Inicialmente concebida para auxiliar as crianças que sofriam de nanismo, hoje a terapêutica é aplicada por motivos de conveniência pessoal. Os pais que desejam que seu filho seja alto para que chame mais atenção na existência encontram médicos complacentes que lhes dão uma receita. O tamanho da criança torna-se, então, uma opção dos pais. Nos EUA, os adolescentes compram-no ilegalmente a fim de favorecer seu crescimento. Uma pesquisa americana feita na periferia de Chicago mostra um consumo ilegal de hormônio do crescimento entre 5% dos alunos do colegial. Antes da criação do hormônio do crescimento e do desvio de seu uso, ser baixinho não era prejudicial, não dependia da medicina. Ninguém sofria com isso, porque não impedia de viver e não era sentido como uma doença ou uma deficiência. Transformou-se em doença e deficiência porque é fácil a medicina agir sobre o tamanho, expandindo a noção de saúde a um domínio inesperado.

A biologia molecular possibilita modificar geneticamente a espécie humana, construir formas de existência animal ou vegetal ainda inéditas. A fantasia de perfeição da condição humana abandona o terreno político e encontra uma vitalidade entusiasta no terreno da genética. Se a abolição do mal tem sido socialmente impossível, se não se pode melhorar o social como tal, resta agir no óvulo, com a autoridade dos geneticistas, e modelar um indivíduo capaz de abrigar todas as qualidades de saúde, aparência, existência (mas quem decide essas qualidades?). Para Danielli, um geneticista americano,

> (...) dado o peso do inato na determinação dos comportamentos humanos, (...) é preciso, necessariamente, considerar outros meios caso se queira que a civilização persista e possa atingir um estado de relativa estabilidade. Esses outros meios são as manipulações genéticas. (*In*: Blanc 1986, p. 441)

A imperfeição do corpo conduz a humanidade clássica ao desuso. Exibe-se a vontade de um domínio de sua constituição genética a fim de remodelar sua forma e seus desempenhos. O esboço desajeitado que o corpo é só estava esperando o milagre da ciência para ser endireitado e transformar-se em um ideal técnico. A identidade final do homem passa agora a se confundir com um problema de código genético mais ou menos apropriado. Qualquer alteração particular sendo um *bug* de fabricação, nada impede mudar sua mensagem.

A nanotecnologia visa elaborar máquinas do tamanho de moléculas, capazes de reestruturar qualquer material, inclusive o corpo humano. E. Drexler, pioneiro da pesquisa nesse campo, acha que logo tornará as pessoas capazes de modificar o corpo "de mil maneiras, das mais triviais às mais extravagantes (...). Alguns abandonarão a forma humana, como uma lagarta se transforma em borboleta; outros conduzirão a humanidade simples à perfeição" (*in*: Dery 1997, p. 306). A cirurgia genética dá lugar a muitas fantasias, entre elas a de programar o genoma do indivíduo tendo em vista adaptá-lo a situações particulares. Para R.L. Sinsheimer, biólogo molecular,

> (...) o velho eugenismo era obrigado a se contentar em aumentar o número dos melhores com os recursos genéticos existentes nas populações. [Ele] não deveria em princípio ser forçado por nenhum limite, porque deveríamos estar em condições de criar genes novos e funções biológicas totalmente inéditas. (*In*: Kevles 1995, pp. 385-386)

Quando de um colóquio dos anos 60, em plena febre de exploração espacial, o geneticista Haldane sugere uma modificação genética próxima de certos homens a fim de adaptá-los às cápsulas espaciais. Observando que os gibões são claramente mais bem "preparados" graças a seu rabo para evoluir em um meio de pouca gravidade, Haldane acreditava que logo seria fácil "dotar a raça humana de traços semelhantes". O teólogo protestante J. Fletcher escreve no *New England Journal of Medicine*:

> Se é para o bem da sociedade, seria legítimo especializar as pessoas pela engenharia genética até construir seres humanos quiméricos dotados, em parte, de órgãos e características animais, ou fazer "ciborgues-andróides" (ou seja, seres humanos dotados, por implantes, de órgãos eletrônicos como microprocessadores). (*In*: Blanc 1986, p. 441)

130   Papirus Editora

É também pela evocação da engenharia genética que H. Moravec (capítulo 7) imagina a melhoria do corpo humano, depois seu abandono graças à transferência do espírito humano para um corpo biônico que atingisse finalmente sua quintessência. "O gênio genético", escreve,

> (...) pode parecer uma solução. As gerações sucessivas de seres humanos poderiam ser aperfeiçoadas graças a cálculos, simulações em computadores e tentativas, como são hoje os aviões, os computadores e os robôs. Poderiam ter cérebros melhores e metabolismos aperfeiçoados, que lhes permitiriam viver confortavelmente no espaço. (Moravec 1992, p. 133)

Moravec só lamenta que o corpo humano permaneça maculado de materiais tão irrisórios como as proteínas e os neurônios. A transmigração do homem para um habitáculo sem defeitos implica, segundo ele, a substituição do gênio genético pelo biônico e, portanto, o cruzamento do biológico e da máquina. Essas intervenções aplicam à espécie humana o que a agricultura exerce sobre o vegetal e a criação sobre os animais – a criação artificial de espécies vivas rigorosamente rematadas por motivos comerciais. Elas despertam a fantasia eugênica da manipulação de uma humanidade finalmente perfeita (na opinião de alguns), cuja unidade seria possível ramificar a partir de finalidades diferentes, levantando inúmeras questões de dignidade e de disparidade social.

Ao mesmo tempo em que se desenvolve essa vontade de domínio do destino biológico do homem, a medicina opõe uma terrível ineficácia diante das doenças graves, cuja emergência é justamente vinculada ao ambiente social. Mas raramente são enfatizados esses fracassos ou essas impotências, e a medicina contemporânea oferece muitas vezes a impressão de que é triunfante em todas as áreas, o que está longe de ser o caso. As moléstias da pobreza multiplicam-se; as doenças infecciosas que se acreditava estarem recuando voltam com força; as enfermidades virais continuam poderosas e estão aparecendo de novas formas; as infecções hospitalares atingem grande número de doentes nos hospitais ocidentais; surge a resistência aos medicamentos, principalmente aos antibióticos; a expectativa de vida em muitos países do hemisfério sul baixou consideravelmente nos últimos anos; a mortalidade infantil assola o Terceiro Mundo. Existe um contraste trágico entre essa vontade de reformar o corpo humano das sociedades ocidentais e o abandono sanitário de uma imensa parte do mundo. Os ocidentais lutam contra o excesso de peso e contra o colesterol ou sonham em modelar os genes para fabricar um homem perfeito, enquanto em outros lugares as crianças morrem de fome ou por falta de medicamentos elementares para combater seus males.

A *clonagem ou o homem duplicado*

A clonagem é a versão moderna do imaginário do duplo. A célula é promovida a espelho do doador, réplica ainda infinitesimal, mas destinada a ser sua cópia fiel. Nessa fantasia de onipotência, o indivíduo se torna sua prótese, sonha com sua multiplicação ao infinito à maneira da enxertia vegetal. A reprodução por meio do corpo e do desejo, no confronto com a alteridade e o gozo, cai em desuso e apaga-se diante da duplicação técnica de si. A sexualidade é inútil, na medida em que ainda remete a um outro, à incerteza do que ele é. Packard (1978) inscreve a generalização dessa prática em um futuro pouco distante. Os defensores da clonagem adiantam o controle possível de exercer no ponto de partida sobre a qualidade genética do produto. Segundo eles, o encontro sexual é demasiado aleatório se abandonado à natureza, enquanto a fecundação *in vitro* a partir de uma única célula de um indivíduo, cujo patrimônio genético se conhece, oferece a garantia de uma ausência de defeito de fabricação. Não é de esperar qualquer surpresa, pois o modelo já foi testado por um certo número de anos. Reprodução típica de laboratório sem a mácula do sexo ou do corpo, sob a égide de inúmeros controles de qualidade efetuados sobre o produto. Criança decalque, *alter ego* pelo menos uma geração mais jovem, mas fisicamente idêntico, reflexo de um narcisismo rematado.

É claro que, além da fantasia da réplica de si, a conduta é ingênua por identificar rigorosamente o homem a seu programa genético, ocultando que são suas condições de existência, os acasos de seus encontros e das influências recebidas que modelam uma identidade jamais absoluta e suscetível de se transformar de acordo com as circunstâncias. Se o clone está protegido de uma eventual doença genética, não será necessariamente poupado de outras doenças ou de um acidente. Suas qualidades intelectuais ou morais dependem de sua educação e de sua participação nela, da dinâmica afetiva que cerca sua infância: essas são imprevisíveis. A clonagem não é o meio sonhado de ocultar a morte, diante das inúmeras maneiras de morrer do homem, só suprime uma ou duas delas. Não para si, aliás, mas para sua cópia. Ela encarna uma ideologia do corpo que postula a igualdade do indivíduo a seu patrimônio genético. Mas se este, sem dúvida, influencia parcialmente sua saúde, não tem incidência sobre seu comportamento, seus valores, sobre o homem singular que será.[16] A história de cada homem é única e inesgotável, é tecida na singularidade por meio de seu confronto com o mundo e com os outros ao longo de sua história pessoal. O clone sempre se parecerá apenas fisicamente com seu doador. Um parco consolo para livrá-lo do que experimenta quanto às suas origens instrumentais. O indivíduo assim criado será a projeção pessoal de um outro, um gêmeo de seu doador e, portanto, também seu irmão ou sua irmã. Além disso, nesse caso a mãe é reduzida ao papel de incubadora, é uma mãe "de aluguel", cuja condição não é nada clara. Quanto ao "pai" (que aqui poderia também ser a mulher, já que se trata de uma duplicação de um material genético único), sua condição é igualmente ambígua. A fantasia da onipotência do indivíduo sobre seu clone, a dependência moral do segundo, seu sentimento de não viver para si, mas como um eco surdo do outro tornam dificilmente pensável a questão do sentido de sua própria existência. A confusão simbólica entre si e o outro parece, para a cópia, uma provação moral difícil de superar na constituição da identidade pessoal. Como escapar ao fascínio mortal do espelho, quando só se existe à maneira de um reflexo? A psicanálise vai ter de reescrever sua trama conceitual, porque o Édipo perde o efeito em tal constelação familiar. J. Baudrillard imagina um conflito inédito, mas plausível: o do clone "suprimindo seu 'pai',

---

16. A determinação genética estrita praticamente não existe; o ambiente modula o desenvolvimento dos genes de suscetibilidade.

não para deitar-se com a mãe (coisa a partir de então impossível), mas para tornar a encontrar sua condição original e sua identidade exclusiva" (Baudrillard 1997, p. 228).

O Movimento Raeliano Internacional, que figura entre as seitas catalogadas na França em um relatório parlamentar recente, lançou-se oficialmente na corrida da clonagem. Composta de 20 a 30 mil fiéis, considera que o homem foi criado por extraterrestres, os *elohim*, seres praticamente imortais. Para se tornarem sua imagem, os raelianos estão procurando um modo de transferir sua personalidade para um corpo novo no momento da morte. Pela perspectiva deles, a clonagem é um dos meios de contornar a morte por eliminação do corpo. Para Rael, fundador do movimento,

> (...) a clonagem permitirá que a humanidade alcance a vida eterna. A próxima etapa será fazer clones já adultos sem o processo de crescimento e transferir a memória e a personalidade, como fazem os *elohim*, com seus 25 mil anos de avanço científico. Após nossa morte, poderemos acordar em um corpo novo como após uma boa noite de sono. (*In*: Kahn e Papillon 1998, p. 168)

Na sua opinião, a ressurreição de Cristo ocorreu graças a uma clonagem realizada pelos *elohim*. Rael anuncia a criação de uma companhia financiada por doações anônimas, cuja tarefa será efetuar pesquisas ou reproduzir experiências capazes de chegar o mais depressa possível à clonagem humana. Os empreendimentos serão realizados em países onde a clonagem não é ilegal. A companhia oferecerá, então, seus serviços aos "progenitores de sorte do mundo inteiro", principalmente aqueles, escreve Rael, que "desejam clonar seu filho pequeno, sobretudo quando este está à beira da morte". Convencido do resultado desse projeto, Rael prevê a primeira criança concebida assim para o ano 2000.* Esse nascimento seria, para ele, a prova irrefutável da criação dos humanos pelos *elohim* (Kahn e Papillon 1998, pp. 160-190). O mercado de duplicação humana suscita uma grande cobiça. Após a clonagem da ovelha Dolly, alguns pesquisadores afirmaram sua vontade de produzir

---

*   Texto escrito em 1999. (N.E.)

clones dentro de um curto espaço de tempo, principalmente para "auxiliar" casais ou homens e mulheres estéreis. R. Seed, um médico que não pretende deixar passar tal oportunidade de fazer seu saber e seu espírito empreendedor com relação ao assunto frutificarem, escreve que a clonagem "permitirá aperfeiçoar a civilização (...). Seremos como Deus. Teremos quase tanto saber e poder quanto Deus" (*in*: Kahn e Papillon 1998, p. 176).

É claro que a clonagem foi associada ao eugenismo. De imediato, é discriminatória; irá juntar-se, segundo Baudrillard, "à outra fantasia que está por trás de todo o empreendimento genético (por trás de todo o empreendimento técnico em geral), a de estabelecer a fórmula ideal da espécie para só se ter de reproduzi-la" (Baudrillard 1997, p. 224). Não se clonaria, evidentemente, qualquer um. Lederberg, biólogo americano, declara: "Se um indivíduo superior – e provavelmente um genótipo – é identificado, por que não copiá-lo diretamente em vez de correr todos os riscos, inclusive os da determinação do sexo, que fazem parte dos acasos da recombinação?". O mesmo autor não hesita em dizer: "Teríamos pelo menos o prazer de poder controlar se um segundo Einstein superaria ou não o primeiro" (*in*: Leach 1970, pp. 121-124). Esperemos que a cópia genética de Einstein compartilhe o entusiasmo pela experiência. Lederberg sugeria igualmente fabricar gêmeos adaptados para tarefas delicadas que implicassem uma colaboração estreita: missão espacial, cirurgia etc. A mesma finalização do indivíduo por clonagem – sua reprodução em série para tarefas sociais que exigem muito – também já foi formulada por outros cientistas, que sublinharam, por exemplo, o interesse de fabricar indivíduos pequenos para voos espaciais ou altos para o basquete e outros esportes etc. Conceber o homem fisicamente apenas para a execução de uma tarefa, organizar sua fisiologia e sua anatomia – não está afastada a intenção da transformação do homem em objeto, como percebemos em filigrana nessas práticas de instituição médica do vivo. A clonagem permite de fato pensar em uma reprodução em série do mesmo protótipo.

Uma outra aplicação possível da clonagem consiste, servindo-se do duplo quimérico, em fornecer órgãos ou tecidos de substituição aos poucos empregados quando das lesões do "original". Seria possível fazer uma cultura seletiva do elemento a ser substituído no "gêmeo". A fragmentação esquizofrênica do corpo adquire aqui uma forma singular na qual os filmes que espirram sangue mal roçaram. A procriação natural de cada homem seria duplicada com a fabricação, pela medicina, de um clone por transferência nuclear. Mantido artificialmente vivo, este seria estocado em locais apropriados e solicitado quando necessário: corpo sobressalente e reservatório de peças em caso de pane. A. Kahn revela uma pesquisa inglesa feita com rãs, com a segunda intenção de uma aplicação ao homem. Manipulando certos genes, os biólogos deram origem a uma rã sem cabeça. Outros pesquisadores também conseguiram suprimir a cauda ou o tronco de outros animais. Uma recombinação genética fez nascerem camundongos sem cabeça ou sem cérebro.

> A idéia de um reservatório de órgãos humanos realizada graças à clonagem encontra uma via inesperada de justificação: sem cabeça, portanto sem espírito, seria concebível cultivar (não há outra palavra) "sacos de órgãos" perfeitamente disformes, privados de cabeça e talvez até de membros, mas que abrigariam corações, rins, pulmões e pâncreas. Esses embriões poderiam ser desenvolvidos em úteros artificiais ou em úteros de mulheres "alugados" para o caso. (Kahn e Papillon 1998, p. 197)

Para os defensores dessa ideia, esse ser sem cérebro não sentiria dor, não teria qualquer consciência de si mesmo e serviria para "salvar vidas". Estamos no domínio da ficção, mas, como vimos, hoje o real é o capítulo de um romance de ficção científica do qual somos os protagonistas. Outro método: fabricar um embrião *in vitro* com o material genético do sujeito e cultivar o órgão ou o tecido a ser transplantado com o coração e o sistema sanguíneo, ao mesmo tempo em que se neutraliza o desenvolvimento dos outros órgãos.

Transgênese animal

Assistimos ao desenvolvimento de toda uma indústria do animal transgênico. Aumentam as intervenções genéticas, como os transplantes de genes em diferentes espécies. O animal proveniente da evolução transforma-se em objeto imperfeito e até caduco, a ser redesenhado, material montável e desmontável, suscetível de ser geneticamente acasalado com outros a fim de se modificarem algumas características suas, suprimindo-se ou acrescentando-se informações genéticas para projetá-lo segundo uma expectativa particular. O animal torna-se uma matéria-prima à disposição; sua essência perdeu sua dimensão intangível. Modela-se seu patrimônio genético fabricando-o sob medida. O reducionismo biológico abole as fronteiras das espécies reduzindo todas as formas vivas (inclusive o homem) a um estoque de genes remanejáveis em laboratório pelas biotecnologias.

> Para o transgeneticista, os limites entre as espécies não passam de rótulos cômodos que permitem identificar as entidades ou as relações biológicas familiares, mas de forma alguma podem ser considerados barreiras intransponíveis que separam os animais e os vegetais uns dos outros. (Rifkin 1998, p. 60)

O mundo vivo se reduz a partir de então a uma combinatória entregue ao arbitrário de uma rentabilidade. Estamos apenas em seu início, mas a fantasia do domínio afirma-se na destituição das formas biológicas animais e vegetais. O progresso do saber de biologia molecular não cessa de ampliar a margem de manobra.

O vivo vê-se radicalmente instrumentalizado. Os pesquisadores desenvolveram, dessa maneira, por cultura tissular, vesículas de laranja ou de limão. Assim, o suco é acessível sem passar pelas frutas. A noção de valor só tem aqui significado econômico. Formas de vida inéditas estão nascendo da decisão do homem (ou melhor, de um punhado de sociedades de biotecnologia sob a égide de uma vontade de rentabilizar o vivo), confundindo as fronteiras entre os reinos e as espécies. Plantas destinadas à alimentação, produtos agrícolas são geneticamente modificados para se adaptarem a terrenos particulares, para resistir a certos insetos, para aumentar sua produtividade, acelerar sua maturação. Genes mortais para certos predadores são introduzidos nas plantas. Às vezes, trata-se de produzir fora do solo, eliminar a produção agrícola, ou seja, suprimir as plantas e as árvores ao mesmo tempo em que continuamos a nos beneficiar de seus produtos. Já são fabricados milhares de animais transgênicos pelo cruzamento de genes e eventualmente reproduzidos em seguida por clonagem diante dos imperativos do *marketing*: a fim de aumentar o rendimento de carne ou de leite (por exemplo, suprimir a pança da vaca para que sua digestão se acelere), reduzir a porcentagem de gordura da carne etc. Sabe-se neutralizar geneticamente o instinto maternal das peruas para bloquear o processo de chocar e fazê-las pôr mais ovos, transplantar os hormônios de crescimento de uma outra espécie (por exemplo, os do homem) para animais a fim de torná-los mais pesados e acelerar seu desenvolvimento. São fabricados outros animais transgênicos como matrizes de medicamentos para serem usados pelos homens. Desse modo, os porcos produzem hemoglobina humana. Da mesma maneira, algumas firmas inserem genes humanos nos animais a fim de tornar seus órgãos compatíveis com o sistema imunológico dos doentes para o mercado futuro de xenotransplantes. A biotecnologia é um dos setores de ponta da indústria contemporânea (Rifkin 1998, p. 35 ss.).

As variedades tradicionais, por sua vez, tornam-se anacrônicas. Com uma rica e longa história genética de interação com seu meio, são suplantadas por seu duplo transgênico, cuja defesa foi confiada a um gene exterior. A memória registrada pela evolução e adaptada a um meio apaga-se diante dos produtos concebidos para uma finalidade precisa que fragiliza sua imunidade. O desenvolvimento, próximo da clonagem, do gado acentua ainda mais esse empobrecimento de um estoque genético já bem reduzido pela criação seletiva. O preço a se pagar pode ser a uniformidade biológica. Para Rifkin, a ameaça aumenta por uma "verdadeira penúria de munições genéticas: na ausência de genes resistentes adicionais, não poderemos mais nos defender contra as agressões permanentes das ervas daninhas, dos insetos, dos vírus e outros incômodos cada vez mais resistentes" (Rifkin 1998, p. 156).

Um trabalho milenar da evolução é substituído por uma manipulação genética que negligencia ser o combate das plantas (ou dos animais) contra as doenças ou os estorvos do ambiente a interação de inúmeros genes. Se os predadores, os insetos, os vírus etc. contornarem um dia essas defesas, vai ser novamente necessário manipular os genes em um processo sem fim e muito aleatório em seus resultados. Os agricultores, de guardiães de uma memória de espécies que eram sem dúvida cada vez menos – exceto, é claro, nos países do hemisfério sul –, tornam-se clientes de firmas que detêm patentes dos Organismos Geneticamente Modificados (OGMs), que logo poderão constituir a paisagem agrícola. As exigências econômicas rígidas transformam a própria estrutura da natureza com uma ignorância nada negligenciável das consequências a longo ou a médio prazo dessas manipulações.

O possível perigo de certas manipulações genéticas sobre o animal foi principalmente evidenciado quando de uma pesquisa sobre a Aids durante a qual se introduziu o vírus HIV nos embriões de ratos. Esses ratos tornavam-se portadores de uma doença humana. Se um deles escapasse, poderia espalhar o vírus por todo o mundo animal. Foram tomadas precauções extremas para evitar esse tipo de incidente. Porém, essas experiências multiplicam-se, e é difícil pensar que esse lapso não aconteça em nenhum lugar. A transgênese é um jogo arriscado, cujas consequências a longo prazo ninguém consegue prognosticar. Tanto mais que muitos OGMs foram liberados na natureza: animais ou vegetais que se reproduzem ou interagem de maneira imprevisível com o conjunto de seu ecossistema. A experiência mostra que a introdução de animais ou de vegetais fora de seu meio de origem tem às vezes efeitos desastrosos sobre o meio ambiente. E, uma vez iniciado o processo, é impossível voltar atrás. São realizadas desse modo culturas transgênicas com o intuito de produzir medicamentos ou produtos químicos. Essas plantas entram em interação com um grande número de animais, insetos, aves etc., que com elas se alimentam, talvez instalando na cadeia alimentar substâncias produzidas em laboratório (medicamentos, vacinas, enzimas industriais etc.). Também nesse caso as consequências são imprevisíveis. O mundo tornou-se um laboratório em que se fazem experiências sem ser possível voltar atrás. "Estamos realizando um segundo Gênese em laboratório", diz Rifkin, "assumindo o risco de uma poluição genética mais grave do que as poluições químicas ou nucleares" (*Libération*, 25/5/1998).[17]

---

17. A questão do sofrimento animal ultrapassa o contexto de nossa obra; no entanto, está presente nessas modificações morfológicas ligadas à adjunção de genes exteriores que muitas vezes produzem monstruosidades. Não é ceder a uma superstição dizer que a evolução projetou as espécies com uma coerência biológica que é difícil transgredir sem efeitos perversos. Quando os homens quiseram transformar linhagens animais, fizeram-no ao longo do tempo, tateando, em pequena escala, e não com essa brutalidade que consiste em fabricar o animal inteiro geneticamente.

Os laboratórios de biotecnologia estão reinventando um mundo em que os animais e os vegetais transformados deliberadamente por transgênese serão puras fabricações humanas, objetos técnicos manufaturados para o mercado segundo finalidades estritas. Uma razão instrumental aplicada ao vivo e ao vegetal não para viver melhor, não para acabar com a fome no mundo – ao contrário, essas técnicas arruínam a agricultura tradicional e aumentam as desigualdades entre países ricos e pobres –, mas para alimentar infinitamente um mercado. São imperativos econômicos próprios a certas sociedades que modificam a estrutura da própria natureza com uma ignorância nada negligenciável das consequências dessas manipulações.

> As tecnologias genéticas que inventamos para colonizar a biosfera são impressionantes, mas nossa ignorância total dos mecanismos complexos que a animam não é menos impressionante (...). Essa segunda colonização é feita sem bússola. Falta-nos uma ecologia de antevisão para nos guiar nessa viagem, e é bem pouco provável que um dia ela esteja disponível, pois a natureza é de fato móvel, complexa e variada demais para que a ciência possa reduzi-la a um modelo que autorize previsões confiáveis. (Rifkin 1998, p. 158)

De uma só vez, a engenharia genética transforma mais profundamente certas espécies animais ou vegetais, e sem dúvida logo o próprio homem, do que milhões de anos. Mas o temor é de fato que a transgênese animal seja um prelúdio à do homem, à transformação genética do humano. Aqui não é mais apenas o corpo humano que é desprezível, mas, em um exagero gnóstico, o próprio mundo inteiro, se não foi revisto e corrigido.

5
O CORPO SUPRANUMERÁRIO DO ESPAÇO CIBERNÉTICO

Talvez mais tarde existam vestígios fósseis do real como existem das eras geológicas passadas? Um culto clandestino dos objetos reais, venerados como fetiches e que de repente adquirirão um valor mítico?

Jean Baudrillard, *Le crime parfait* [*O crime perfeito*], 1994

O desdobramento do mundo

Desdobrando a vida comum, o espaço cibernético é um modo de existência completo, portador de linguagens, de culturas, de utopias. Desenvolve simultaneamente um mundo real e imaginário de sentidos e de valores que só existem por meio do cruzamento de milhões de computadores e do emaranhamento de diálogos, de imagens, de interrogações de dados, de discussões em *chats*; mundo virtual do entre todos, provisório e permanente, real e ficcional, imenso espaço imaterial de comunicação, de encontros, de informações, de divulgação de conhecimento, de comércio etc., que coloca provisoriamente em contato indivíduos afastados no tempo e no espaço e que às vezes ignoram tudo deles mesmos. Um mundo em que as fronteiras se misturam e em que o corpo se apaga, em que o outro existe na interface da comunicação, mas sem corpo, sem rosto, sem outro toque além do toque do teclado do computador, sem outro olhar além do olhar da tela. O espaço cibernético é "celebração do espírito (...). É um reino onde o mental se libera dos limites corporais, um lugar favorável à onipotência do pensamento" (Bukatman 1993, pp. 208-209). Uma definição clássica do espaço cibernético de Randy Walser sublinha a dualidade dos mundos e a evicção corporal que supõe: "O espaço cibernético é o meio que dá a seus usuários o sentimento de ser corporalmente transportado do mundo físico comum a mundos de pura imaginação" (Walser 1992, p. 264). Nele, o corpo deixa de se impor como materialidade e ainda mais como injunção de identidade, porque todos os jogos são possíveis a esse respeito. No espaço cibernético, dá-se uma chance às pessoas deficientes ou gravemente doentes de se mover à vontade sem se preocupar com os obstáculos físicos ou de se comunicar sem temer a estigmatização. Os pesos do corpo são eliminados, qualquer que seja a idade, a saúde, a conformação física. Os internautas encontram-se num plano de igualdade justamente pelo fato de esse espaço colocar o corpo entre parênteses. O espaço cibernético é a apoteose da sociedade do espetáculo, de um mundo reduzido ao olhar,[1] à mobilidade do imaginário, mas à inspeção dos corpos que se tornaram inúteis e estorvantes. É um substituto do real cuja forma de investimento às vezes ultrapassa o apego ao real físico do indivíduo. A navegação na Internet, os intercâmbios nos *chats* proporcionam aos internautas, contudo, uma "sensação perturbadora de presença" (Dery 1997, p. 16).

O espaço cibernético envolve a relação com o mundo, dando ao indivíduo que a ele se entrega com paixão o sentimento de que a "vida de verdade" está ali, na ponta de seus dedos e que cabe a ele construir uma existência virtual para si conforme sua vontade, porque os limites

---

1. Os pesquisadores americanos estão tentando substituir o *mouse* pelo olhar. Para clicar, bastaria piscar os olhos.

da soberania pessoal que o corpo encarna com constância na vida comum foram aqui radicalmente suprimidos. Basta entrar na rede, e o espaço cibernético abre um mundo sem corpo, sem interioridade e puramente superficial. Mesmo se o corpo permanece diante da tela, com suas eventuais imperfeições, é provisoriamente esquecido na "exultação sem corpo do espaço cibernético" (Gibson 1985, p. 9). Baudrillard fala dessas "verdadeiras caixas de isolamento sensorial que as telas e as redes constituem" (Baudrillard 1997, p. 65).

O virtual apresenta outros usos para o corpo pela simulação de situações por intermédio de uma aparelhagem específica. Munido de um *capacete de visão* e de *luvas com retorno sensorial*, o indivíduo imerge em um universo de imagens sintéticas em relevo simuladas pelo computador. Toma contato com o sentimento e a sensação do real; vive emoções, paixões ou medos que reproduzem os da existência. Dispositivos adicionais permitem mexer-se, sentir os objetos virtuais que povoam o espaço, explorar um lugar. O deslocamento é induzido às vezes por um uso inédito do corpo: a respiração, um movimento da mão, da cabeça, do torso etc. Com *luvas de retorno táctil* o indivíduo manipula objetos, modela formas, inventa universos. Projeta-se no corpo da formiga e apreende o mundo à sua maneira; adquire a virtuosidade da dançarina; assume os medos e as sensações fortes de alguém voando em asa-delta, sem limite de identificação a não ser o do arsenal à sua disposição, já que seu corpo não passa do vestiário que fornece os diversos papéis. Livre das coerções corporais habituais diante de um mundo simplificado, cujas chaves são fáceis de manipular, o viajante virtual conhece de fato um mundo fictício, sente fisicamente um mundo sem carne. No universo de síntese, o jogo com a situação libera todas as aparências do verdadeiro sem o risco do teste do real e com a faculdade de viver mil atividades inéditas. Apesar da reduzida mobilidade do sujeito, ele conhece uma plenitude sensorial que a sociedade não lhe prodigaliza com tanta largueza. Mesmo que seja apenas no perigo de certas situações (simulações de voo aéreo, de queda etc.). O indivíduo desloca-se concretamente em um universo reconstituído. Dissociando corpo e experiência, fazendo a relação com o mundo perder o caráter real e transformando-a em relação com dados, o virtual legitima a oposição radical entre espírito e corpo, chegando à fantasia de uma onipotência do espírito. A realidade virtual está aquém e além do corpo – este é passivo, mesmo que ressoe com os inúmeros efeitos de sensações e de emoções provocadas pela imagem. "O discurso visionário dos que conceberam o espaço cibernético é cheio de imagens de corpos imaginários libertados das coerções que a carne impõe. Eles prevêem uma época em que poderão esquecer seu corpo" (Stone 1991, p. 113).[2] O espaço cibernético é "um suplemento de espacialidade" (Jameson), livre de qualquer coerção física e de qualquer submissão à espera. Representa um mundo em que o tempo, liberado da duração, converte-se em espaço de puras informações que não requerem mais a corporeidade humana. O imediato não é nem o tempo, nem o espaço do corpo que permanece imóvel. O aprendizado não é mais o caso (a não ser que o virtual seja concebido como técnica de formação, por exemplo, um instrumento de simulação de voo para aprendizes de piloto), o indivíduo imediatamente mergulha num mundo do qual não tem de temer os reveses e do qual se apropria brincando, não tem mais coerções espaciais ou geográficas. Diante da tela, está como o astronauta em sua cápsula; seu corpo é uma densidade estorvante que o impede de conhecer a perfeição da rede, tornando-se ele próprio informação pura se insinuando entre os interstícios de mundos sem viver mais limites. Ele imerge em uma outra dimensão da realidade. Estar fora do espaço e fora do tempo implica a subtração do corpo, ao mesmo tempo em que dele se mantém o frêmito em forma de sensações fortes, de vertigens, de sensorialidades reduzidas, mas violentas, de voo, de liberação do cansaço etc. "Nosso destino", diz McKenna, "é nos tornarmos o que pensamos, vermos nossos pensamentos virem a ser corpos e nossos corpos virem a ser pensamentos" (*in*: Dery 1997, p. 312). O sentimento de pasmo que se sente é o mesmo que se experimenta com a perda de peso do corpo, ou com o adeus às impressões sensoriais

---

2.   Se o corpo é provisoriamente destronado de suas prerrogativas no processo de comunicação (Le Breton 1998), o espaço cibernético o reintroduz como contrabando e de uma forma metafórica, mas, sem a carne, o rosto é transformado em figura. Para contornar a ausência de contato visual ou táctil, os internautas que trocam textos em *chats* recorrem a um código afetivo com os sinais repertoriados: os *smileys*. Desse modo é possível codificar um sorriso, uma piscada, um beijo, uma contrariedade, um grito etc.

comuns com tudo o que implicam de imprevisível. No mundo virtual, o sensorial é infinitamente simplificado e protege das surpresas ruins, proporcionando, contudo, o sentimento pleno do real.

Fim das coerções de identidade

Em 1985, Julie aparece em um *chat*; mulher idosa com muitas deficiências e que mal consegue usar o teclado de seu computador. Graças à Internet, seu corpo destruído deixa de ser um obstáculo à comunicação; atraente, empática, colhe inúmeras confidências de outras mulheres usuárias desse *chat*. E, de repente, estoura o escândalo: Julie é de fato um homem, um psiquiatra de meia-idade, que pensou nesse estratagema para se comunicar mais profundamente com as mulheres. Um dia, de fato, ao dialogar na Internet com uma correspondente que julgava ser ele uma mulher, ficou perturbado pela qualidade de relação que se estabelecera. Incorporar o personagem de uma idosa deficiente parecera-lhe uma maneira ideal de transformar a experiência e, surpreso com seu sucesso, se apaixonara pela brincadeira. A revelação de sua identidade real transtorna suas correspondentes, muitas das quais dizem ter sido "violentadas", desapossadas de sua intimidade. A Internet permite, dessa forma, essas brincadeiras com a identidade e, às vezes, brincadeiras tolas nas quais um dos participantes se esforça por se passar por um outro, por mudar de sexo, de idade etc.

No espaço cibernético, o indivíduo livra-se das coerções da identidade, metamorfoseia-se provisória ou duradouramente no que quer sem temer o desmentido do real, desaparece corporalmente para se transformar segundo uma profusão possível de máscaras, para se tornar pura informação, cujo conteúdo e cujos destinatários ele controla com cuidado. Privado de rosto, não tem mais de temer não conseguir olhar para si mesmo; está livre de qualquer responsabilidade, já que sua identidade é volátil. Nos *chats*, as características sexuais, a idade são apenas efeitos de texto, objetos de uma descrição, cuja origem é impossível de verificar, e que autorizam qualquer licença. A escrita inventa o mundo sem a necessidade da prova a ser fornecida. Imaterial, o sujeito se reduz estritamente às informações que dá, encarna um *cogito* puro: é o que pensa que é quando está conectado a um universo onde os outros também estão jogando. O corpo não pode mais traí-lo ou fazer com que seja reconhecido. A rede favorece a pluralidade de si, o jogo, a paquera virtual; libera da designação de si e favorece a possibilidade de desaparecer a qualquer momento. A identidade degenera em manuseio, é uma sucessão de "eus" provisórios, um disco rígido que contém uma série de arquivos a serem ativados, dependendo das circunstâncias. O sujeito é uma autorização para a experimentação de possíveis. Como disse um estudante que S. Turkle conheceu, "por que dar mais importância ao eu que tem um corpo do que aos múltiplos outros que não o têm, se esses últimos permitem viver outros tipos de experiência?" (Turkle 1997, p. 14). Esse mundo a mais relativamente anônimo propicia um exercício sem coerções da liberdade para o melhor ou para o pior. É uma máscara formidável, ou seja, um motivo de afrouxamento de qualquer civilidade (Le Breton 1993). A responsabilidade desaparece. Um crime virtual não deixa vestígios. O espaço cibernético é uma ferramenta de multiplicação de si, uma prótese de existência quando não é o próprio corpo que se transforma em prótese de um computador onipotente. Certamente o indivíduo penetra em mundos imaginários que se desenvolvem à janela; neles vive aventuras sucessivas, dialoga, constrói, mas só está em condições de conhecer essa ubiquidade se colocar seu corpo real entre parênteses. Imerso na realidade virtual, ao mesmo tempo fora do corpo e realmente presente por seus movimentos que simulam sua experiência, está ao mesmo tempo aqui e ali, em parte alguma, e, contudo, ali. O espaço cibernético é, a esse respeito, uma espécie de sonho acordado para aqueles que pretendem jogar mais profundamente com sua identidade sem temer um contragolpe do real; permite a construção de inúmeros mundos e de múltiplas formas de encarnação virtual, não mais sujeitas ao princípio de realidade, mas inteiramente sob a égide do prazer e do imaginário.

A economia do mundo

Permanecendo em seu quarto, fiel à injunção de Pascal, é fácil caminhar pelas gargantas do Verdon, surfar nas ondas enormes de uma praia única no México, caçar um leão em uma floresta do Equador, despir uma mulher de sonho num jogo erótico antes de arrastá-la para uma tórrida relação virtual, dialogar durante horas com amigos cibernéticos do fim do mundo dos quais só se conhecem os pseudônimos e as reações textuais que eles revelam, participar numa representação de papéis com parceiros invisíveis, tornar-se um cavaleiro medieval com um punhado de namoradas da mesma época etc. Um passeio em uma bicicleta de apartamento com um *capacete de visão* leva o ciclista virtual por diversos caminhos, faz com que atravesse locais variados, confronta-o, de acordo com a velocidade de pedalagem, a relevos sucessivos. Se acelera o suficiente, ele decola e sobrevoa a paisagem. Em um carro de corrida virtual, o indivíduo vive as emoções de uma pilotagem no circuito de Le Mans, participa da corrida, faz uma ultrapassagem perigosa, dubla a si mesmo, imóvel dentro de sua aparelhagem eletrônica, e nem por isso deixa de vibrar muito. Pode-se viver em uma cidade virtual onde se tem um apartamento, uma profissão, lazer, vizinhos, amigos; ir a uma sala de espetáculos, perguntar pelo caminho a outros internautas que estão passeando etc. A vida cotidiana inteira pode se insinuar na Internet. Alguns usuários expõem sua existência sem maquiagem aos internautas de passagem, dissolvendo qualquer fronteira entre o público e o particular. A casa deles é cheia de câmaras que transmitem seus deslocamentos e seus feitos e gestos em seu *site* pessoal. As câmeras ao vivo existem em grande número na Internet (Virilio 1998, p. 76). Hoje se torna igualmente possível integrar câmeras minúsculas e linhas de comunicação para a voz, reintroduzindo dessa forma uma simulação melhor da presença no angelismo corporal. A própria morte não escapa mais da Internet. Um *site* canadense autoriza que os internautas acompanhem ao vivo obséquias graças a uma câmera ligada à rede. Um outro *site*, o *World Wide Cimetery*, foi criado por doentes e por seu círculo próximo como um local de sepultura virtual onde figuram as efígies de pessoas falecidas e os epitáfios redigidos por sua família ou por internautas de passagem. A página consagrada a cada desaparecido contém fotos ou textos. Podem-se depor flores virtuais em seu túmulo. Desfazer-se do corpo torna possível qualquer metamorfose: tornar-se uma pedra que rola, um piano, um peixe voador, um salmão subindo o rio, uma águia girando no pico de uma montanha, um piloto de avião etc. O princípio da separação é abolido, com as ferramentas adequadas; as fronteiras de reinos também se apagam por lá. E esse mundo com ar de sonho acordado pode ser compartilhado com outros simultaneamente ou por interação. Se o computador é uma oportunidade para a pessoa com uma deficiência motora e com seus movimentos reduzidos, a inércia motora que provoca nos outros usuários é uma fonte de ambiguidade. O corpo nele se transforma ao longo do tempo em algo estorvante, excrescência desastrada do computador.

A volta para esse mundo sem relevo e densidade nem sempre é fácil. M. Heim conta uma experiência na realidade virtual que depois o imerge durante horas em um sentimento de náusea perceptiva. Uma experiência frequente demais da realidade virtual leva a uma estranheza da cenestesia e da percepção sensorial. O corpo vivo encontra-se em decalagem com um ambiente real do qual não consegue mais se apropriar, dividido entre dois mundos dos quais não sabe mais qual sentir. Diz Heim:

> Observe alguém saindo de um sistema de realidade virtual. Examine seus primeiros movimentos. Invariavelmente, o usuário permanece por um momento no lugar (...), certifica-se de seu ambiente, dá algumas palmadinhas no torso, toca suas coxas, como para se assegurar de um retorno firme à Terra e à presença do corpo. O usuário sente uma discordância ao voltar ao mundo principal. Esse desacordo assinala a diferença entre o corpo virtual e biológico. (Heim 1995, p. 68)

Sentado diante da tela, o indivíduo tem intercâmbios com seus amigos cibernéticos do mundo inteiro, faz pesquisa em bancos de dados ou dialoga durante horas com interlocutores espalhados no espaço, sem se preocupar com as fronteiras. Se o que está longe se aproxima infinitamente, a comunicação fora do corpo afasta o imediato, inscreve-se na distensão do laço social, na ampliação do espaço pessoal de reserva. As comunidades virtuais esboçam um universo abstrato em geral bem mais íntimo que a família ou a vizinhança. Os amigos cibernéticos são às vezes mais familiares que os mais próximos porque não se os conhecem jamais, e o mistério paira positivamente sobre eles. No limite, pode-se imaginar que dois usuários de um *chat* que se apaixonam são vizinhos de andar que jamais se cumprimentam e que um acha o outro antipático. A supressão do corpo favorece os "contatos" com inúmeros interlocutores.

Todo *a priori* é de fato suprimido; todo incômodo, todo preconceito, toda timidez – e isso tanto mais quanto a comunicação é simplificada e ninguém sabe quem está realmente do outro lado da tela. Não apenas se elimina o obstáculo geográfico ou temporal, como também, mais radicalmente, o do corpo, que permite o intercâmbio imediato sem os esforços de entrada na matéria.[3] Sintomático a esse respeito o amor louco que nasce entre dois *nerds* na narrativa de Coupland. Eles jamais se viram, mas se correspondem com regularidade por correio eletrônico há meses. Ignoram até o sexo um do outro, pois ambos usam pseudônimos. Quando chega o momento do encontro, arrebatados pelo medo desse primeiro "contato", um deles manda um amigo em seu lugar (Coupland 1996, p. 364 ss.). O corpo é claramente vivido como penosa prova de verdade que pode romper a euforia do intercâmbio. Num outro momento, um personagem louva o correio eletrônico: "O que há de bom com o *e-mail* é que não há ninguém do outro lado da linha. É melhor do que a secretária eletrônica; quando cai na secretária eletrônica, ainda há o risco de que o outro atenda, e, nesse caso, a gente é obrigado a falar" (*idem*, p. 38). Superequipado com meios de comunicação sem ter de se deslocar (telefone celular, *e-mail*, Internet etc.), o indivíduo às vezes não sente mais necessidade de encontrar-se fisicamente com os outros; a conversa corpo a corpo na tranquilidade de um passeio ou do silêncio vem sendo suplantada pelo diálogo apaixonado dos proprietários de telefones celulares ou de computadores com seus interlocutores invisíveis e eloquentes (Le Breton 1997). As conversas virtuais, frágeis e efêmeras, são hoje mais sintomas das carências do vínculo social. H. Rheingold aponta isso à sua maneira: "As comunidades virtuais podem ser comunidades reais, pseudocomunidades ou variantes inéditas do contrato social. Mas creio que sejam uma resposta à sede de contatos que acompanha a desintegração das comunidades sociais tradicionais através do mundo"

---

3. Evidentemente não se trata de dizer que a Internet não favorece os encontros, mas, antes, de apontar as tendências. Alguns encontros com os correspondentes de bate-papo na Internet são organizados na vida real. As comunidades virtuais tornam-se então às vezes comunidades concretas porque alguns de seus adeptos desejam prolongar os intercâmbios tendo à frente um café. Um programa permite, aliás, descobrir as coordenadas dos outros usuários para eventualmente contatá-los.

(Rheingold 1993, p. 62). Não estão mais aí de qualquer maneira comunidades reais, mas a "sociedade dos espíritos" em uma versão diferente da sonhada por Minsky. Acrescentemos que, se a Internet reúne alguns, afasta outros em anos-luz, criando novos guetos entre os que estão conectados e os outros.

Ainda que seja uma simulação do mundo, o espaço cibernético não proporciona menos o sentimento da realidade física de seu universo. As percepções são realmente sentidas, mas se baseiam em uma simulação – o corpo da realidade virtual é incorpóreo. O cinema também fornece emoção e "esquecimento" do corpo, mas o virtual propõe que se passe para trás da tela e se entre dentro da ação. Timothy Leary rejubila-se com que o espaço cibernético libere o homem da "escravidão do corpo". Segundo ele, os próximos anos vão afastar o outro fisicamente, tornando-o, porém, mais próximo:

> Os intercâmbios diretos, face a face, serão reservados para as grandes ocasiões, para os eventos íntimos e preciosos, quase sacramentais. Os encontros físicos serão raros, exaltantes. Num futuro próximo, estaremos implicados em grande número de relações cibernéticas com gente que decerto jamais veremos em pessoa (...). Amanhã voaremos graças aos nossos cérebros, nas asas de elétrons, para trabalhar em Tóquio, ou degustar uma deliciosa refeição em companhia encantadora em um restaurante parisiense, antes de fazer uma visitinha a parentes em Seattle, tudo isso sem deixar fisicamente nossa sala. (Leary 1996, pp. 22-33)

Para Negroponte, vivemos "a passagem irrevogável e irreversível dos átomos aos *bits*", uma transformação da carne do mundo ou do conteúdo das coisas em informações. A partir desse momento, a fronteira entre os mundos, os objetos e os homens é eliminada, tudo se torna potencialmente comutável, porque tudo é regido, em última instância, pelas mesmas unidades de base. O preço a pagar é às vezes a confusão – ela pode ser mortal. Alguns indivíduos não estabelecem mais diferença entre o virtual e o real, como essas crianças que matam um comerciante, mas que queriam apenas atirar e não provocar a morte. Essas confusões são frequentes. O fato de viver em um mundo sem entraves, onde os mortos levantam e onde os saltos no vazio não provocam qualquer ferimento pode levar ao esquecimento das consequências reais de suas ações no mundo real. O pessoal do radar de um navio americano, por confundir em sua tela a imagem virtual de um *airbus* iraniano com a de um *mig*, provocou a morte de centenas de passageiros. Há inúmeros exemplos dessa ordem. "A generalização das técnicas de simulação e de representação virtual vai provavelmente ser acompanhada de uma miopia filosófica e moral que tenderá a ocultar a diferença de natureza entre o real e o virtual" (Quéau 1993, p. 74).

Virtual vem do latim *virtus*, que traduz a força, a energia (Quéau 1993, p. 26). Longe de ser uma ilusão, a cultura cibernética é um campo de força e de ação, uma outra dimensão do real, capaz, nesse sentido, de mobilizar afetos poderosos. É frequente entre os internautas o sentimento de viver física e afetivamente os intercâmbios com os outros na Internet; um universo virtual desdobra o real trivial de um homem sentado atrás de seu console, dissolvido em seu corpo e em sua identidade, mas tremendamente envolvido em seu jogo. Na cultura cibernética, o imaginário estabelecido na relação com a tela alimenta a relação com o mundo; não é um devaneio desligado da densidade das coisas, mas um outro princípio da realidade, até mais poderoso que a relação viva com o outro, pois se realiza em uma esfera que o indivíduo controla totalmente e sob a égide de um jogo que suprime as coerções da realidade. Simulando o real de acordo com a vontade, alimentando uma fantasia de onipotência em seu usuário, a cultura cibernética é uma tentação por vezes terrível diante da infinita complexidade e da ambivalência do homem. O real está fora de qualquer domínio, é inesgotável, resiste às tentativas de sujeitá-lo, de torná-lo hospitaleiro a um desígnio pessoal. Implica um debate permanente consigo mesmo e com os outros. A ambiguidade do mundo só depende de uma janela colocada sobre ele.

Deus virtual

Após uma experiência virtual em um espaço de síntese ou na Internet, é difícil "aterrissar", voltar ao peso do corpo e às preocupações da vida cotidiana. Nesse contexto, é evidentemente propício o discurso religioso. P. Quéau aponta o fascínio das gerações jovens pelos mundos virtuais da Internet ou pelas imagens de síntese que se oferecem como alternativas a um mundo difícil:

> Cada vez mais poderemos desejar nos contentarmos com esses simulacros de realidade, por menos que o mundo real pareça demasiado hostil, demasiado pouco hospitaleiro, ou por pouco que as vias de acesso a ele pareçam fora de alcance. Não há dúvida de que o virtual possa se tornar, a partir de então, um novo "ópio do povo". (Quéau 1993, p. 41)

Ele próprio, no entanto, cede ao canto das sereias algumas páginas adiante, esquecendo-se de seu alerta; extasia-se em uma linguagem religiosa com a navegação na rede:

> Viaja-se em sinfonias visuais cuja textura e cuja matéria mais ou menos ilusória se saboreiam. Esses mundos sem inércia sólida respiram, pulsam, oxigenam-se. São músicas que se tornaram espaciais, mais que espaços traduzidos em música... Esses espaços são Babilônias não-confusas, jardins suspensos até nossos lábios, nossos dedos, labirintos aninhados em todos os pontos deles mesmos, em uma imensa complexidade contudo transparente, de acesso claro, cristalino, sem cessar de ser densa, desenvolvida, revelando-se o tempo todo. (*Id.*, p. 43)

Rheingold conta-nos o encantamento que sente não em postar uma carta ou em telefonar, mas em enviar um *e-mail*: "Aqui, na Califórnia, teclo a minha senha encantatória em meu teclado, e sinto um arrepiozinho nas costas ao pensar que, em algum lugar na Suécia, uma luzinha está piscando, símbolo de minha operação no disco rígido local" (Rheingold 1993, p. 306). Rheingold parece deslumbrado ao ler atualmente Platão, que lhe envia uma mensagem ainda ativa 2.500 anos após sua morte, ou ao receber uma carta de qualquer lugar, mas o sagrado tem suas próprias razões e hoje ele encontra na rede ou na realidade virtual seu melhor ponto de enraizamento.

M. Dery (1997, p. 43 ss.) desenvolve longamente a dimensão religiosa da rede em muitos de seus contemporâneos, o sentimento de Mac Luhan, por exemplo, de que a noosfera (a conexão de todos os campos da consciência humana) de Teilhard de Chardin é realizada no espaço cibernético. Para K. Kelly, da revista *Wired*, "quando formos em número grande o suficiente para nos reunirmos desta maneira, teremos criado uma nova forma de vida. Faz parte da evolução; é a isto que se destinava o espírito humano" (*in*: Dery 1997, p. 58). A rede não é mais apenas uma tecnologia, um modo eficaz de comunicação – torna-se local de salvação, limiar do novo milênio, no qual não se espera mais a redenção de Deus, mas do computador. No romance de W. Gibson, *Mona Lisa explode*, quando de uma discussão sobre a natureza do espaço cibernético, um dos personagens se pergunta se "a matriz não é Deus". Fascinado pelo interior de seu PC, J. Campbell declara a um jornalista: "É realmente incrível. Toda uma hierarquia de anjos em pequenas lâminas de cobre" (*in*: Dery 1997, p. 83). T. Leary manifestou muitas vezes seu entusiasmo pela rede ou pela realidade virtual. Para ele,

> (...) a navegação cibernética é uma tecnologia adaptada aos mutantes que somos; ela permite que nosso cérebro saia de seu invólucro carnal, exatamente como novos acessórios, como patas ou pulmões permitiram que os peixes saíssem da água. Graças à cultura cibernética, todo indivíduo logo estará em condições de atravessar o muro de Merlin e viver a aventura do encontro interativo no espaço cibernético. (1996, p. 24)

O sentimento de libertação do corpo e de facilidade de movimento nascido da experiência virtual foi muitas vezes comparado com o de uma droga que provoca euforia. Ao viver uma experiência virtual em 1989, o guitarrista dos Grateful Dead teria dito em seguida: "Proibiram o LSD. Pergunto-me o que farão com isso". O *Wall Street Journal* de janeiro de 1990 publicou, na primeira página, um artigo sobre a realidade virtual intitulado: "LSD elétrico?". O jornalista de *Whole Earth Review* que entrevistou Jaron Lanier, um dos pioneiros da realidade virtual, disse, após sua primeira experiência: "Estou intoxicado!". Lanier lança-lhe, então, ironicamente: "Por favor, não use esse termo; veja o que aconteceu com os cogumelos (...). Tenho realmente medo de que a realidade virtual se torne também ilegal" (Lanier 1989). O mundo virtual autoriza a identificação com milhares de formas possíveis, quebra qualquer limite de fato e de sentido. Parece materializar a onipotência do pensamento. Animam-se objetos inertes; inventam-se animais ou formas humanoides;

entra-se de imediato na experiência de um outro; é possível tornar-se um som, uma coruja, um delfim. A exaltação daquele que tem semelhante experiência leva-o a acreditar em um mundo divino. Para Sherman e Judkins, "alguns de nós são tentados a esconder-se na realidade virtual; afinal, não podemos fazer de nosso mundo real o que desejamos que seja. A realidade virtual pode tornar-se um negócio bem mais confortável que nossa realidade imperfeita". Para eles, a realidade virtual é "a esperança do próximo século. Promete-nos olhadas no céu" (1992, pp. 127 e 134). Da mesma maneira que a droga, ela transforma de fato o contexto da vida comum, projeta em um universo menos complexo, sem aspereza e aliviado do fardo do corpo. Talvez um dia o espaço cibernético seja o paraíso gnóstico de um mundo sem corpo e sem limite.

O si informático

O vocabulário informático penetra as maneiras de explicar o homem e seu corpo; apagam-se as fronteiras entre a carne do homem e o poder da máquina, entre os processos mentais e técnicos. A informatização da linguagem acompanha a da sociedade. Uma maneira recente de se expressar confunde computador e homem: este "compreende" as informações que lhe dão, "assimila" os dados. Agora que o computador tem uma "memória", surge a pergunta se o cérebro humano é capaz de "estocar" tantas "informações" quanto ele. Ao mesmo tempo em que o vocabulário humaniza a máquina, por um movimento recíproco, o homem mecaniza-se: estamos bem "formatados" para um emprego ou para uma tarefa. Estamos "conectados", pois integramos uma informação, um equívoco em um raciocínio, ou um gesto ou uma palavra desastrada de alguém é percebido como um *bug* ou "um erro de programação". "Você tem de pôr mais *megas* em seu disco rígido", diz uma jovem a seu amigo que perdeu o fôlego após um pouco de esforço físico (Coupland 1996, p. 297). Um problema afetivo é percebido como um problema de "interface". Quando se trata de um contato difícil com uma mulher, "basta esperar que saia uma nova versão, de convívio mais fácil" (*id.*, p. 262). Falar com um amigo às vezes surpreende: "Não é que eu esteja me entediando, cara, mas minha 'janela de proteínas' vai fechar" – e ele corre para a cozinha a fim de preparar algo para comer (*id.*, p. 302). Os biólogos falam normalmente de "programação" genética ou de "programa" encerrado no DNA. Da mesma maneira, um "vírus" destrói as informações, "infecta" os dados. "Essas metáforas derivadas da virologia e que se devem em parte à onipresença do discurso sobre a Aids nascem um pouco por toda a parte" (Sontag 1989, p. 91). A vigilância nos intercâmbios de disquetes ou de dados a fim de limitar os contatos e portanto os riscos de vírus chama-se *safe hex* (Channell 1991, p. 135). A metáfora do vírus sobretudo atesta a atenção da qual o computador é objeto, a personalização que o metamorfoseia aos olhos de seus usuários a ponto de se usar o vocabulário médico para denominar suas disfunções. Da mesma forma, as armas contra os vírus têm muitas vezes nomes derivados da medicina ou da farmácia. A informática participa hoje do desenvolvimento da personalidade de um número cada vez maior de usuários. As fronteiras de identidade entre a pessoa e a ferramenta às vezes desaparecem; novas formas de intimidade surgem com uma máquina percebida como viva e que até demonstra sentimentos – inteligente o bastante para promover uma interação produtiva e que dá acesso a todo um universo de conhecimento e de comunicação. O computador transforma-se em parceiro na vida, em companheiro, em abertura para o mundo. O internauta que o percebe como uma máquina pensante e viva chega às vezes a suspeitar que ele próprio está encerrado em um corpo, cujas possibilidades são terrivelmente limitadas; sonha em fundir-se com a máquina, dissolver-se nela a fim de não estar mais sujeito à necessidade trivial de comer, de beber, de dormir, de se preocupar com um corpo que o lembra o tempo todo de seus limites. Sua hibridação com a máquina, se um dia fosse possível, resolveria seu problema.

Criaturas artificiais

Em 1920, uma narrativa famosa, *RUR*, de K. Capek (1997), imagina pela primeira vez a reivindicação da dignidade dos robôs (Capek inventa o termo, que vem do checo *robota*: trabalho forçado). Um biólogo chamado Rossen descobre um material orgânico que é passível de construção, que reproduz fielmente as aparências da vida. Em vão tenta fabricar um homem. Seu sobrinho, um engenheiro, considera que até criaturas imperfeitas poderiam ser produzidas em massa a fim de trabalhar ou guerrear no lugar dos homens. Sua aparência humana e sua competência intelectual adaptam-se facilmente à sua ausência de afetividade e à sua indiferença total com relação ao mundo. Sua única função é fazer da melhor maneira possível as atividades às quais os homens os destinam. No início da peça, uma jovem conhece os responsáveis pela fábrica e se insurge, em nome da dignidade dos robôs, contra seu destino, sua exploração; em vão tenta sublevar os robôs servidores – estes a ouvem, mas dizem nada compreender de suas palavras e estar muito bem como estão. Os direitos cívicos ou a dignidade não têm sentido para eles. Passam-se os anos, e a um dos engenheiros da fábrica ocorre a ideia de melhorar o modo de fabricação dos robôs para aprimorar sua conservação; ele faz com que sintam a dor e as emoções humanas. A partir daquele momento, os robôs revoltam-se, tomam o poder e destroem os homens. O último sobrevivente, um médico em busca do segredo de fabricação dos robôs, cuja fórmula foi queimada, começa a dissecar um robô, a fim de analisar seus componentes. Mas desiste, dilacerado, com a impressão de estar cometendo um assassinato.

Apagam-se os limites entre o vivo e os artefatos da técnica que muitos percebem como realmente vivos e autônomos. Da mesma forma que a existência é tragada pelo artificial, o artificial insinua-se no terreno da existência. Uma mitologia se constrói lentamente sobre o fundo de uma confusão de sentidos. Quando se considera o homem uma máquina e o computador um cérebro, os limites tornam-se tênues, e não é mais ilegítimo considerar que o computador está vivo e põe no mundo criaturas totalmente dignas da condição de vivos. Os vírus são programas piratas elaborados para prejudicar outros usuários, com o intuito de apagar programas ou arquivos, ou perturbar o acesso à informação. Inserido dentro do computador, do disquete ou das redes, é ativado por um código particular, um comando, uma palavra-chave etc. Para muitos pesquisadores, os vírus da informática são vivos – formas de vida artificial criada pelo homem, mas equivalentes a uma forma biológica e que levam uma vida própria dentro do espaço virtual.

Um dos promotores das criaturas artificiais é T. Ray, um biólogo que constrói animais numéricos que se autorreproduzem, mas que integram em seu programa erros, mutações, que pretensamente reproduzem a evolução em sua escala. Essa ideia ocorreu-lhe depois de um estudante contar-lhe que peões de um mesmo grupo do jogo de *go* "morriam se não conseguiam permanecer em contato com o espaço livre". Ray concebe então a ecosfera das criaturas e simula sua autorreprodução. Publicou uma comunicação na Internet sobre essa experiência intitulada: "Brinquei de Deus e criei vida em um computador".[4] Descreve o espaço conflituoso de coexistência dos vermes artificiais em torno da informação, a tomada de poder de uns sobre os outros, as técnicas de proteção etc. Lentamente, diz Ray, "a evolução eliminou os contornos do mundo original". A própria sexualidade apareceu de uma forma rudimentar que Ray se esforçou por melhorar, pois desejava dar um "sistema nervoso" às suas criaturas. Sua intenção é soltá-las um dia na rede a fim de que elas prossigam sua existência de maneira autônoma. Objetam-lhe o perigo já contido nos vírus, mas o biólogo virtual considera seus vermes inofensivos: só se comunicam entre si. Não há mais dúvida aqui de que organismo biológico e realidade numérica são percebidos como sendo da mesma ordem, alimentando, no criador do projeto, o sentimento de ter-se tornado um Deus, senhor da vida e da morte (*Libération*, 14/4/1995). S. Levy, um dos artesãos mais engajados nesse campo, explica que a trama da vida artificial é uma matéria não orgânica, cuja essência é a informação. "Assim como os médicos reproduziram *in vitro* os mecanismos da vida, os biólogos e os especialistas em informática da vida artificial esperam criar vida *in silico*" (Levy 1992, p. 5).

O clone ou os animais virtuais, como os vírus, às vezes fogem à compreensão e ao controle de seus criadores, "reatualizando o antigo mito do Golem de Praga", escreve P. Quéau, atribuindo-lhes, dessa forma, uma vida real saída das mãos dos homens. Uma parte do espaço cibernético está se tornando um universo sem qualquer controle, que

---

4. Milhares de contadores de história, contistas, escritores, artistas etc. criaram universos e nenhum se considerou um deus. Ao contrário, é impressionante ver como essa autoproclamação se banaliza hoje na biologia, na medicina ou na cultura cibernética.

favorece "ao contrário a proliferação de clones, vírus, seres simbólicos, que ocupam a rede, formando assim uma selva virtual onde todos os golpes são virtualmente possíveis" (1993, p. 71). As entidades levam sua vida própria em seu ambiente específico, vagam pelo espaço cibernético e contribuem para o efeito de surpresa. Propiciam arrepios a seus criadores que então se sentem autorizados a se perceberem como iguais aos deuses.

Do outro lado do Atlântico, ocorre um debate em torno da condição das máquinas artificiais. Estas são instrumentos à disposição das atividades sociais ou possuem um valor moral intrínseco, uma dignidade que conviria proteger como se protegem os animais que sua fragilidade expõe aos maus-tratos? Esse é o dilema, bem na lógica do extremo contemporâneo. H. Putnam considera que a questão dos "direitos cívicos" dos robôs é um caso de decisão política e não de descoberta científica.

> Acho preferível estender nossa noção de consciência a fim de considerar os robôs conscientes, pois a discriminação baseada no programa ou no material das partes de um organismo de "síntese" parece tão estúpida quanto um tratamento discriminatório fundamentado na cor da pele. (Putnam 1964, p. 691)

As máquinas correm o risco, portanto, de ver sua dignidade achincalhada e de serem desprezadas da mesma maneira que certos homens sofrem com o racismo. Os direitos do homem devem, portanto, estender-se a fim de integrar a partir de agora as máquinas em sua área de influência. Em 1972, W. Lycan pleiteia, por sua vez, em favor dos direitos civis dos robôs. Acha útil tratar os últimos como pessoas. Pulando algumas etapas, toma o exemplo de um robô chamado Harry, que conseguia "conversar com inteligência sobre todos os tipos de assunto, jogar golfe, escrever uma poesia aceitável, controlar o nervosismo, amar com paixão, provar teoremas matemáticos, assistir com entusiasmo a reuniões políticas". Harry sente de fato dor e prazer; é certo que é uma criatura de síntese, mas, escreve Lycan, "se contestamos a discriminação racial ou étnica na sociedade atual, deveríamos rejeitar a discriminação contra Harry devido a seu local de nascimento" (*in*: Reichhardt 1978, p.

162). Os jogos de linguagem que visam qualificar as máquinas de inteligentes e com sentimentos levam à conclusão lógica de conferir-lhes direitos e deveres e de protegê-las do arbitrário dos comportamentos humanos. D.F. Channell também percebe um sério problema ético que nasceu do desenvolvimento da engenharia genética e da inteligência artificial. A "máquina viva" exige, a seu ver, uma nova trama moral. Ele acha que uma

> (...) ética biônica deve levar em conta ao mesmo tempo os aspectos mecânicos e orgânicos da ecologia cibernética a fim de manter uma integridade, uma diversidade e uma funcionalidade do sistema (...). A tecnologia e a vida orgânica devem ser protegidas com inteligência (...). Só poderemos construir uma nova Jerusalém encontrando uma harmonia entre a vida orgânica e a tecnologia. (Channell 1991, pp. 151-154)

Em 1993, C. Langton declara sua convicção a L. Sfez de que

> (...) em dez anos construiremos máquinas auto-organizadas. Teremos o direito de matá-las segundo a nossa vontade? Que tipo de legitimidade alegaríamos nesse caso? E se elas cometerem crimes ou infrações, que punição infligir? A morte, a mutilação, a prisão? (...) É um problema para daqui a dez anos. Temos de nos preparar. (Sfez 1995, p. 258)

Os problemas sociais ou políticos, os inúmeros conflitos étnicos do final do século desaparecem diante da necessidade moral de proteger as máquinas. S. Lem leva ironicamente a seu termo lógico semelhante preocupação de justiça com as máquinas inteligentes. Imagina um futuro próximo em que não será inconcebível impedir um homem de violar uma máquina de costura. P.K. Dick exagera pensando que

> (...) a máquina de costura poderia fazer com que o detivessem e prestar queixa contra ele e talvez até de maneira levemente histérica. Isto sugere todos os tipos de refinamentos secundários: falso testemunho de máquinas de costura subornadas, que acusam injustamente homens inocentes; testes de paternidade e, é claro, aborto das máquinas de costura grávidas contra a sua vontade. (Dick 1998, p. 25)

Ainda não houve manifestações de robôs e de computadores, mas muitos defensores já se precipitam para socorrê-los prevendo crueldades inelutáveis que os homens lhes infligirão. Em um mundo em que a insignificância do homem não para de aumentar, a dignidade e a importância das máquinas adquirem uma dimensão cada vez maior.

Ficção científica

Desde Dick, Ballard e muitos outros, a ficção científica não é mais um universo de devaneio crítico sobre o mundo, mas uma experimentação do contemporâneo, uma projeção imaginária das questões que assombram nossas sociedades. O próprio mundo tornou-se um universo de ficção científica (Bukatman 1993), nem que seja apenas por meio dessa colagem alucinante entre as práticas e os imaginários em questão aqui e a realidade simultânea das sociedades diante da exclusão, do desemprego, da etnicidade, do desvio entre técnica e economia, destinadas a uma miséria endêmica e a um subdesenvolvimento tecnológico. Jameson considera, assim, a ficção *punk* cibernética como uma expressão literária adequada aos dilemas de existência de nossas sociedades ocidentais (1991). A ficção científica toma o lugar da sociologia ou da antropologia para expressar, em uma forma narrativa, as tensões do contemporâneo e levantar os dilemas de uma forma existencial que às vezes falta ao modo de formulação das ciências sociais.

O mundo descrito principalmente na ficção *punk* cibernética, à imagem das narrativas de Gibson ou de Sterling, é um universo tecnológico desumanizado em uma paisagem de desolação, onde as grandes companhias travam um combate sem misericórdia pela posse da informação, enquanto as ruas são assombradas por uma população no limite da sobrevivência e fora da rede. As castas sociais remetem à sua proximidade ou à sua distância das fontes de informação. Faz a lei uma aristocracia da informática. A ficção *punk* cibernética opõe com radicalidade um mundo da redenção pela técnica a um mundo de danação (Bukatman 1993, p. 138). Estamos em um mundo pós-humano, pós-biológico (um acúmulo de "pós"), mas em um mundo cruelmente darwiniano, no qual a busca de informações definitivamente suplantou a preocupação de maximizar os genes. Qualquer distinção entre máquina e vivo foi abolida. O *punk* cibernético identifica a *infosfera* contemporânea que as redes permitem percorrer como radicalmente alheia a um corpo que não passa mais de "carne", obstáculo radical à imaterialização exigida para uma navegação completa. A forma humana é inadequada se não for suprimida ou remodelada mesclando-se com a informática. O próprio mundo compete de maneira desleal com os autores de ficção científica exagerando suas hipóteses ou realizando um meio social e técnico que às vezes parece diretamente saído de seu imaginário: humanização da máquina, reificação do homem, disseminação dos componentes corporais humanos ou assimilados, desvio da tecnologia por empresas sem escrúpulos, digitalização do espírito humano etc. Não apenas a ficção científica não se opõe mais ao real, mas parece às vezes estar colocando em evidência fundamentos sociais da existência contemporânea. A apropriação dos imaginários que organizam as orientações coletivas futuras encontra na ficção científica um caminho mais fácil de desenvolvimento e de projeção em uma trama social. Ela experimenta os cenários do futuro próximo e já esclarece os processos em jogo no presente.

6
A SEXUALIDADE CIBERNÉTICA OU O EROTISMO SEM CORPO

Como nossos deuses e nossas esperanças não são mais do que científicos, por que nossos amores não se tornariam também científicos – em lugar de Eva da lenda esquecida, da lenda desprezada pela ciência, ofereço-vos uma Eva científica –, os únicos dignos, ao que parece, dessas vísceras murchas que – por um resto de sentimentalismo do qual sois os primeiros a sorrir – ainda chamais "vossos corações".

Villiers de L'Isle Adam, *L'Eve future* [*A Eva futura*], 1992

Um erotismo fora do corpo

O erotismo é uma relação de satisfação recíproca com o corpo do outro. Implica uma confiança mútua suficiente para evitar perder-se no outro e para com ele viver um momento intenso de intimidade. A brincadeira de viver do erotismo é um confronto simbólico com a morte que se estende além da "morte de mentira", que muitas vezes denomina o prazer. Principalmente Bataille mostrou o quanto a sexualidade implica a comoção da morte e um corpo a corpo radical com a alteridade. O desnudamento é um equivalente simbólico da imolação, da descoberta, por trás do verniz das roupas, da infinita fragilidade do outro. A nudez já implica aceitar estar moralmente indefeso (nu) diante dos olhos do outro. Ela tira a máscara. "O erotismo", diz Bataille, "é na consciência do homem aquilo que põe nele o ser em questão" (1965, p. 34). Ruptura ontológica no desenvolvimento tranquilo da vida cotidiana, que projeta fora de si, a sexualidade ou o erotismo implica a provação do corpo do outro.[1]

O extremo contemporâneo introduz uma ruptura formidável no universo da sexualidade. A partir de agora, com os meios telemáticos, a presença carnal do outro não é mais necessária. A sexualidade cibernética realiza um desaparecimento sem equívoco da carne. Na medida em que é de maneira privilegiada um hino ao corpo, o erotismo não poderia escapar às tentativas de extraí-lo de um corpo arrebatado no imaginário do desabono do qual mostramos as muitas representações. Nas telas, o sexo transforma-se em texto, aguardando as combinações sensoriais que permitem estimular, a distância, o corpo do outro, sem tocá-lo. A reparação da indignidade corporal encontra o androide cibernético suscetível de interagir logo sexualmente e de responder ativamente a todas as fantasias de seu proprietário. É verdade que o tema é antigo. Em *As metamorfoses*, Ovídio conta os amores de Pigmalião, que prefere a companhia de uma mulher de marfim à da mulher real para evitar qualquer dissabor. Modela com suas próprias mãos seu ideal do outro feminino, maneira de amar a si mesmo ocultando a prova de alteridade que é necessariamente o enigma do corpo do outro, começando pela de seu rosto (Le Breton 1992). Esse sonho de contornar o corpo com a máquina, de poupar-se o medo do desnudamento é encontrado em muitas narrativas da literatura ocidental, principalmente pela pena de Hoffmann e de Villiers de L'Isle Adam. Essas duas narrativas, com valor de mito, revelam o ódio feroz do corpo, a indignidade da mulher de carne, o júbilo do domínio sobre um outro, tanto mais submisso quanto não tem alma, interioridade, história.

---

1. Sobre a pornografia e principalmente sobre os usos dos corpos fotografados (revistas etc.) ou filmados (vídeos pornográficos etc.), ou seja, sobre uma sexualidade ela própria reduzida a um certo tipo de olhar, remetemos a Patrick Baudry (1997).

O amor do androide

Em *O homem de areia*, de Hoffmann, na origem de seu fascínio por Olímpia, que não vê como uma criatura artificial, Natanael manifesta seu ódio da mulher real. Ao rejeitar sua amiga Clara, trata-a como "autômato sem vida", porque ela não está à sua disposição o bastante. É subjugado, em compensação, por Olímpia, a filha de Spallanzani, seu professor, que sempre vê sentada à janela, imóvel, os braços pousados sobre a mesa. Numa noite de festa, ele dança com a moça e surpreende-se com seus movimentos às vezes desarmoniosos e com as poucas palavras que ela pronuncia: "Oh, oh, oh!". Mas é arrebatado por seu encanto. Contudo, quando trocam um beijo, os lábios ardentes de Natanael encontram os lábios gelados de Olímpia. Se Natanael foi seduzido pela estranheza de uma mulher muda e dócil, que parece transparente a seus desejos, seus amigos não se iludem e se fazem perguntas sobre aquela estranheza inquietante. Ela pareceu-lhes "rija e inanimada", seu olhar, sem vida, seus passos medidos como que determinados por um mecanismo. "Canta e toca um instrumento com a precisão adequada, a exatidão monótona e sem alma de uma máquina de canto; dança da mesma maneira. Enfim, Olímpia provocou-nos uma impressão penosa e nenhum de nós gostaria de ter de lidar com ela" (Hoffmann 1994, p. 43). É precisamente a distância de Olímpia que fascina Natanael, desconfiado da insensibilidade ou do ciúme de seus amigos. O silêncio da jovem é, a seus olhos, a própria perfeição da linguagem; sua imobilidade, o cúmulo da graça; em sua presença ele sente um arrebatamento que todos os gestos de sua companheira lhe confirmam.

Mas uma briga entre Spallanzani e Coppola quebra Olímpia que os dois homens disputavam, puxando-a. A figura de cera se espalha no chão em uma miríade de fragmentos. Ao imprevisível da mulher e de seu corpo, à sua irredutível alteridade, Natanael preferiu a sedução do artifício ao amar uma mulher sem carne, de antemão submissa à sua vontade e de uma transparência de cristal. Mais tarde, ao tomarem conhecimento da ilusão de Natanael, que naufraga aos poucos na loucura e na morte, impotente em restaurar seu amor por Clara, seus antigos amigos, lúcidos, procuram nas mulheres que amam a falha, as indelicadezas que servem de ganchos do desejo, e a certeza de não se apegarem a uma estátua:

> Mais de um amante exigiu de sua amada que ela cantasse e dançasse um pouco fora de ritmo, que quisesse tricotar e bordar ou até brincar com o cãozinho ouvindo a leitura e assim por diante; mas sobretudo que ela não se contentasse em escutar e que também falasse às vezes de maneira que fosse entrevisto sob suas palavras o que ela pensava e sentia. (*Id.*, p. 49)

Os amigos de Natanael compreenderam que o desejo é o contrário do domínio – nele, o imprevisível tem primazia sobre o inelutável. A tentação do artifício é um canto de morte, não tem futuro, pois não é da ordem do corpo, e busca justamente fora da condição humana uma perfeição que o corpo recusa para o encantamento do desejo que não pode se poupar a prova do real e o encontro da alteridade do rosto.

A Eva futura, de Villiers de L'Isle Adam (1992),[2] coloca em cena o inventor Edison e um jovem, lorde Ewald, que quer suicidar-se por amor. A mulher de seus sonhos, Alicia, não foge dele, mas o rapaz acha-a terrivelmente tola, de uma "misteriosa miséria moral". "Seu corpo", diz ele, "oferece um conjunto de linhas de surpreender os maiores escultores". Lorde Ewald sente um hiato irremediável entre essa sedução maravilhosa da jovem e sua maneira, segundo ele, interesseira, medíocre, de comportar-se na vida. "Entre o corpo e a alma de Miss Alicia, não era uma desproporção que desconcertava ou inquietava meu entendimento: era um disparate... Seu ser íntimo acusava-se como uma contradição com sua forma..." (p. 44). Ela parecia "presa por uma espécie de castigo oculto no desmentido perpétuo de seu corpo ideal" (p. 44). Lorde Ewald, que, evidentemente, jamais questiona a si mesmo, considera Alicia uma porcaria. A jovem é, a seus olhos, a colagem dissonante de um corpo divino e de um espírito mesquinho, um "templo profanado". A impossibilidade de reconciliar um com o outro macula seu desejo, e ele quer morrer. Edison promete ajudar lorde Ewald, dizendo-se capaz "de

---

2. Lucien Sfez considera a narrativa de Villiers como um arquétipo do mito da Grande Saúde (Sfez 1995, p. 11 ss.). Também é uma narrativa espantosa sobre o ódio do corpo da mulher.

tirar a alma do corpo" de Alicia e transformá-la em uma mulher ideal. Então lhe apresenta Hadaly, uma criatura artificial cujo mecanismo ele manipulou meticulosamente a fim de que ela apresentasse todas as aparências da graça e da inteligência: "Metal que caminha, fala, responde, obedece, não reveste ninguém no sentido comum da palavra (...). Hadaly não passa ainda, exteriormente, de uma entidade magneto-elétrica" (p. 85). Edison explica a seu amigo confuso que "os instrumentos de decalque, de identidade, tornaram-se de uma precisão perfeita" (p. 89). De modo que as "presenças mistas" (p. 89) são doravante possíveis. Seu objetivo é dar a Hadaly a forma exata do corpo de Alicia e insuflar-lhe uma alma revista e corrigida, de acordo com as expectativas de lorde Ewald. Hadaly, de fato, já é a réplica de outra mulher, Evelyn, amante de um velho amigo para cuja perda contribuiu. Edison criou-a para conjurar sua insignificância na perfeição de sua criatura. Mostra a lorde Ewald uma projeção cinematográfica da jovem na época em que vivia com seu amigo, maravilhosa de sedução, e demora-se descrevendo os encantos com detalhes – mas é para denunciar melhor o escândalo do corpo e incitar lorde Ewald a maior perspicácia. Por meio de outra projeção, Edison desnuda os segredos da jovem, "um serzinho exangue, vagamente feminino, de membros mirrados, faces encovadas, boca sem dentes e quase sem lábios, crânio quase calvo, olhos opacos e pequenos, pálpebras flácidas, rosto enrugado, toda magra e escura" (p. 174). Sutilmente, o texto de Villiers é um processo inequívoco contra o corpo (fundamentalmente contra o corpo da mulher). Evelyn trapaceava quanto à sua aparência por uma sucessão de maquiagens, próteses, perucas, corpetes, mentiras etc. Sem artifício, o corpo da mulher não passa de um espólio obsceno e irrisório.

Para Edison, muitos homens são assim vítimas dessas mulheres desajeitadamente carnais que a ciência ainda não teve a oportunidade de retificar. Se lorde Ewald hesita em aceitar a maravilhosa proposta de Edison, deve lembrar-se da imperfeição do original que o obriga a um outro artifício (porém "científico") para "resgatar o amor" (p. 184). Finalmente, é a mulher de carne que não passa de uma cópia incorreta da Andreide (esse é o termo que Villiers emprega para designar Hadaly).

Recomeçando com os gestos do anatomista perdido de paixão pelos arcanos que descobre, mas se debruçando sobre as peças de metal, Edison prossegue sua demonstração. Abre o peito de Hadaly para descrever a seu interlocutor enfeitiçado os materiais de que é feita. A cada argumento de Edison, que insiste na perfeição dos órgãos artificiais de Hadaly, equivale um desabono paralelo do corpo, necessariamente falho e frágil: peças de ouro ou de aço, fios perfeitos sutilmente enredados em mecanismos minuciosos, os pulmões são fonógrafos de ouro, cilindros contêm a memória das palavras ou dos gestos que alimentam a existência, cerca de 20 horas de gravações de réplicas para conversas etc. Edison rejubila-se de não ter mais o receio de ser arrastado para uma discussão inútil, assim é garantido o domínio da palavra: "Acabaram-se esses estorvos estéreis. A palavra esperada, e cuja beleza dependerá de vossa própria sugestão" (p. 194).

As peças artificiais de Hadaly são consertos, aperfeiçoamentos, sutilezas acrescentadas no corpo humano enfermo por condição, cópia pálida das máquinas que a ciência tem condição de construir. A carne é deixada de lado com desprezo, e o corpo atinge finalmente uma acuidade de metal. A pele fina é revogada pela qualidade da prótese. A mão do homem é menos evoluída do que a construída por Edison: "A carne fenece e envelhece: isto é uma combinação de substâncias extraordinárias, elaboradas pela química, de modo a confundir a suficiência da 'natureza'" (p. 87). Até o cheiro é reconstituído por Edison, que busca a maior fidelidade possível para o corpo que corrige. Afinal, é claro, se a Andreide tem o mesmo cheiro que Alicia, nele há uma suavidade particular que faltava ao modelo. Como não é mais carnal, exala eflúvios maravilhosos. Edison propõe-se a "arrebatar a presença" de Alicia, efetuar uma duplicação da jovem que tornará Alicia supérflua e irrisória graças à superioridade da cópia. Algumas semanas mais tarde, lorde Ewald vive um terrível teste de realidade. Imagina viver um momento perdido de amor com uma Alicia por fim digna de sua afeição: "Ó, bem-amada! Reconheço-te! Existes! És de carne e osso como eu! Sinto teu coração bater! Teus olhos choraram! Teus lábios comoveram-se apertados aos meus! És uma mulher que o amor pode tornar ideal, como tua beleza" (p. 284). E, transtornado, lorde Ewald prepara-se para revelar a Edison sua ingenuidade de ter-se prestado à sua brincadeira e de ter acreditado, por momentos, em sua criatura. Mas a jovem revela-lhe que é Hadaly. O amor louco escolheu os caminhos do artifício – a mulher de carne perdeu definitivamente a partida. O corpo humano não tem graça, é irrisório em sua forma e está destinado à podridão, e seu descrédito é o corpo da mulher (o corpo do homem não é questionado em momento algum na narrativa; nela, só a mulher é corpo):

> O típico da Andreide é anular em algumas horas, no mais apaixonado dos corações, o que ele pode conter, pelo modelo, de desejos baixos e degradantes, isso apenas pelo fato de saturá-los de uma solenidade desconhecida, da qual ninguém pode imaginar o efeito irresistível antes de tê-lo experimentado. (p. 183)

Hadaly e lorde Ewald embarcam para a Inglaterra, mas sua embarcação é pega numa tempestade e naufraga. Lorde Ewald morre tentando salvar Hadaly das águas.

Nos imaginários do androide, a sedução é um efeito de domínio sobre o outro, de conjuração de sua diferença pelo controle, e de aperfeiçoamento de seu corpo, que escapa por fim da precariedade da condição humana. "A Andreide não conhece nem a vida, nem a doença, nem a morte. Está acima de todas as imperfeições e de todas as servidões" (p. 228). Não poderia nascer da eventualidade, da carne como em si mesma. O processo do corpo é uma continuidade da obra de Villiers. Aliás, ele existe? Edison explica cientificamente a lorde Ewald que

> (...) não transcorre nem um dia sem que sejam modificadas algumas linhas do corpo humano, e a ciência fisiológica nos demonstra que todos os seus átomos são renovados mais ou menos a cada sete anos. O corpo existe a esse ponto! Jamais nos parecemos conosco? (...) Parecer-nos conosco! Que preconceito dos tempos lacustres ou trogloditas! (p. 95)

É por isso que a cópia prevalece tanto sobre o modelo: assim, Hadaly será efetivamente "mil vezes mais idêntica" a Alicia, porque ela escapa à temporalidade que destrói a última. Quanto à ilusão, Edison a refuta, considerando que qualquer relação com o mundo não passa de um logro e que o amor é apenas um exemplo dele entre outros. Logo, anuncia, "a manufatura de ideais" produzirá "milhares de substratos como este" (p. 216).

A sexualidade cibernética ou o corpo em disquete

Diz Baudelaire que a sedução é sempre um artifício, um jogo de sinais e não a colocação em evidência de uma natureza. "Não há anatomia, não há psicologia, todos os sinais são reversíveis" (Baudrillard 1979, p. 20). A sedução é aqui radical na medida em que elimina completamente a carne para se entregar como uma trama de aparência, um repertório de sinais que apanham, em sua rede, homens prontos a acreditar que a carne nada é e que faz parte da necessidade do outro no desejo de não transgredir essa simples condição de sinal. A obra de Bioy-Casarès intitulada *A invenção de Morel* (1973) prefigura os imaginários telemáticos do amor sem corpo. Em uma ilha deserta e inóspita, um fugitivo se esconde de um grupo de homens e mulheres lá instalados. Em várias ocasiões, ele vê uma jovem, Faustina, por quem se apaixona perdidamente. Mas ela parece jamais vê-lo, mesmo quando ele lhe declara sua paixão, surgindo diante dela em uma trilha. Da mesma maneira, ele permanece transparente aos olhares dos outros ilhéus quando é surpreendido por eles – ninguém jamais parece vê-lo. O fugitivo logo compreende que aqueles homens não existem naquela dimensão do mundo, apesar de seus movimentos, de suas palavras, de sua materialidade. São simulacros que dispensam vigorosamente uma ilusão de vida. Morel, o proprietário da ilha, é o inventor de uma máquina que registra e em seguida projeta no espaço momentos de existência com todas as aparências da realidade. Sem seu amor ser retribuído, amava Faustina e, para garantir a eternidade de sua presença ao seu lado, filmou, às escondidas, seus amigos e Faustina, impondo-lhes a imortalidade indesejável de uma semana que recomeçava eternamente. Mas aos poucos a máquina destrói o que registra. Assim, os protagonistas desse tempo infinito morrem pouco após ser filmados. Despeitado, mas ainda apaixonado, o fugitivo mistura-se então com as imagens, dorme ao lado de Faustina, segue-a em seus deslocamentos etc. Querendo ir ainda mais longe, consegue penetrar nos mecanismos da máquina e filmar a si mesmo para entrar, por sua vez, no mundo das imagens materiais e vincular para sempre sua vida à de Faustina. O preço é a morte, ele sabe, mas esta não conta, porque ela é "a condição necessária e a garantia da contemplação eterna de Faustina" (p. 119). O sacrifício do corpo é pouco para esse homem, que estima que o erro na busca da imortalidade "é manter vivo o corpo inteiro. Bastaria tentar conservar apenas o que interessa à consciência" (p. 18). O corpo, local da morte, da precariedade, obstáculo ao desejo, é encontrado nesse conto que parece metaforizar o virtual antecipadamente. Não existe desejo que valha, nem há amor que dure sem que nos libertemos do corpo.

O extremo contemporâneo propõe a eliminação do corpo, sua conversão em dados. O sexo cibernético oferece as condições ideais para essa fantasia de erradicar da condição humana um corpo imperfeito e destinado à temporalidade e à morte. Os CD-ROMs interativos e os *sites www* de conotação erótica ou pornográfica são apresentados em grande número, dando livre curso a uma fantasia de onipotência sobre personagens cativos. Todas as situações foram analisadas para não decepcionar a singularidade sexual do internauta, suas curiosidades, sua preocupação de experimentação (Springer 1996, p. 53 ss.). Na Internet circulam inúmeras fotos pornográficas ou pedofílicas, carregadas por agências que cobram uma taxa de acesso ou por particulares que as mandam para a rede ou fazem intercâmbios com outros usuários. Inúmeros *sites* propõem trocas sobre temas sexuais, locais de paquera virtual, encontros *gays* ou entre lésbicas etc., por meio de diálogos, representação de papéis, possibilidade de criar para si um avatar homem, mulher ou animal com os atributos à escolha do cliente, para encontros em uma sala especializada reconstituída em 3D etc. As câmeras ao vivo permitem os *peep shows* ou, mais sutilmente, acompanhar ao longo das horas cada detalhe da vida de homens ou de mulheres, suscitando a expectativa de uma fantasia erótica ou de uma postura interessante. Hoje praticamente a metade das visitas à rede acaba em um *site* pornográfico.

O texto substitui o sexo e faz a economia do corpo; a excitação verbal é transmitida ao corpo inteiro como terminal de prazer. A sexualidade transforma-se em textualidade. Intercâmbio de bons procedimentos, no final dos quais se encontra o prazer. Alguns daqueles que vivem uma experiência sexual telemática exprimem seu entusiasmo, "insistem na veracidade do adágio, segundo o qual o essencial do sexo é mental" (Turkle 1997, p. 21). Há uma enorme quantidade de *chats* onde é fácil para o internauta paquerar um(a) parceiro(a) virtual em seu "quarto" e levá-lo(a) para outro lugar para escapar do controle dos "guias". Chegando ao "dormitório" virtual, cada parceiro descreve seus atos e sensações textualmente e metaforiza por exclamações o prazer sentido. "O *sex-texto*", diz M. Dery, "é o amor furtivo feito por parceiros invisíveis e que nada vêem, cuja identidade é mascarada por uma mídia" (Dery 1997, p. 213). Às vezes ocorrem estupros virtuais, quando um internauta encontra o meio de controlar seu interlocutor, obrigando-o a uma relação sexual (ou melhor, textual).

Alguns casais estremecem pela Internet, longe da troca de casais ou das ligações paralelas; vivem, com todo o conhecimento de causa, adultérios virtuais, entregando-se, cada qual pelo seu lado, a experiências de sexo textual com interlocutores desconhecidos com quem compartilham devaneios eróticos. O amor no espaço cibernético autoriza todas as fantasias porque os parceiros não se conhecem pessoalmente, ignoram a idade, a aparência, o sexo um do outro. Na Internet, ninguém sabe se você é um cão. Muitas vezes, aliás, as pretensas operadoras do minitel* rosa eram homens, especialistas em comunicação, dotados de inúmeros pseudônimos a fim de corresponder a fantasias sexuais diversificadas. Tratava-se, de fato, de conservar os aficionados na linha pelo maior período de tempo possível.

Na rede, um grande número de internautas muda de sexo, atribui a si mesmo uma identidade sonhada e dá gargalhadas com a ideia de fazer uma brincadeira de mau gosto com o outro, logro, indiferença ao

---

* Pequeno terminal de consulta de bancos de dados comercializado pela empresa de correios, telégrafos e telefones na França. (N.T.)

logro, ou pimenta a mais no prazer. Os homens dizem que são mulheres para viver uma experiência de sexo pela Internet com homens; as mulheres se atribuem uma identidade de homem para conhecer outras mulheres nos *chats* ou nos *IRC*. A motivação é a experimentação de papéis que a vida real proíbe pela injunção de identidade que preside as interações. Helèna Velena optou por pensar que "se os homens fingem ser mulheres no ambiente de sexo cibernético é porque gostam de ser mulheres" (Velena 1995, p. 108). "Saber se o outro é realmente um homem ou uma mulher tornou-se uma forma de arte", disse S. Turkle (1997, p. 211), com mais distanciamento. À imagem de S. Turkle evocando sua própria conduta, o internauta às vezes assume traços de personalidades múltiplas e abandona-se a "rotinas diferentes, amigos diferentes, nomes diferentes" (p. 15), tornando a tela um campo de jogo. Alguns *MUDs* autorizam uma opção de sexo entre homem, mulher e neutro. Outros ampliam ainda mais o campo dos gêneros: homem, mulher, bissexual, neutro, hermafrodita etc. A travessia do espelho que a ausência do rosto na interação autoriza libera as fantasias sexuais e os jogos de identidade. A descoberta do sexo verdadeiro do interlocutor ou a dúvida sobre ele às vezes gera conflitos violentos e pedidos de prova, eventualmente via telefone. Então se pede ao corpo, ao pedacinho de corpo que a voz é, que ateste sua identidade sexual. Em compensação, a idade ou a aparência parece ser menos contestada, embora nesse nível igualmente a desenvoltura com a ilusão pareça singularmente propícia.

Logo, por meio das combinações de estímulos sensoriais (*data suits*), dotados de captores que podem enviar descargas elétricas moduladas de maneira diferente ao conjunto do corpo (principalmente as zonas exógenas), e de *luvas de retorno tátil* (*data gloves*), o internauta sentirá fisicamente os estímulos prodigalizados pelo parceiro a partir da tela. O contato virtual, dados contra dados, substituindo o contato corpo a corpo. Já se anunciam múltiplos procedimentos de conexão. Os parceiros delegam sua pessoa na figura de um avatar cuja forma escolhem de acordo com as propriedades físicas desejadas. As carícias são prodigalizadas com os movimentos do *mouse*. Este autoriza os *zooms* ou modifica a posição do corpo do avatar do outro. Um estoque de imagens escaneadas de torsos e bacias femininos e masculinos simula uma construção telemática do corpo do parceiro. A pele é uma tela. Até uma conexão vocal é possível via Internet para criar "a atmosfera alquímica do estímulo cerebral e de excitação sensorial, provocando mais uma situação sexual do que mecânica" (Velena 1995, p. 149). Bastará clicar sobre determinada parte do corpo, definir a qualidade, a duração da carícia e da ação e validá-la. A combinação de dados assumida pelos dois parceiros nada deixa ao acaso:

> Suas partes mais evidentes representam protuberâncias negras em forma de falo entre as coxas. Trata-se de fato de um elemento fálico penetrante e vibrante no caso em que a combinação é colocada por uma criatura com órgãos genitais femininos, e um falo em concavidade caso seja assumido por uma criatura de órgãos genitais masculinos. Um segundo vibrador, nesse caso anal, situa-se na parte posterior da combinação. (Velena 1995, p. 150)

O tátil converte-se em digital; o teclado substitui a pele; o *mouse* faz as vezes de mão. E o interativo suplanta o dialógico – mesmo se, tecnicamente, ainda faltem muitos progressos. Diz B. Leeding:

> Tanto é fácil criar sensações no corpo quanto a carícia é complexa: ela não é reservada a uma parte predeterminada e recobre grande superfície. Para simulá-la, seria necessário recobrir quase o corpo inteiro, um pouco como uma combinação de homem-rã com captores em contínuo sobre a borracha. (*Libération*, 19/1/1994)

A sexualidade sem corpo é, sobretudo, visual; hipertrofia o olhar; o tátil é simulado por captores; é eventualmente auditiva pelo registro anterior de sons ou por uma programação que associa gestos e emissões sonoras; não é olfativa. Falta-lhe essa dimensão corporal que acompanha intimamente o erotismo. É digital e virtual; real em um sentido metafórico, porque proporciona de fato sensações, mas sem contato com o outro. Helèna Velena (1995), uma das atrizes mais informadas sobre as novas tecnologias do sexo cibernético, evoca igualmente um sistema que libera as mãos do *mouse*. O corpo inteiramente recoberto por uma combinação de dados, o internauta, ao acariciar uma parte do corpo, estimula a parte correspondente de seu parceiro. Toca os seios ou o sexo, e o outro tem a sensação de ser tocado no mesmo lugar.

> Aprende-se a amar o corpo do parceiro conhecendo sensualmente o nosso. E, pela força das coisas, o próprio corpo adquire importância, tornando-se o momento central do sexo, desarraigando a idéia do egoísmo solipsista. Quanto mais me toco, digamos mesmo, quanto mais me masturbo, mais amo meu parceiro, que recebe os estímulos que faço em mim; mais amo e transfiguro-me nele ou nela e *vice-versa*. (p. 157)

Com o *capacete de visão* na realidade virtual, o internauta poderá "inventar" um(a) parceiro(a) à sua escolha, remodelar seu corpo como quiser graças aos programas apropriados, colocá-lo na memória e conservá-lo à disposição ou remanejar sua forma e sua aparência segundo seu estado de espírito. Sem dúvida, daqui a alguns anos vai bastar conectar-se ao espaço cibernético munido da combinação de estimulação sensorial, dando ao outro as informações desejadas sobre uma identidade eternamente remanejável extraída de um vasto vestiário de fantasias. Bastará clicar essa ou aquela parte do ícone que simboliza o parceiro para que seja sentido o estímulo virtual. No limite, a criatura pode ser perfeitamente um programa determinado – a sensação será a mesma. A sedução do androide sonhado por Villiers de L'Isle Adam está na ordem do dia. As identidades sexuais dissolvem-se porque nada mais se garante sobre o sexo ou a aparência de seu parceiro em interface, e todos podem assumir inúmeras definições provisórias de si, de acordo com as circunstâncias. A identidade tem uma modulação variável; o espaço cibernético permite um carnaval permanente – leva a lógica da máscara a seu termo. Uma vez dissimulado o rosto, tudo é possível (Le Breton 1992). A rede desobriga imperativos de identidade, livrando o indivíduo de seu corpo. Não há medo de não mais poder olhar-se de frente ou de justificar seus atos, porque o outro é igualmente imaterial. O interlocutor invisível não tem a possibilidade do olhar, está além de qualquer moral e, portanto, não tem poder de julgar. A presença mútua jamais passa de um feixe de informações destituído de qualquer carne.

O sexo cibernético é um local privilegiado de experimentação sem o risco de doenças sexualmente transmissíveis; de uma pesquisa, para o indivíduo, de seus gostos no espelho telemático que os conhece mais do que ele. Sua verdade interior está contida na conexão correta que o revela de repente a si mesmo. Segundo Helèna Velena, o sexo cibernético é uma

> (...) psicanálise alternativa, horizontal e democrática, onde os usuários podem despojar-se de sua couraça de caráter sem temer o juízo dos outros. Sem que ninguém ouse mais rir de seu sexo curto demais, pequeno ou torto ou que não tem ereção no momento desejado, poupando-lhes assim a evocação das desculpas clássicas do estresse, da mulher em casa, da prestação do carro ou do filho que foi mal na escola. (1995, p. 197)

Eliminar concretamente o corpo da sexualidade é o melhor meio para deixá-lo sem condições de prejudicar a sexualidade.

No sexo cibernético, o outro não existe; reconhecido radicalmente em sua dimensão de engodo, ele é afastado em proveito dos signos; pura imagem substituída por um banco de dados que proporciona o sentimento do real, a sexualidade telemática inventa uma dimensão elegante e pós-moderna do onanismo, fazendo da imagem mental um resíduo arcaico em proveito da simulação, isto é, de um fora de lugar nem mental, nem real, ao mesmo tempo em que é um e outro. Relação autista com a sexualidade, eliminação do corpo e do outro desejável em proveito de um jogo de sinais poderosamente investidos. É possível imaginar no futuro que inúmeros indivíduos possuirão programas sexuais personalizados a fim de viver uma sexualidade sem risco de contaminação com o outro nesses tempos de Aids e de higiene. O contato exige de fato sair de sua reserva pessoal, submeter-se à prova do corpo e ser confrontado com uma alteridade difícil, eventualmente portadora de perigo físico ou moral.

H. Rheingold escreve:

> Quando os equipamentos de telessexo se espalharem, a maioria das pessoas irá utilizá-los para ter relações sexuais com outras pessoas, a distância, em configurações e combinações jamais consideradas até aqui nos livros especializados e outras versões mais ou menos expurgadas do Kama Sutra. (1993, p. 345)

Os programas registrarão as experiências sexuais vividas por outros, eventualmente estrelas, personalidades públicas, e proporão aos usuários uma sexualidade própria e cheia de curiosidades, colocando-se na pele do outro. Os clientes de vídeos pornográficos não olharão mais as imagens – irão vivê-las por dentro. Os atores irão prestar-se ao jogo, e a associação das diferentes técnicas do virtual proporcionará sensações fortes e renováveis à vontade. "Vocês assistirão ou alugarão um programa e se tornarão os atores ou as atrizes. Irão sentir o que eles sentem. Eles são vocês. Mas vocês não lhes pertencem. Estarão quites de qualquer reciprocidade" (Piercy 1995, pp. 48-49). O único risco do sexo cibernético é o de um curto-circuito no dispositivo ou de um fio desencapado nos vibradores. Ademais, a sexualidade cibernética autoriza no futuro uma ampliação das possibilidades erógenas que não deixará de perturbar os costumes. Rheingold imagina um remanejamento eletrônico dos corpos que pode suscitar algumas comoções.

> Se eu puder ligar os movimentos de minha mão e as pernas de meu corpo virtual de modo a "caminhar" no espaço cibernético agitando os dedos de minha mão física, como já é possível (...), é totalmente digno de consideração ligar os captores de minha mão a vibradores genitais, por exemplo, e de beneficiar assim de um estímulo genital toda vez que eu apertar a mão de alguém. (Rheingold 1993, p. 352)

A ignorância do local onde se encontram as zonas erógenas do outro irá introduzir um pouco de picante nas relações sociais do espaço cibernético.

Para A.C. Clarke, o escritor de ficção científica, "o sexo, tal como é praticado hoje, não existirá daqui a 70 anos" (*Le Courrier International*, 16/12/1993). Ballard exagera: "Acredito que a sexualidade orgânica, corpo a corpo, pele contra pele, não é mais possível, simplesmente porque nada pode ter a menor significação para nós fora dos valores e das experiências da paisagem tecnomediática" (*in*: Dery 1997, p. 204). A Aids reforçou o desprezo do corpo, tornando-o um local perigoso e de qualquer modo suspeito. O outro se tornou um perigo potencial.

Consciência infeliz de estar encerrada em um corpo que, de palácio de prazeres, se transforma em câmara de torturas... O sentido trágico da sexualidade hoje reside no fato de que ela é o palco de uma implosão violenta e frenética marcada por uma lógica de extermínio. (Kroker e Kroker 1987, p. 14)

Nos Estados Unidos contemporâneos, às vezes se exibe abertamente um nojo ou um incômodo profundo diante da sexualidade. "Tem-se medo de pegar Aids, tem-se também medo de pegar o sexo simplesmente, tem-se medo de pegar qualquer coisa parecida com uma paixão, uma sedução, uma responsabilidade" (Baudrillard 1997, p. 133). A obsessão do incômodo sexual que se introduz aí leva a um recuo formidável da "liberação" sexual dos anos 60. A sexualidade é percebida como um comportamento bestial. "São os macacos que fazem amor. É um comportamento animal", diz L. Sfez, citando uma consideração que ouviu muitas vezes nos Estados Unidos. De acordo com ele, esse nojo inscreve-se na "utopia do corpo perfeito, virgem se possível, íntegro. O sexo só existe para a reprodução e no contexto do casamento" (Sfez 1995). Mesmo Timothy Leary, outrora implicado no movimento americano de liberação sexual, acha que,

(...) para muitas pessoas, o sexo cibernético – o fato de usar um telefone ou um PC para estimular o cérebro – é bem mais prático do que correr para lá e para cá como um robô excitado, do que se livrar das roupas que é preciso tirar e tornar a colocá-las, do que compartilhar o leito com estranhos. (Leary 1996, p. 170)

O puritanismo conjuga-se com o mito da saúde perfeita. Nos escritos de um Leary ou de outros autores, a sexualidade sem corpo do espaço cibernético corta qualquer risco de contaminação e nada tira do conforto da vida pessoal: não há mais necessidade de sair de casa e de deparar com os acasos da sedução e do encontro. O corpo do outro será a partir de então um disquete, um arquivo no disco rígido, um *site* na Internet ou um CD-ROM interativo. Eros eletrônico erigindo o onanismo em arte tecnológica.

Sexualidade sem corpo e sem outro, com possibilidades ilimitadas, pois a fantasia tem a vantagem de não temer o desmentido do real, nem as críticas do parceiro definitivamente mudo e sem rosto. É possível furtar-se à prova do outro ou das falhas do corpo, com, ainda, a gratificação nascida da atração do inédito e o sentimento de participar como pioneiro de uma nova era. Alguns suplicam pelo desenvolvimento do sexo cibernético como forma de prevenção das doenças sexualmente transmissíveis, defesa dos acasos psicológicos do encontro ou modo eficaz de evitar as gestações não desejadas (Springer 1996, p. 89). O sexo virtual é, por fim, puramente cerebral; dá à fantasia sólidas bases imaginárias, oferece a vantagem de dispensar o corpo e se isolar em uma versão higiênica e sem risco do prazer, preservativo perfeito. Nessas experiências, o corpo só é necessário como local de conexão – o corpo do outro é supérfluo. Um programa de realidade virtual ou um disquete gravado basta. O erotismo muda de dimensão e oculta radicalmente nessas práticas a prova simbólica da morte que o constitui em segredo. Não é mais risco do desnudamento, mas da pane na eletricidade. A fragilidade do corpo do outro e do seu próprio não existe mais porque não há mais corpo a revestir de nudez.

7
O CORPO COMO EXCESSO

Vivemos dentro de um enorme romance. Torna-se cada vez menos necessário para o escritor dar um conteúdo fictício à sua obra. A ficção já está aí. O trabalho do romancista é inventar a realidade.

J.G. Ballard, prefácio a *Crash*, 1985

Inteligência[1] artificial ou artifícios da inteligência

Em *Cybernetics* (1948), N. Wiener foi decerto o primeiro a embaralhar as fronteiras do autômato e do vivo. Da mesma maneira que ele dissolve a especificidade do homem sob o ângulo do mecanismo,

---

1. Empregamos o termo "inteligência" a respeito das máquinas, permanecendo sensíveis à ambiguidade do termo que contribui implicitamente para humanizar a máquina, para dissipar as fronteiras ontológicas com o homem, para impor uma visão do mundo. Empregamos, contudo, esse termo para evitar as perífrases e porque o termo hoje faz parte do vocabulário corrente.

proporciona à máquina um sistema de organização que a aparenta ao vivo. "Os autômatos", diz ele,

> (...) contêm órgãos sensoriais, modos de ação e o equivalente de um sistema nervoso para completar o conjunto transmitindo a informação de uns aos outros. Prestam-se muito bem a uma descrição em termos fisiológicos. Não é portanto nada milagroso podermos construir uma teoria unitária que explique tanto tais mecanismos quanto os mecanismos da fisiologia. (*In*: Guillaumaud 1971, p. 140)

Considerando o vivo, principalmente o homem, apenas quanto à relação da informação e dos mecanismos fisiológicos acionados para sua existência, Wiener tece a mesma comparação:

> Encontra-se uma semelhança fundamental entre o sistema nervoso e as máquinas eletrônicas exatamente no fato de que suas decisões são tomadas no passado (...). Da mesma forma que o organismo vivo, a máquina pode ser considerada como um dispositivo que parece resistir, local e temporariamente, à tendência geral ao aumento da entropia. Por sua capacidade de tomar decisões, pode produzir ao seu redor uma área de organização em um mundo cuja tendência geral é desorganizar-se. (Wiener 1971, pp. 90-91)

Wiener rejeita para fora da esfera de conhecimento qualquer característica propriamente humana capaz de limitar sua ambição de abarcar, na mesma ciência, o conjunto dos objetos do mundo pelo ângulo da informação. Feito o corte, mais nenhuma razão se opõe a que as máquinas se pareçam com seres vivos e inversamente.

> Agora que certas analogias de conduta foram observadas entre a máquina e os organismos vivos, o problema de saber se a máquina é viva ou não é simples questão de semântica e temos liberdade de responder a ela de uma maneira ou de outra de acordo com a nossa fantasia. (Wiener 1954, p. 32)

Wiener estabelece, sob a égide da informação, um paradigma crucial do extremo contemporâneo. A identidade reina, a seus olhos, entre os homens e os mecanismos autorregulados. As qualidades respectivas são secundárias quanto à informação que tratam. Seu behaviorismo radical só leva em conta os comportamentos e não retém qualquer diferença ontológica entre ambos. Em sua visão, o mundo vivo e a máquina não se opõem – seu valor e sua funcionalidade são os mesmos. O homem (ou a máquina) "é composto de um suporte material e de um modelo de informação" (Breton 1995, p. 111). Um gato totalmente fabricado por um criador genial graças a produtos de síntese não difere de um gato vivo, a não ser, sem dúvida, pela superioridade eventual do primeiro para tratar a informação. "O modelo final de um gato é certamente um outro gato, tenha esse saído de um congênere ou sido sintetizado em laboratório" (Breton 1995, p. 111).

Para Wiener, a cibernética é o estudo dos sistemas de informações integradas, ou de suas interações, que englobam vivo ou máquinas apreendidos em seus comportamentos e nas mensagens trocadas. Ela é não apenas uma ferramenta de análise, mas igualmente uma visão do mundo que revela, com o decorrer dos anos, um poder terrível de organização do mundo. Wiener não apenas preludia o ciborgue e as máquinas que tratam a informação, que são os computadores, mas também inaugura a metamorfose geral do vivo em informação, tal como a biologia molecular desenvolve hoje. Concede-se o privilégio ao espírito, única habilidade para tratar a informação, daí a possibilidade de decretar o fim de qualquer diferença entre vivo e autômato. O corpo torna-se supérfluo, não passa de uma máquina desajeitada responsável pelo espírito. Para Wiener, se o homem é um feixe de informações condensadas, se "a individualidade do corpo é a da chama mais do que a da pedra, da forma mais do que a de um fragmento material", é possível telegrafá-lo de um lugar a outro, mas o procedimento depara com os esforços necessários para manter o corpo vivo (1971, pp. 262-264). Se o organismo é uma mensagem, deve-se poder sintetizá-lo e reproduzi-lo fielmente quando se desmancham as dificuldades materiais. Wiener antecipa de maneira ainda artesanal as fantasias de um Moravec ou de um Ross de telecarregar o espírito do homem em um computador para que ele por fim abandone seu corpo e conheça apenas as delícias do espírito.

Von Neumann e Turing prolongam as intuições de Wiener e concebem a ideia de computador. Para ambos, o cérebro é uma máquina inteligente da qual seria possível construir um equivalente técnico. Cada um começa a trabalhar de seu lado para conduzir a comparação a seu termo. Von Neumann constrói o primeiro computador com o sentimento de imitar em sua obra o funcionamento do cérebro humano (Von Neumann 1992). Suas representações a esse respeito são lacunares, mas em nada prejudicam a eficácia de seu projeto, que, aliás, será apresentado ao grande público por meio da mesma referência ao cérebro humano (Breton 1991, pp. 136-137). Em 1948, *Le Monde* publica um artigo de D. Dubarle que informa aos leitores a existência dessas novas máquinas:

> Assim, a máquina de calcular eletrônica revela-se surpreendentemente parecida com o próprio sistema nervoso (...). A analogia não é nem mesmo apenas orgânica, também é funcional e quase mental: as máquinas têm, por assim dizer, como que seus reflexos, seus problemas nervosos, sua lógica, sua psicologia e até mesmo sua psicopatologia. Um colapso de circuito se traduz por um resultado errado, erros nos circuitos de controle podem desorganizar todo o funcionamento de um organismo parcial de cálculo, falhas no programa podem repercutir na forma de uma verdadeira loucura por parte da máquina, que se arrebata então em um trabalho absurdo até que o problema seja remediado. (*In*: Breton 1995, p. 16)

A humanização do computador inicia uma carreira destinada a uma longa posteridade. Um texto famoso de Turing lança o debate sobre o estatuto da máquina, levantando em contraponto de maneira terrível a questão do homem. Para Turing, o corpo é supérfluo e estorvante. Em um texto de juventude, considera o vínculo corpo-espírito como completamente acidental:

> O corpo vivo pode "atrair" e se enganchar em um "espírito" e, enquanto o corpo estiver vivo e desperto, ambos permanecem estreitamente unidos (...). Quanto a saber por que precisamos de um corpo, por que não existimos como espíritos puros, capazes de se comunicar como tal? Poderíamos provavelmente chegar a isso, mas então não nos restaria mais nada a fazer. O corpo fornece ao espírito com o que ele se ocupar. (Hodges 1988, p. 63)

Se o homem é duplo e se o corpo não passa de uma fantasia do espírito, Turing sente-se autorizado a ultrapassar as antigas fronteiras ontológicas estabelecidas entre o homem e a máquina. Em 1950, ele se pergunta se "as máquinas conseguem pensar", prolongando as intuições de Wiener e Von Neumann. A resposta à questão não repousa em uma análise sobre a natureza do pensamento ou no estabelecimento da especificidade do homem ou da máquina. Fundamenta-se num ato de violência, num teste capaz de atestar se a máquina (computador digital) pensa ou não. Fiel a Wiener, Turing continua em um behaviorismo estrito – importam apenas os comportamentos observáveis. O dispositivo representa dois cômodos ligados por um teletipo. No primeiro, um observador (homem ou máquina) faz as perguntas a dois outros personagens instalados no segundo. Um é um homem, o outro é uma mulher. O observador que levanta questões judiciosas deve ser capaz de identificar o homem ou a mulher com quem troca informações. É claro que ambos dissimulam seu comportamento por mil estratagemas, fazem com que acreditem que são o outro, embaralham as possibilidades de reconhecimento, principalmente porque dispositivos técnicos eliminam a tonalidade da voz. Os corpos por fim, ali igualmente, não são nada – o observador deve despojar as informações puras para resolver o enigma. O sensorial não faz parte do jogo; só o espírito existe no caso. Se a máquina consegue estabelecer a distinção, então, conclui Turing, ela se comporta como se pensasse. E a simulação do pensamento equivale ao próprio pensamento. Turing sente necessidade de precisar que exclui da categoria das máquinas "os homens nascidos da maneira habitual". Alguns homens não terem nascido da "maneira habitual" dá a entender que outros nascem de maneira "não habitual" – os computadores, por exemplo?

Turing ataca a seguir, vigorosamente, o humanismo clássico, defendendo uma visão mecanicista e informática do vivo, eliminando qualquer diferença entre o homem e a máquina. Em uma espécie de teologia negativa que enfatiza os limites do homem, Turing contesta sucessivamente o homem ter o monopólio do pensamento; as máquinas não terem estados de consciência (pois, como saber o que o outro pensa ou sente se não sou esse outro?; não sendo máquina, como saber o que acontece nela?); se as máquinas se enganam, os homens também cometem erros; as máquinas não sabem fazer tudo, é certo, mas o homem tampouco, e, se muitos homens resolvem problemas, máquinas reunidas certamente poderiam resolvê-los; não existe diferença entre o funcionamento do cérebro e o do computador. Turing apresenta exageros com relação a Wiener no deslocamento das ontologias antigas. Eleva a máquina à dignidade do pensamento.

No final de seu artigo, ele imagina um computador simulando o espírito de uma criança que conviria educar e não de um adulto. A tarefa parece-lhe fácil: "Não é preciso preocupar-se com as pernas, com os olhos etc.". A ausência de corpo da máquina não é um obstáculo, pelo contrário, certamente, e dá o exemplo de Helen Keller, jovem surda, muda e cega, que desabrochou como mulher no início do século XX graças aos esforços de sua educadora. Conta apenas o espírito, na medida em que contém a inteligência, e esta é um modo de tratamento da informação segundo quadros lógicos, que, de acordo com ele, não distinguem o homem da máquina. O aprendizado do computador poderia acabar com sua diferença do cérebro humano, cujo desempenho na infância é bem modesto. É claro que o cérebro está dentro de um corpo, e isso é, sem dúvida, bem embaraçoso. Turing afasta esse detalhe com a analogia da casca de cebola:

> Considerando as funções do espírito ou do cérebro, descobrimos certas operações que podem ser explicadas em termos puramente mecânicos. Dizemos que isso não corresponde ao espírito real: é uma espécie de casca que temos de tirar se quisermos encontrar o espírito verdadeiro. Mas, no que resta, encontramos outra casca e assim por diante. Prosseguindo dessa maneira, chegaremos um dia ao espírito "real" ou chegaremos finalmente à casca que não contém nada? Nesse último caso, o espírito é inteiramente mecânico. (Turing 1983, p. 62)

Não há nada sob o espírito do homem; este não passa de um jogo de informação. "No plano técnico", escreve P. Breton, "a cebola vai conquistar um nome: o computador" (1995, p. 103).

Simulando funções intelectuais que parecem propriamente humanas, o computador tornou-se, aos olhos de certos teóricos, a inteligência artificial (e mesmo na linguagem comum), um reflexo do espírito, e depois um modelo para pensar a inteligência, da mesma maneira que esta nele encontrava um duplo propício. O computador é promovido à categoria de "cérebro", e o cérebro assimilado a uma máquina pensante por um jogo retórico eficaz nos imaginários sociais contemporâneos. Wiener, Von Neumann, Turing, Mc Culloch etc., fundadores da cibernética, assimilam o vivo a um sistema de tratamento da informação baseado no modelo das máquinas que eles constroem. Os teóricos da Inteligência Artificial, como Simon ou Minsky, rematam esse princípio, associando os mecanismos informáticos aos do cérebro, fazendo da inteligência apenas a capacidade de gerir a informação da qual o homem não tem o monopólio. O espírito é então um sistema que opera segundo regras formais semelhantes às que regem o computador. Nesse sentido, a singularidade do indivíduo mal é comprometida, porque o pensamento, na opinião deles, é um processo lógico impessoal.

A objeção do corpo

Em uma obra clássica, H. Dreyfus denuncia os postulados metafísicos da Inteligência Artificial:

- O postulado biológico segundo o qual o cérebro humano funciona como um computador numérico que trata a informação do mesmo modo binário, as conexões neuroniais remetendo às dos elementos da máquina.

- O postulado psicológico segundo o qual o espírito humano é uma máquina de tratar a informação, destinado à aplicação de regras neuroniais eventualmente passíveis de tradução em fórmulas que tornam supérflua a psicologia e suprimem qualquer distinção maior com o computador. A simulação de certos mecanismos de pensamento pelo computador é assimilada ao pensamento real e inversamente.

- O postulado epistemológico segundo o qual qualquer conhecimento pode ser formalizado em forma de relações lógicas.

- O postulado ontológico segundo o qual tudo o que existe é um conjunto sucessivo de dados independentes uns dos outros.

Dreyfus praticamente não tem dificuldade para demonstrar as diferenças irredutíveis das relações com o mundo do homem e da máquina. Rigidamente finalizado, o computador não tem a maleabilidade do espírito humano, nem sua aptidão de transformar uma informação em significação. Não tem nem a "consciência marginal" que torna o homem sensível a uma profusão de fatos de seu meio segundo o interesse que lhes dedica, nem a capacidade de reduzir a ambiguidade de uma palavra ou de uma situação, vinculando-as a um contexto preciso, nem a de generalizar, por comparação intuitiva, dados da mesma natureza a fim de distinguir de imediato o essencial do acessório. O computador é concebido para realizar tarefas precisas – mesmo se forem imensas e às vezes ultrapassarem infinitamente as competências humanas –, mas não possui a flexibilidade do espírito humano, capaz de interagir com uma infinidade de situações.

Se alguns teóricos da Inteligência Artificial se percebem como máquinas pensantes, já o computador é desprovido de corpo para o melhor, seus desempenhos, e o pior, sua assimilação definitiva ao homem. Para eles, a inteligência vem primeiro e a matéria, em segundo lugar, sendo até mesmo secundária ou inútil. Para pensar o homem como "espírito", deve-se destituí-lo de corpo e considerar o último como puro artifício. O dualismo repercute até na primazia do programa (*software*) sobre o computador (*hardware*). A representação do homem inerente à Inteligência Artificial permanece fiel ao desprezo do corpo, cuja herança ela recebe de um Platão ou, de maneira mais contemporânea, de Descartes ou de La Mettrie. O corpo não passa de um entrave para a inteligência do mundo; se o homem não conhecesse seus limites, não estaria destinado ao erro ou à tentativa. Para a Inteligência Artificial, importa apenas o espírito, sobretudo se for o da máquina. A inteligência é percebida como uma forma etérea que flutua em torno do corpo sem estar ligada a ele, uma espécie de alma acidentalmente enraizada nos neurônios, mas cujo princípio seria possível isolar não apenas fora do corpo, mas fora do próprio sujeito.

Um dos *nerds* da narrativa de Coupland considera seu "organismo como uma espécie de caminhonete que transporta [seu] cérebro, como uma mãe de subúrbio faz uma pausa a fim de levar seus filhos para jogo de hóquei" (Coupland 1996, p. 17). Minsky percebe o corpo como um simples "teleoperador do cérebro" (Turkle 1986, p. 221). Para ele, "os seres humanos são essencialmente máquinas (...), mas haverá um dia máquinas tão aprimoradas que nos compreenderão perfeitamente, e dirão: as pessoas são máquinas, nós não somos" (Minsky 1989, p. 37).

Impõe-se uma questão: a da participação do corpo no emprego da inteligência. Para Dreyfus, se o corpo é essencial para a apreensão humana do mundo, a máquina encerra uma deficiência dificilmente superável: apesar de seu desempenho cada vez melhor, a Inteligência Artificial jamais alcançará a inteligência do homem. A simulação permanecerá contígua ao real, sem jamais se confundir com ele. Se o mecanismo abre caminho à eliminação das diferenças entre autômato e homem, o próprio Descartes sublinha, contudo, o quanto a máquina difere do homem por sua limitação relativa.

> Jamais ela poderá usar as palavras, nem outros sinais enquanto as estiver compondo, como fazemos para declarar nossos pensamentos aos outros. Pois é bem possível conceber que uma máquina seja tão bem feita que possa proferir palavras, e até que profira algumas a respeito das ações corporais que causam alguma mudança em seus órgãos: como, se for tocada em algum lugar, perguntar o que querem lhe dizer; se, em outro, gritar que estão lhe machucando e coisas semelhantes; mas não pode organizá-las diversamente para responder ao sentido de tudo o que se dirá em sua presença, como os homens mais embotados conseguem.

Descartes desenvolve em seguida um segundo ponto:

> Embora fizessem muitas coisas tão bem quanto nós, ou talvez até melhor que todos nós, fracassariam infalivelmente em outras, por meio das quais se descobriria que elas não estavam agindo por conhecimento, mas apenas pela disposição de seus órgãos. (Descartes 1966, p. 79)

Descartes formula dessa maneira uma espécie de paradigma, insistindo na profusão de acontecimentos que o homem compreende e enfrenta em sua relação com o mundo, ao contrário da pobreza relativa das máquinas, dotadas, em compensação, de formidável competência técnica em setores particulares. Para a Inteligência Artificial, uma situação é objetiva; basta que seja redutível a um número suficiente de dados para que sua formalização pelo computador se aproxime da formalização da inteligência humana.

O homem, porém, não está diante do mundo como diante de uma série de parâmetros que armazenaria. Os limites de seu universo são os fornecidos pelos sistemas simbólicos dos quais é tributário. Como a língua, o corpo é uma medida do mundo, uma rede jogada sobre a multidão de estímulos que assaltam o indivíduo ao longo de sua vida cotidiana e que só retém em suas malhas os que lhe parecem mais significativos. A cada instante, o indivíduo interpreta seu meio por intermédio de seu corpo e age sobre ele de acordo com as orientações provenientes de sua educação ou de seus hábitos. A condição humana é corporal. Há uma conceituação do corpo, da mesma maneira que há um arraigamento carnal do pensamento. Qualquer dualismo é eliminado diante dessa constatação fundamentada na experiência cotidiana da vida. O corpo é "projeto sobre o mundo", escreve Merleau-Ponty, que observa que o movimento já é conhecimento, senso prático. A percepção, a intenção e o movimento se enredam nas ações comuns com uma espécie de evidência que não deve deixar que se esqueçam da educação que se encontra na sua origem e da familiaridade que as guia. "Meu corpo", escreve, "é a textura comum de todos os objetos e é, pelo menos com relação ao mundo percebido, o instrumento geral de minha 'compreensão'" (Merleau-Ponty 1945, p. 272). O corpo não é, portanto, uma matéria passiva, submetida ao controle da vontade, obstáculo à comunicação, mas, por seus mecanismos próprios, é de imediato uma inteligência do mundo. Esse conhecimento sensível inscreve o corpo na continuidade das intenções do indivíduo confrontado a seu ambiente; ele orienta em princípio seus movimentos ou suas ações sem impor a necessidade preliminar de uma longa reflexão. De fato, na vida cotidiana, os mil movimentos e ações que enriquecem a duração do dia são feitos sem a mediação aprofundada do *cogito* – encadeiam-se naturalmente na evidência da relação com o mundo. Em seu meio habitual, jamais o indivíduo está, em princípio (a não ser um passo em falso ou uma falta de atenção), em posição de ruptura ou incerteza por causa de seu corpo; ele desliza sem problemas pelos meandros de seu ambiente familiar.

> Quero ir até lá, e aqui estou, sem entrar no segredo desumano da maquinaria corporal, sem que eu a ajuste aos dados do problema e, por exemplo, ao local da meta definida por sua relação com algum sistema de coordenadas. Contemplo a meta, sou aspirado por ela, e o aparelho corporal faz o que tem a fazer para que eu ali me encontre. (Merleau-Ponty 1960, p. 83)

Tal fluidez é inacessível ao autômato inteligente, poderoso em sua área de competência, mas rígido ou desarmado diante de outras situações que não levantam qualquer dificuldade para o homem.

Não percebemos formas, eflúvios indiferentes, em suspensão no espaço, mas de imediato um universo de sentido e de valor. A percepção é uma apropriação simbólica do mundo, uma decifração que situa o homem numa posição de compreensão a seu respeito. O sentido instaura-se na relação do homem com as coisas e no debate travado com os outros para sua definição, na complacência ou não do mundo em se perfilar nessas categorias. O mundo sensível é a tradução em termos sociais, culturais e pessoais de uma realidade que só é acessível por esse desvio de uma percepção sensorial e afetiva de homem inscrito em uma trama social (Le Breton 1998). Ele se oferece como uma inesgotável virtualidade de significações. Habitam o olhar do homem intenções, expectativas, emoções, sensibilidade. A inteligência humana está em situação, não está separada de uma existência singular e necessariamente carnal. Muitas de suas faculdades escapam a qualquer programação; a falta de corpo do computador impede-o de alcançar uma inteligência completa que aciona significados que lhe seriam acessíveis. É claro que essa ausência de corpo é facilmente percebida ao inverso pelos adeptos da Inteligência Artificial como a vantagem decisiva de uma máquina livre de qualquer fonte de erro ou de limitação. Mas o corpo é o grão de areia irônico que priva a Inteligência Artificial de um pensamento real. O computador funciona em um universo abstrato em que o mundo se reduz a uma série de dados independentes uns dos outros e de igual grandeza, cuja colocação em perspectiva depende de um programa.

Os computadores tornaram-se poderosos, mudam as modalidades da comunicação, do trabalho, do ensino, da memorização, da escrita, da concepção, mas nem por isso deixam de ser máquinas cuja "inteligência" depende de um registro diferente do registro do homem. Quaisquer que sejam as qualidades ou os desempenhos da máquina, ela não testemunha a mesma relação com o mundo que o homem. Se ela trata a informação, o homem vive em um universo de sentido, o que não é absolutamente a mesma coisa. A dissociação do pensamento e do sentimento permite uma análise da inteligência em termos de lógica computável, esquecendo-se de que o pensamento humano está irredutivelmente impregnado de afetividade (Le Breton 1998). As modalidades da relação do homem com o mundo são inacessíveis ao computador, em compensação excelente nas funções especializadas que o homem lhe delega – ele não sente o mundo, decodifica informações. Não compreende o texto que registra ou suscita e não diferencia Proust de um formulário administrativo; sua relação com o mundo não é sensível. Desprovido de consciência de si, de sensibilidade, é alheio à linguagem e limitado por seus programas; é uma ferramenta por onde transita a linguagem, mas não um sujeito de linguagem. Suporte de conhecimento, como a página de um livro, ignora-lhe o valor ou o conteúdo, não sabe que sabe. Exibe uma informação com a maior indiferença, enquanto o humano está permanentemente comprometido com um movimento afetivo. "Não é uma vontade, uma necessidade refletida, mas o instrumento de uma vontade" (Kemp 1997, p. 255). O computador manipula os signos, mas não chega à sua significação; não pensa, porque não sabe que pensa. Não tem história, nem outro; não nasceu do pecado da carne ou da mácula do corpo, e sim da inteligência humana. Não morre – para, desgasta-se ou quebra. Não é enterrado ou cremado – acaba no ferro-velho. Se o computador pensa pela graça de uma metáfora ou pela da metafísica dos teóricos da Inteligência Artificial, tampouco conhece a dimensão moral da existência humana. Não tem sistemas de valor (só uma hierarquia de informações a tratar), mas uma série de objetivos a resolver. Permanece fundamentalmente um meio. Embora persiga para alguns o mito masculino de uma criação *ex nihilo* da vida a partir da técnica, seu aperfeiçoamento constante está destinado ao fracasso.[2]

O sobressalto antropológico não tem, contudo, efeito diante do poder dos imaginários técnicos que alimentam discursos prementes, imagens de si, práticas sociais, valores cujas consequências provocam uma nova simbolização do mundo em termos técnicos. Uma religiosidade da máquina impõe-se no fundo de um desabono do homem e de um desprezo da condição corporal que lhe é inerente. Em 1965, Simon expressa, por exemplo, sua convicção de que em menos de 20 anos as máquinas "serão capazes de fazer tudo o que um homem pode fazer". Na mesma época, Minsky acha que "a próxima geração de computadores será tão inteligente que teremos muita sorte se nos deixar ser seus animais de estimação" (*in*: Searle 1985). Para E. Friedkin, do MIT, "a Inteligência Artificial é a próxima etapa da evolução".[3] As considerações recíprocas do homem como máquina ou da máquina como equivalente intelectual do homem não deixam de ter consequências sobre a maneira como a máquina e o homem são tratados em nossas sociedades; empregam os imaginários coletivos; afetam sua condição respectiva, os vínculos que mantêm entre si; comprometem uma política e sobretudo uma ética. As responsabilidades não são as mesmas diante de um homem ou de uma máquina, diante de um ser vivo ou de uma coisa inanimada.

---

2. S. Turkle e P. Breton apontam o poder desse mito que anima muitas afirmações, os sonhos dos fundadores da Inteligência Artificial, alguns dos quais se consideram descendentes do rabino Loew, criador do Golem (Turkle 1983, p. 226; Breton 1995).

3. Lucien Sfez observa com razão que nenhum outro objeto técnico além do computador despertou tantas questões inflamadas e declarações eufóricas, tantos debates sobre a natureza do homem. Nem o telefone, nem o carro, nem a conquista espacial. "A máquina de comunicação", escreve, "é a única a gerar uma volta da metafísica, ainda ontem considerada um ramo antigo da filosofia" (Sfez 1992, p. 360). Quando lemos Proust em um livro de bolso, não ficamos extasiados com a página do livro, pois sabemos que o livro não é o autor do texto. Quando escutamos a retransmissão de um concerto, não ficamos extasiados com o leitor de CD, mas com os músicos. No caso do computador, a relação se inverte: esquecemos na maioria das vezes o autor do programa. Encontraremos o mesmo discurso religioso a respeito do virtual.

O androide sensível e inteligente

Enquanto muitos autores se perguntam se o computador não é uma criatura viva, outros se perguntam se, afinal, o homem não é um simples computador um pouco complexo, mas de baixa qualidade. Alguns se adiantam alegremente para considerar que logo qualquer diferença entre o homem e o autômato irá desaparecer. Para J. Culbertson, por exemplo:

> Se pudéssemos dispor de um número suficiente de células centrais, se elas fossem de um tamanho bastante pequeno, se cada célula tivesse bulbos terminais suficientes, se pudéssemos colocar bulbos em número conveniente em cada sinapse e se tivéssemos tempo suficiente para agrupar isso, então teríamos condições de construir robôs capazes de cumprir qualquer função referente às suas entradas e saídas, poderíamos, em outras palavras, construir um robô capaz de adotar qualquer comportamento desejado em qualquer circunstância. Construir um robô capaz de se comportar bem exatamente como John Jones ou Henry Smith não apresentaria qualquer espécie de dificuldades particulares. (*In*: Dreyfus 1984, pp. 241-242)

Sob a égide do desmantelamento do corpo, as fronteiras entre humanidade e máquina confundem-se. "A mutação mais espetacular que provoca uma reviravolta em nosso universo é com certeza a reificação do homem", escreve Philip K. Dick, "mas essa mutação é acompanhada ao mesmo tempo de uma humanização recíproca do inanimado pela máquina. Não podemos mais opor as categorias puras do vivo e do inanimado, e isso vai se tornar nosso paradigma" (Dick 1989, p. 8).

A sociologia imaginante de Dick levanta as questões mais perturbadoras do mundo moderno. Horkheimer via sob os traços de Hamlet o primeiro indivíduo moderno e nas considerações deste a expressão nascente da questão ontológica. Os princípios da dissolução das fronteiras entre o humano e o autômato levam hoje a uma interrogação ontológica de um novo gênero. Na era da modernidade triunfante, Philip K. Dick assopra-nos ironicamente a questão que formula com maior profundidade as dúvidas que o homem ocidental alimenta com relação à sua própria identidade: *Do androids dream of eletric sheeps?*. Nessa obra, a distinção entre homem e androide (ou animal e simulacro) se tornou tão sutil que é preciso uma análise especial para verificar a natureza de um ou do outro. Os supostos androides são submetidos a um teste, o Voigt-Kampff, que pretensamente mede seu grau de empatia, única qualidade que se acha que lhes falta. No entanto, o próprio Deckard não sabe mais muito bem qual a sua condição. Ele se apaixona por uma androide, Rachel, faz amor com ela e acaba deixando-a ir embora, quando deveria matá-la. O filme de Ridley Scott, *Blade Runner*, radicaliza ainda mais o caso porque Rachel pergunta-lhe se um dia ele fez o teste Voigt-Kampff. A própria identidade de Deckard vacila, porque ele compreende que nada afinal lhe garante que ele próprio não é um android. Os replicantes são de fato construções humanas que atingem a perfeição. Injetaram-lhes quimicamente uma memória fictícia que lhes dá o sentimento de terem tido uma infância, pais, uma história. Quanto a seu corpo, a síntese não tem falhas e nada mais os distingue do corpo do homem, até a dor. Apenas a empatia esboça uma linha divisória radical, mas, como os replicantes a simulam com perfeição, apenas o teste revela o segredo de sua existência. O filme parece até mostrar que a humanidade dos androides é maior. Sou um homem ou uma máquina? Essa é a nova questão ontológica. Lembremos o surpreendente apólogo de P.K. Dick:

> Talvez chegue o dia em que o ser humano que atirar em um robô saindo das fábricas da General Electric verá, com grande espanto, esse último esvaindo-se em sangue e lágrimas. E o robô moribundo poderá, por sua vez, atirar no homem e, com maior espanto ainda, ver um fio de fumaça cinzenta erguer-se da bomba elétrica que ele pensava ser o coração batendo do homem. Esse seria um grande momento de verdade para ambos. (p. 66)

"Acho que o sonho secreto dos *nerds* é chegar a falar com as máquinas e perguntar-lhes: 'O que vocês pensam, o que vocês sentem? A mesma coisa que eu?'", diz um personagem de Coupland (1996, p. 215). Se uma parte do discurso da Inteligência Artificial tenta assimilar a máquina ao cérebro, o programa ao pensamento, uma outra concorda com diminuir a distância entre o homem e o computador, arrancando o sentimento de si e a afetividade do monopólio das formas vivas. Esvaziar o homem de seus atributos é uma maneira radical de reduzir a distância da máquina. Nessa perspectiva, a consciência se torna uma espécie de artifício, de comodidade de linguagem, mas sem outro fundamento. Para Minsky, não passa de um mecanismo cognitivo, que se tornou uma superstição para o homem, o equivalente de um falso deus: "Quando você é obrigado a encontrar uma causa para tudo o que faz, você tenta dar-lhe um nome. Você o chama de 'eu', eu o chamo de 'você'" (Minsky 1988, p. 445). O "eu" é uma ilusão, um "simples centro de gravidade narrativa", diz D. Dennett. O pensamento não é consubstancial a um "eu"; alguns pesquisadores chegam a negar a existência de um "si", tornando assim ainda mais fácil a consideração da máquina como "pensante". Outros sugerem que o fato de não se poder decidir a noção de "si" autoriza a colocar no mesmo plano inteligências "artificial" e "humana", a última encerrada em um "si" do qual só se pode levantar a hipótese sem jamais demonstrá-la. Para o milenarismo informático, tudo um dia será possível, a consciência afetará igualmente os computadores.

> O que significa ter consciência de si, apreender-se como sujeito? Caso se trate do sentimento íntimo que temos de ser a causa de nossos atos e de nossos pensamentos, o sentimento íntimo de possuir esse poder de julgar, de afirmar e de negar, o sentimento íntimo de ter uma vontade que pode ser exercida, em que medida podemos afirmar que, por essência, a máquina e seus programas jamais terão esse sentimento? (Chazal 1995, p. 111)

Para H. Putnam, o fato de o robô e a máquina serem compostos de matéria inorgânica e concebidos em uma oficina de fabricação não é uma objeção à sua incapacidade de possuir o sentimento de si. A questão levantada é a do vínculo entre o espírito e o corpo. Para Putnam (1983), repetindo um argumento de Wittgenstein, ninguém poderia verificar a afirmação de alguém que dissesse: "Estou com dor". Sentir dor implica um estado mental nascido do estímulo de certas fibras nervosas, mas ninguém pode afirmar que os próprios nervos sejam solicitados naquele momento. Na opinião de Putnam, a dor é correlacionada a um estado físico, mas não é idêntica a esse estado. Existe uma margem. Tecendo a mesma metáfora, D. Lewis (1980) aponta toda uma série de rupturas

196 Papirus Editora

possíveis entre o estado mental e o estado físico. O homem que sofre não traduz forçosamente seu sofrimento em um comportamento observável. O "marciano" que tivesse dor manifestaria sua atitude, mas seria, contudo, desprovido de fisiologia e composto, por exemplo, de um dispositivo *hidrolítico*. Sofreria, mas iria se encontrar em um estado físico bem diferente do estado físico do homem.[4] A ruptura possível entre o sentido e o mental abre caminho a inúmeras hipóteses. Priva de toda verdade a esse respeito e, ao contrário, pleiteia a eventualidade de que a máquina inteligente pode experimentar uma forma de consciência de si. Decerto a prova não é radical, mas "nada proíbe pensar assim" e conceber um "isomorfismo" entre a máquina e o homem no plano da consciência. A objeção decisiva de Searle segundo a qual o robô não sabe que pensa dissolve-se em um jogo de linguagem e lógica.

J. Bouveresse usa um raciocínio semelhante com base principalmente no *cogito*. Para Descartes, de fato, a transparência do *cogito* faz de mim imediatamente um sujeito pensante. Em compensação, quando se trata do outro, impõe-se uma demonstração para perceber uma consciência além de seu corpo. A princípio, só vejo do outro o enigma de sua aparência corporal. Só posso deduzir sua consciência, ela em nada é uma evidência, porque não sou ele. Na relação com a máquina, explica Bouveresse, existe a mesma incerteza e, portanto, a mesma impotência a ser resolvida. A designação de um estado mental é um jogo de linguagem e não uma palavra de verdade. "Nenhum conjunto de enunciados que descrevem os processos comportamentais ou fisiológicos implica logicamente (e *a fortiori* não é logicamente equivalente a) o enunciado que afirma a existência de um estado de consciência correlativo", escreve (Bouveresse 1971, p. 418). Bouveresse mantém a tensão entre os dois termos do debate: a seu ver, é impossível saber se as máquinas pensam ou não. Mas, ao dizer isso, fornece uma legitimidade relativa à atribuição de uma consciência à máquina inteligente. Ele aponta, contudo, os desafios éticos de tal decisão: tratar as máquinas à imagem do homem, ou, numa

---

4. A suspeita quanto ao homem com dor não deixa de ter uma consequência moral; permite justamente demorar em aliviá-la mediante o pretexto de que ele está provavelmente "exagerando" e decerto não está com tanta dor como diz (cf. Le Breton 1995).

hipótese extremada, tratar os homens como máquinas. A confusão das formas humanas e das máquinas, o dualismo o tempo todo reafirmado da Inteligência Artificial confirma as análises de Bukatman, que observa com exatidão que "a dicotomia entre o espaço e o corpo é substituída pela tricotomia 'espírito, corpo, máquina'" (Dery 1997, p. 307).

A paixão informática

Nos anos 1960, no MIT, desenvolve-se uma paixão informática cuja cultura se propaga, aos poucos, a inúmeros outros adeptos. Nessa época, esse punhado de homens (não há nenhuma mulher) se denomina os *hackers*, termo que designa um ardil de programação. Trabalham sem parar até os limites de suas forças, dormem perto de seus computadores, alimentam-se de sanduíches, são famosos pela austeridade de sua existência. Os *hackers* inventam um modo de existência completo em torno do computador. A descrição de Weizembaum (1981) torna-se célebre: o cenário são jovens indiferentes à sua aparência corporal ou à de suas roupas, que pouco se preocupam com o sono ou a alimentação, que se sentem pouco à vontade fora das salas, mas o corpo e a alma habitados de uma paixão devoradora que os absorve por inteiro. Diz um estudante:

> O *hacking* é um modo de vida seguro, mas, uma vez adotado, é difícil abandoná-lo. A vida inteira torna-se de uma clareza surpreendente. Você *hacka*, você fala com outros *hackers* etc. Os *hackers* constituem um grupo social com sua cultura e seu modo de vida. É um mundo em si. É sempre um local de refúgio. (Turkle 1983, p. 184)

Os apaixonados por informática são solitários, mas nunca estão isolados; formam um grupo, e seu computador é para eles mais do que um amigo – é uma fonte de existência e irradiação.

O computador é uma referência muitas vezes utilizada para denegrir as prerrogativas humanas em matéria de inteligência e até de sentimento. Mas é também, em uma estratégia inversa de ruptura de distinções, aproximado do homem pela personalização da qual é objeto. Alguns usuários atribuem, a seu computador, um nome, um sexo; interagem com ele à maneira de um amigo íntimo e têm com relação a ele fúrias de amantes traídos quando ele não corresponde às expectativas habituais. S. Turkle fala do computador como de uma "máquina metafísica" pela propensão de seus usuários a atribuir-lhe sentimentos, intenções, emoções, inteligência. O computador é um companheiro, uma fonte de entrada em um mundo cujos parâmetros dominam e que se torna um modo de vida protegido de qualquer surpresa fora de sua competência. Turkle constata principalmente que as relações com os outros nem sempre são percebidas como fáceis, que a sexualidade é mais incerta e não confere a mesma segurança que a relação com a máquina (p. 187).[5] A sensualidade com os outros é antes negada. Turkle observa a importância da ideia de telepatia com a máquina, o sentimento de estar tão vinculado a ela que a máquina se torna uma pura extensão do espírito. "Não acho que o computador seja uma pessoa", diz Alex,

> (...) mas com isso não quero dizer que não tenho a impressão de que é uma pessoa. Sobretudo depois que personalizei meu interface com o sistema a fim de torná-lo mais adequado às minhas necessidades. É um pouco como se eu estivesse com uma outra pessoa que conheço. Alguém que sabe exatamente como gosto que o trabalho seja feito. (p. 182)

Aplica-se a ele muitas vezes um vocabulário psicológico. O criador de uma máquina de jogar xadrez diz de seu programa que "se ele se sente ameaçado, atacado, quer avançar seu rei. Confunde o valor e o poder, o que conduz a um comportamento autodestrutivo" (p. 12). Se o homem pensa a máquina em termos psicológicos, não se detém no caminho e acaba por pensar a si mesmo em termos informáticos, criando uma simbiose simbólica.

---

5. Anthony declara a S. Turkle: "Uma história sentimental é algo que monopoliza demais. Faz com que eu deixe o computador e outras coisas que gosto em segundo plano" (p. 188). Sobre os apaixonados por informática, além de S. Turkle (1983 e 1997) e S. Levy (1984), cf. P. Breton (1990). O livro de Coupland (1996) é um documentário formidável sobre a vida cotidiana dos *nerds*.

Se o tema do espírito como microprocessador é um *leitmotiv* da Inteligência Artificial, alimenta no cotidiano uma imagem maquinal do corpo em um bom número desses apaixonados. Em sua pesquisa sobre o emprego individual do computador, S. Turkle encontra muitos indivíduos para os quais o espírito não é uma consciência, mas uma consequência do acionamento de programas mentais. Para Ned, "a consciência e o livre-arbítrio são ilusões criadas por milhões e milhões de conexões nervosas que ligam um grande número de processadores inteligentes a um grande número de processadores estúpidos". Para Mark, "não há ninguém na casa. Simplesmente um monte de pequenos processadores" (pp. 254-255). O "eu" é um efeito técnico; os microprocessadores mentais são os únicos conteúdos verdadeiros. O filósofo Pylyshyn imagina um personagem ocupado em falar e cujas células do cérebro são, uma a uma, substituídas por componentes eletrônicos até que o cérebro não seja nada além de um arranjo de circuitos integrados. Para os metafísicos da Inteligência Artificial, o orador continuaria a agir do mesmo modo e prosseguiria tranquilamente seu discurso (*in*: Crevier 1997, p. 319).[6] Norman teoriza o espírito humano como "a imitação de um programa", analisa os lapsos, referindo-se ao funcionamento de um computador como um erro no tratamento dos dados, uma pane de transmissão etc. O próprio inconsciente não passa mais de uma disfunção no programa do espírito. Remete a um defeito da máquina. Sempre preocupado em diminuir os desempenhos humanos para realçar os do computador, escreve que

> (...) a consciência não passa de uma memória a curto prazo que contém aproximadamente o que pensamos recentemente. De fato, não é muito forte. Não podemos lembrar-nos de muitos pensamentos nossos. Quando pudermos resolver todos os problemas técnicos, será fácil fabricar máquinas bem mais conscientes do que somos. Aumentar a memória de curto prazo seria o primeiro passo. (*Whole Earth Review*, nº 37)

---

6. As abordagens reducionistas de J.-P. Changeux transformam o espírito humano em percurso de um influxo eletrônico em uma rede de neurônios. Fala, aliás, de "máquina pensante", para designar o cérebro como uma máquina de tratar informação. Ora, não é o cérebro que pensa, mas o homem com toda a sua história, sua psicologia singular, sua pertinência social e cultural, em suma, um homem com sua singularidade própria, cujo cérebro não passa de um instrumento. Mesmo se o cérebro é essencial para pensar, não tem outro conteúdo além da consciência viva do sujeito.

Um lógico famoso como Rucker desenvolve também uma mística da máquina, considerando que esta não é necessariamente desprovida de alma ou de consciência. A seus olhos, o homem é um composto de três partes distintas: o material, formado pelo corpo e pelo cérebro; o programa, que compreende a memória, as competências, o comportamento; a consciência, que cristaliza o sentido de si, a alma de certo modo. Para Rucker, a modificação de algum aspecto do material ou do programa não tem efeito sobre o conjunto. Os órgãos podem ser trocados, o cérebro humano pode ser substituído por um cérebro artificial sem que nada mude na estrutura. A consciência é a operadora do conjunto, é a perpetuação do vínculo consigo, encarna a existência, e a última é, para Rucker, um Absoluto – mas não é um privilégio humano, as máquinas dela participam igualmente, podem ter uma alma e "ser tão boas quanto os homens" (Casti 1991).

A ofensiva contra a consciência une-se à ofensiva contra o sentimento com a mesma preocupação de romper de cima qualquer singularidade do homem diante dos microprocessadores. A ausência de sensibilidade ou de afetividade do computador ou do robô computadorizado não detém os metafísicos da Inteligência Artificial, convencidos de que, se a máquina ainda é desprovida de sentimentos, nada proíbe pensar que um dia não os terá. Para Chazal, por exemplo,

> (...) se hoje os computadores não simulam as emoções e não são capazes de comportamentos que seria possível chamar emocionais, é menos em virtude de uma impossibilidade teórica que jamais foi demonstrada do que, muito pelo contrário, porque as considerações pragmáticas, as coerções econômicas que pesaram sobre a história da informática e a orientaram favoreciam o desenvolvimento de uma Inteligência Artificial rapidamente útil. (1995, p. 68)

A distinção entre a simulação e o real se apaga de novo por um jogo de linguagem; se a máquina manifesta os sinais da emoção graças a seus programas, então não há motivo para pensar que não a sente. D. Crevier dá argumentos abundantes no mesmo sentido, convencido de que as máquinas inteligentes logo desenvolverão imitações de sentimentos humanos a fim de interagir melhor com seu meio: "Para assumir corretamente suas funções, um robô deverá sentir o equivalente de uma satisfação do trabalho bem feito e de uma frustração, quando os obstáculos o impedirem de cumprir sua missão" (1997, p. 374). A metafísica da Inteligência Artificial apoia-se em jogos de linguagem, passa da constatação da simulação à afirmação do verdadeiro; se a máquina parece pensar, então ela pensa ou então nada nos impede de pensar que um dia pensará. No momento, não experimenta qualquer sentimento, mas inelutavelmente um dia terá acesso à emoção. Amanhã é o lugar onde todos os sonhos se realizam.

> É com certeza difícil conceber como um pensamento e até uma consciência podem surgir do funcionamento dos circuitos eletrônicos, mas também é difícil explicar nosso pensamento e nossa consciência a partir dos neurônios, das sinapses, dos neurotransmissores e do influxo nervoso. (Chazal 1995, p. 77)

Se a Inteligência Artificial visa definir a consciência, nada impede o pensamento de que um dia ela surja de uma maquinaria sofisticada, que a faísca de vida finalmente toque o ciborgue como outrora a criatura de Frankenstein. A impotência é aqui o melhor trunfo das maravilhas futuras.

Alimentando a religiosidade típica de certas correntes da Inteligência Artificial (e do virtual), Crevier considera que a última remata um processo aberto por Copérnico, prolongado por Darwin e Freud: mostrar de uma vez por todas "a origem material do espírito". Daí o procedimento retórico: "Se é este o caso, não deveria ser possível recriar, a partir de uma matéria inerte, seres não apenas dotados de pensamentos, mas também de consciência, de sentimentos e de emoções?" (1997, p. 313). Na Inteligência Artificial, a inteligência só existe por uma operação de linguagem; a palavra cria a coisa, confunde as antigas referências e então autoriza as comparações inesperadas, perturbadoras, como dar uma consciência ou sentimentos à máquina porque ela testemunha comportamentos que, por analogia com o homem, poderiam vagamente remeter a esses conteúdos. O milagre da língua faz o milagre da máquina de repente promovida a uma humanidade incontestável pelo fato de que certos autores gostam de levar as palavras ao pé da letra. No entanto, se é possível programar um robô para que ele se comporte como se estivesse cansado, ferido ou entediado, ele não se sentirá nem cansado, nem ferido, nem entediado (Ziff 1983). Não há psicologia dos robôs, mas uma psicologia singular dos que pretendem eliminar os limites simbólicos entre eles próprios e os robôs.

Homo silicium

Em 1810, em um texto impressionante, Kleist oferece uma grande contribuição aos imaginários ocidentais do desabono do corpo. Sua narrativa apresenta um diálogo entre o escritor e um dançarino de ópera fascinado pelo teatro de marionetes montado na praça do mercado. Aos olhos do último, a marionete articulada supera infinitamente o homem por sua graça, essencialmente porque sua alma está inserida no próprio âmago de seus movimentos, sem decalagem com seu centro de gravidade. A do dançarino vivo está, ao contrário, atrás ou na frente, sempre dissociada do corpo. Os membros da marionete "são como devem ser, mortos, simples pêndulos e se submetem apenas à lei do peso; uma propriedade maravilhosa que em vão buscaríamos na maioria de nossos dançarinos" (Kleist 1993, p. 14). E, sobretudo, acrescenta em suma o dançarino, a marionete não apenas está livre do corpo, como também, dessa maneira, de qualquer afetação, o pior dos pecados. Trata-se de uma criatura depurada, destinada à graça por sua ausência de corpo, que prefigura poderosamente o ciborgue. O dançarino de Kleist elogiará até a prótese:

> Ouvistes falar dessas pernas mecânicas que certos artistas ingleses confeccionam para os infelizes que perderam seus membros (...). O círculo de seus movimentos é decerto limitado; mas os que têm à disposição são executados com uma calma, uma graça e uma facilidade que espantam todos os espíritos sensíveis. (pp. 12-13)

De Galateia à Eva futura, o apelo do ciborgue ressoa há muito tempo em nossas sociedades como um ideal a ser atingido.

Nos anos 1960, no contexto da conquista espacial, Clynes e Kline inventam o termo ciborgue (*Cybernetic organism*) referindo-se à criação de um homem capaz de sobreviver em condições distantes das condições da Terra, um híbrido de homem e máquina, cujas qualidades fisiológicas são realçadas por próteses técnicas. O ciborgue é "um sistema homem-máquina auto-regulado" (Hables Gray 1995) a fim de se adaptar sutilmente a um ambiente alheio às condições de existência humana. As propostas dos dois pesquisadores permanecem artesanais, conjugando a hipnose a múltiplas injeções farmacológicas a fim de prevenir os problemas psicóticos do cosmonauta, controlar seu sono, seu metabolismo, a regulagem de sua temperatura, suas funções vestibulares, sua gravitação, sua pressão sanguínea, suas percepções. A dor é neutralizada pela imersão do cosmonauta em um sono artificial, enquanto ele espera voltar à Terra. Regulagem bioquímica do corpo a fim de mantê-lo permanentemente no melhor nível de eficácia ou de saúde. O ciborgue visa, portanto, ser um paliativo das insuficiências do corpo, outorgando à vontade uma prótese que permite superar as dificuldades que ela encontra ao longo do tempo. Ele acrescenta a uma dimensão da existência ou dela subtrai a fim de melhorar seu rendimento, de aumentar sua eficácia fisiológica.

Com o decorrer do tempo, o acoplamento vivo-máquina conquistou extensão e banalidade ao abranger a área médica e a vida comum.[7] As tecnologias monitoram o cotidiano e substituem as atividades corporais, impregnam o cotidiano. Aproveitam a miniaturização e os últimos avanços informáticos e hibridam o homem com suas múltiplas próteses. O ciborgue é um homem aparelhado no qual a técnica interfere sensivelmente no funcionamento de seus comportamentos: um homem vivo com uma prótese e cuja existência é submetida a um controle regular de suas atividades. O hospital é o lugar predileto do ciborgue: a hemodiálise, as máquinas de reanimação, a aparelhagem para remediar uma deficiência, os embriões concebidos *in vitro*, as mulheres grávidas dando à luz no hospital etc. A medicina até transforma o humano em

---

7. Hables Gray sugere denominar de "semiciborgues" os inúmeros instrumentos, decerto desligados do corpo, mas hoje indispensáveis para a vida cotidiana e sem os quais os indivíduos se sentiriam deficientes (automóveis, telefone, televisão, computadores etc.) (Hables Gray 1995).

ciborgue por meio das mães de aluguel, dos doadores de órgãos com morte cerebral e seus receptores.[8] As antigas fronteiras entre o biológico e o mecânico atenuam-se ou dissolvem-se. A ciborguização remete também a modalidades técnicas mais discretas, como a programação da afetividade cotidiana pelo recurso à psicofarmacologia. Entre tantos, o escritor Paul West descreve com humor suas sensações com uma prótese cardíaca, que tem medo que seja alterada pelo seu ambiente técnico:

> Estou permanentemente ameaçado pelos desfibriladores e outros cautérios elétricos muito potentes, sistemas de alarme, arcos de soldar, máquinas de resistência, fornos de indução. Tento tomar cuidado, mesmo nas bibliotecas, cujos dispositivos de controle são em princípio inofensivos, mas tenho a impressão de me movimentar em uma espécie de *no man's land* elétrica, cujos engenhos tentam me enviar mensagens poderosas capazes de me reduzir a cinzas. (1998, p. 89)

O ciborgue "não é apenas Robocop, é nossa avó com um marca-passo", conclui Hables Gray (1995, p. 2). É também o piloto de bombardeio integrando-se a tal ponto com seus instrumentos que dá um tiro de míssil com seus olhos.

Do nascimento à morte, o ciborgue assinala o recuo do corpo e seu aperfeiçoamento técnico com vistas a um melhor resultado na vida cotidiana ou profissional, na saúde ou na guerra, na eficácia de ação ou no pensamento. Os computadores e seus programas regulam fora do corpo as funções fisiológicas; as próteses integram-se às funções e aos órgãos, substituem o biológico. A supressão das fronteiras entre o artifício e o vivo se traduz pela fabricação de biomateriais, ou pela conexão de terminações nervosas ou musculares com materiais mecânicos ou eletrônicos. As ciências biológicas, a informática, a robótica esboçam um novo mundo de sentidos. Os dados antropológicos fundadores de nossas sociedades se desfazem: natural e artificial, homem e máquina, vivo e inanimado, real e virtual, humanidade e animalidade, eu e o outro,

---

8. Nesse sentido, os órgãos retirados e transplantados tornam-se as matrizes que dão à luz um novo ciborgue.

vida e morte etc. Sem a prótese, a vida diminuiria – ou a deficiência ou a morte inelutável. O ciborgue é uma autorização dada pela técnica para o prosseguimento da existência individual.

A supressão de qualquer obstáculo entre o computador e nós leva alguns ao desejo de simbiose com a máquina ou à comparação com ela na forma sonhada de uma incorporação cerebral de *chips*. A interface homem-máquina será então interiorizada pelo sujeito, porque o computador estará nele. Os *chips* incorporados ao cérebro fazem alguns sonharem com uma super-humanidade biônica, na qual o saber e a competência não terão quase limites, serão apenas subordinados ao número de arquivos em circulação. Logo, diz F.T. Hambrecht, "poderemos usar emissões do córtex motor para dirigir máquinas sem esperar pela resposta lenta dos músculos do corpo" (*in*: Dery 1997, p. 301).[9] O ambiente do extremo contemporâneo mescla organicamente o homem e a máquina. O corpo é reconfigurado de um outro modo e expulso para fora de si mesmo. A carne é reinventada com materiais ou mecanismos que aumentam sua resistência. A tecnologia alimenta a totalidade da relação com o mundo do homem, da psicofarmacologia aos meios de comunicação, das próteses médicas às técnicas da vida cotidiana. Freud enumerava três feridas narcisistas infligidas ao homem moderno: a revolução de Copérnico arranca a Terra do centro do mundo; a teoria da evolução inscreve o homem na continuidade do animal; e a revelação do inconsciente remete o sujeito a uma ignorância das razões superiores de seus atos. Para Mazlich (1993), chegou a hora de acrescentar uma quarta ruptura ontológica que conduz a uma maior humildade. A distinção entre o homem e a máquina justifica-se cada vez menos quando a última não cessa de mesclar-se com o homem, de interferir em seu funcionamento. Não podemos mais conceber o homem sem referência à máquina. O ciborgue tornou-se assim, em alguns anos, um paradigma incontornável

---

9. Certamente a intromissão no corpo de *chips* eletrônicos será excelente para muitas pessoas deficientes às quais eles devolverão parte de sua mobilidade ou de sua preensão; não estamos falando aqui dessas próteses necessárias, mas das que pretendem ampliar as possibilidades de velocidade de ação sobre o mundo do homem normal. Hambrecht fala de "lentidão" do corpo para reagir, pois está atrasado uma fração de segundo em relação à máquina. Veremos qual será o ganho formidável de tal conexão orgânica.

para pensar o mundo contemporâneo. Onipresente na literatura e no cinema de ficção científica, nas histórias em quadrinhos, nos desenhos animados, nos *videogames*, ou mesmo nos jogos, alimenta um imaginário poderoso, converte-se em figura emblemática da pós-modernidade e alimenta muitas análises americanas (Haraway 1991; Bukatman 1993; Hables Gray 1995; Springer 1996) ou, na França, as de Baudrillard.

Ciborgue manifesto

Concebe-se mal a humanidade do extremo contemporâneo sem suas inúmeras conexões internas ou externas com processos técnicos que tornam caduca a antiga ontologia de um homem inteiramente definido por sua relação corporal com o mundo. O paradigma do ciborgue alimenta um fascínio da máquina inteligente e quase viva com o sentimento compensatório da obsolescência do homem, do anacronismo de um corpo cujos elementos se degradam e exibem uma temível fragilidade com relação à máquina. Dona Haraway propõe até uma utopia política em que o ciborgue vem conjurar todas as fraturas sociais e individuais que hoje tornam a existência dolorosa para muitas categorias culturais. Oposições "raciais" de gênero, de classe, de cultura etc. seriam resolvidas dessa maneira. Implicitamente em Haraway, o corpo é a fonte de todas as injustiças e de todos os sofrimentos. Em vez de propor uma outra perspectiva com relação a ele, ela reivindica sua eliminação radical em proveito da máquina.

O manifesto ciborgue pretende construir, de acordo com os próprios termos de D. Haraway, um mito irônico e polêmico propício ao feminismo, ao socialismo e ao materialismo e longe de um humanismo "sentimental". Se o debate político está, a seu ver, contaminado pelas categorias morais herdadas de uma época de desigualdades entre os homens e as mulheres, os grupos sociais ou étnicos etc., importa agora levantar essas questões de uma outra forma, purificada dos antigos valores e levando em conta a entrada de nossas sociedades em uma era "pós-humana", em que as fronteiras do gênero se dissolvem. Seu texto, diz ela, é

(...) um argumento a favor do prazer em torno da confusão das fronteiras e a favor de uma responsabilidade em sua elaboração. É também um esforço para dar uma contribuição a uma teoria e a uma cultura socialista-feminista de um modo pós-moderno, não-naturalista, e na tradição utópica de imaginar uma sociedade sem gênero sexual, sem gênese e sem fim. (Haraway 1990, p. 150)

Deliberadamente, apropriando-se do poderio imaginário que envolve o ciborgue, ela pretende torná-lo uma máquina de guerra cultural irônica e perversa, tendo em vista a liberação dos homens. Organismo cibernético, o ciborgue tornou-se simultaneamente a condição comum de uma humanidade cuja existência se mistura inelutavelmente com a máquina. O eu é redefinido como uma colagem pós-moderna por meio de uma série de aparelhagens microcibernéticas. Haraway prolonga essa constatação em um mito crítico, ao mesmo tempo em que também torna o corpo um fóssil que dá origem a todas as desigualdades sociais. "Vivemos a passagem de uma sociedade orgânica e industrial para um sistema de informação polimórfica – do trabalho à brincadeira, uma brincadeira mortal" (1990, p. 161). O corpo é fora de propósito, associado demais às velhas dominações; o ciborgue se oferece então como um refúgio formidável, uma arma para dar à luz um novo mundo. "Na virada do século, nosso tempo, um tempo mítico, todos somos quimeras, concebidas como híbridos de máquina e de organismo, em suma, somos ciborgues. O ciborgue é nossa ontologia, fornece-nos uma política" (Haraway 1990, p. 150). Outra versão do mito messiânico das tecnologias de comunicação, a utopia de Haraway propõe harmonizar as consciências individuais na liberdade e na autonomia.

Certamente o ciborgue é um local memorável de tensão política. As imagens violentas e guerreiras de *Robocop* ou *O exterminador do futuro* manifestam até a caricatura a nostalgia de uma época em que "a supremacia masculina não era questionada e em que o homem inseguro podia voltar-se para a tecnologia para restaurar sua imagem de poderio fálico" (Springer 1996, p. 111). Na ficção, os ciborgues encarnam uma mescla científica de humanidade e microprocessadores, são criações estritamente masculinas, não nasceram de uma mulher, mas de engenheiros, e veiculam um sistema de valores voltado para a agressividade e o machismo. O ciborgue de ficção

208 Papirus Editora

é uma afirmação "viva" do ódio simultâneo do corpo, da sexualidade e dos sentimentos. Mas outras feministas, com D. Haraway, insistem na necessidade de as mulheres se apropriarem dessas técnicas para conjurar as dominações econômicas, políticas, sociais ou sexuais. Informática e ciborgue são, então, associados a imagens de doçura, de aliança, de amizade etc., opostas aos temas agressivos que hoje alimentam de maneira caricatural as apresentações do ciborgue no cinema ou em outro lugar. Para Haraway, na era da miniaturização dos sistemas informáticos, o ciborgue que anula as ontologias dualistas de nossas velhas sociedades é promovido a instrumento de liberação em um mundo onde os indivíduos "não teriam mais medo de seu reino compartilhado com o animal e com a máquina, nem de existir entre identidades sempre parciais e contraditórias".

Dona Haraway liberta o ciborgue de suas conotações misóginas e guerreiras, desvia seu imaginário para banalizá-lo e transformá-lo em figura de subversão radical das desigualdades socialmente construídas hoje entre homens e mulheres ou entre grupos sociais.[10] A política do ciborgue é um terreno inequívoco, sem dissimulação possível, mas impõe que a mulher se desfaça de sua tecnofobia e agarre as possibilidades reais e imaginárias de um tornar-se ciborgue. Marca igualmente uma aliança entre natureza e cultura, vivo e máquina, real e utopia. O ciborgue é uma criatura de "pós-gênero", separada da "simbiose pré-edipiana", do "trabalho alienado"; não sonha com família e está longe da sedução das "comunidades de fusão"; encarna, nesse sentido, um poder autônomo que nada ameaça. Tendo as conexões como única preocupação, exibe claramente uma impossibilidade de se passar por natural, ao contrário das outras formas de identidade. O próprio corpo humano é marcado por ambiguidades decorrentes da educação recebida e das formas de dominação política.

> O corpo ciborgue não é inocente, não nasceu em um jardim; não busca
> uma identidade unitária e assim não gera dualismos conflituais sem fim (a

---

10. Dona Haraway é lúcida quanto ao fato de ser o ciborgue "a emanação de um capitalismo patriarcal e militarista" (p. 151); ela sabe que, se as tecnologias da comunicação são propícias para uns, são uma tragédia para os outros que as produzem nas fábricas de "Detroit ou de Cingapura" (p. 153). Mas isso não desarma seu raciocínio. Sua preocupação é de fato desviar o ciborgue das conotações politicamente duvidosas para torná-lo um instrumento de liberação, um simulacro reivindicado por sua força simbólica no campo das operações políticas.

não ser o fim do mundo); considera a ironia evidência (...). A máquina é nós mesmos, nosso processo, um aspecto de nossa encarnação. Podemos ser responsáveis por ela, ela não nos domina, nem nos amedronta; somos ela mesma. (Haraway 1990, p. 160)

O corpo humano é caduco, não era eterno, e sua ambiguidade política pleiteava contra ele. "O gênero bem que poderia, afinal, não ser nossa identidade global, mesmo se tem raízes históricas profundas" (*id.*, p. 160). Haraway conclui seu manifesto dizendo o quanto ela prefere ser ciborgue a deusa.

Para D. Haraway, a obsolescência do corpo que percorre as entrelinhas de sua análise autoriza igualmente a pensar a obsolescência do gênero de maneira radical. Sem corpo, deixam de existir individualidades sexuais capazes de conhecer poder ou dominação. A política do ciborgue é um laboratório para pensar o inédito de uma condição de mescla homem-máquina, realizando a utopia de uma sociedade sem poder, onde o vínculo social existe quando é pedido em forma de conexão provisória. Sem organicidade do homem, deixa de haver organicidade do poder. D. Haraway escreve finalmente um capítulo inédito do ódio do corpo; abre um outro processo, não mais arraigado nas limitações materiais da carne com respeito à tecnologia; para ela, o corpo é igualmente uma forma desastrada que tornou possíveis inúmeras opressões de sexo, de classes, de grupos etc. A dissolução do corpo, ou melhor, sua superação no ciborgue conjura toda imperfeição e deixa o campo livre, graças às técnicas de informação contemporâneas, para uma liberação política do sujeito além de qualquer dualismo capaz de se voltar contra uns e outros em proveito de um poder qualquer. Só existe injustiça por causa do corpo; a orientação da humanidade em direção ao ciborgue é um remédio radical.

O fim do corpo

Uma novela de Ballard apresenta um futuro próximo em que todas as interações sociais, mesmo as mais íntimas, são efetuadas por intermédio de imagens. Os homens vivem em um mundo de telas e de computadores que abastecem o conjunto de seus feitos e gestos. Os contatos físicos são severamente proibidos, ninguém se encontra nunca, e a simples ideia de tocar a carne do outro é uma abominação. A sexualidade realiza-se por meio de telas; a procriação é feita *in vitro*; as inúmeras interações da vida cotidiana, os convites para refeições, as conversas entre amigos, o exercício profissional também são feitos por câmeras (até a medicina); os casais saem juntos ou dormem, compartilham refeições, criam os filhos, contemplam-nos dormindo etc., sem nunca terem de se encontrar fisicamente.

> A experiência humana viu-se imensamente enriquecida. Fui pessoalmente criado na creche do hospital e, conseqüentemente, fui protegido de uma vida de família marcada pela promiscuidade física (sem falar dos riscos, estéticos e outros, de uma higiene doméstica comum). Mas, em vez de me encontrar isolado, estava rodeado de companheiros. Graças à televisão, jamais estava sozinho. Em meu quarto de criança, brincava horas (...) com meus pais, que me contemplavam no conforto de seus lares, alimentando minha tela de uma profusão de *videogames*, de desenhos animados... (Ballard 1984, p. 207)

Jamais os homens desse mundo estão isolados – estão em contato com uma multidão de amigos ou de colegas, levam uma vida familiar que os satisfaz, sua sociabilidade é intensa, mas puramente telemática. O médico herói da novela estudou sem nunca tocar num doente. O terminal de computador construiu seu saber, e suas consultas efetuam-se da mesma maneira graças a câmeras superaperfeiçoadas que dispensam as imagens corporais necessárias ao diagnóstico. Um dia, esse homem teve a ideia despropositada de conhecer sua mulher e seus filhos de carne e osso. Atitude inaudita e longamente preparada, cuja primeira tentativa fracassa de maneira sinistra, o casal não conseguindo suportar ver-se realmente sem a transfiguração da imagem. Seus respectivos corpos parecem-lhes feios e velhos, repulsivos. Fogem. Uma segunda tentativa com as crianças acaba em tragédia. Dilaceram-se e acabam por matar uns aos outros. A emergência do corpo é mortal.

O corpo não é somente um acessório a ser retificado; percebido como um anacronismo indigno, um vestígio arqueológico ainda ligado ao homem, é levado a desaparecer para satisfazer àqueles que buscam a perfeição tecnológica. Converte-se em membro supranumerário (Le Breton

1990), em entrave a uma condição humana por fim digna desse nome (muitas vezes já chamada pós-humanidade). A tarefa desses novos gnósticos é combater o corpo, dissociar o indivíduo de sua carne perecível, imaterializá-lo na forma de seu espírito, único componente digno de interesse. Em *Neuromancer*, Case, considerado culpado de trair seus empregadores, dissimulando-lhes dados, é expulso da Matriz (o espaço cibernético) e condenado a seu corpo. O último, aliás, não passa de "carne". "Para Case, que só vivera pela exultação desencarnada do espaço cibernético, foi a queda. Nos bares que freqüentava em seu período de glória, a atitude elitista exigia um certo desprezo da carne. O corpo era a carne. Case caíra na prisão de sua própria carne" (Gibson 1985, p. 7). A conexão recuperada com a Matriz proporciona a Case a felicidade em um mundo onde ele é pura consciência livre do fardo do corpo. Case só existe realmente no espaço cibernético; lá, ele é um indivíduo por inteiro. Em sua busca, é auxiliado por um ex-pirata da informática morto, mas cujo espírito continua vivo, sintetizado dentro do computador. Os outros personagens são em geral seres com fronteiras corporais redesenhadas por intervenções genéticas, implantes, transplantes, circuitos integrados etc. Nesse romance *cult*, os personagens são de fato puras construções virtuais que por um momento tomam um corpo emprestado a fim de aparecer fisicamente aos outros protagonistas. Wintermute é uma Inteligência Artificial que orienta as ações de um grupo de indivíduos a fim de se juntar com um outro, Neuromancer, a fim de se fundir em uma nova forma.

O corpo não é mais uma fronteira de identidade; é um *morphing*, um vestígio deixado no espaço. A redução do corpo à "carne" (*meat*) volta no *Mondo 2000* (1992, p. 170), para o qual "essa expressão comunica a frustração que os usuários da *infosfera* indefinidamente passível de extensão sentem diante das limitações impostas a seu espírito vagabundo pelas exigências do corpo". Esse termo pejorativo para designar o corpo vem naturalmente no texto de um teórico importante do pensamento artificial, Marvin Minsky,[11] mas dessa vez aplicado ao cérebro (*a meat machine*).

---

11. Minsky escreveu, aliás, junto com H. Harrison, um romance futurista, *The Turing option* (1992), no qual imagina uma sociedade onde os homens podem telecarregar seu espírito no computador, a "sociedade dos espíritos" com a qual sonha.

Conectados no espaço cibernético, os corpos dissolvem-se. "Suspenso no universo do computador", diz Heim, "o cibernauta deixa a prisão do corpo e entra em um mundo de sensações digitais" (1991, p. 64). O viajante da *infosfera* não está mais preso a um corpo físico; faz sucessivas explorações com identidades muitas vezes diferentes, em um mundo imaterial. Não importa sua idade, seu sexo, ou até se é doente ou deficiente – ele tem liberdade de se mover à vontade, e de acordo com sua competência, em um universo de dados. Seu corpo físico com relação a seus múltiplos corpos virtuais é só um ponto de referência, uma necessidade antropológica que ele dispensaria de bom grado se fosse possível.

O corpo eletrônico do espaço cibernético atinge a perfeição, longe da doença, da morte, da deficiência. Realiza o Paraíso na Terra de um mundo sem densidade de carne, dando viravoltas no espaço e no tempo de maneira angélica, sem que o peso da matéria entrave seu progresso. Como a água se mistura com a água, a carne eletrônica dissolve-se em um universo de dados que nada detém. A Internet tornou-se a carne e o sistema nervoso dos que não conseguem mais ficar sem ela e que só sentem despeito de seu antigo corpo, que não para, no entanto, de grudar na pele. É claro que, para tornar as virtudes do corpo virtual verossímeis, é preciso caridosamente esquecer os vírus.

No início dos anos 60, A.C. Clarke já afirmava, com ironia, a obsolescência do homem e o triunfo futuro das máquinas. Para sublinhar a vulnerabilidade da forma humana, é claro que deu o exemplo do corpo.

> Além da fragilidade dos materiais que nos compõem, somos deficientes por uma das engenharias mais sutis que existem. Que desempenho é possível esperar de uma máquina que deve crescer vários milhões de vezes enquanto é fabricada e que deve ser completa e continuamente reconstruída molécula por molécula ao final de algumas semanas? É o que acontece conosco o tempo todo (...). É mais fácil fabricar cidades como Londres ou Nova York do que o homem, e elas levam centenas de vezes mais tempo para ser construídas. (1962, p. 210)

Clarke espanta-se que ainda reste um pouco de energia no homem para pensar. No roteiro de *2001: Uma odisseia no espaço*, ele evoca o provável desaparecimento do corpo humano. Cita os biólogos da era espacial que

> (...) não acreditavam que os seres evoluídos pudessem conservar corpos orgânicos. Mais cedo ou mais tarde, pretendiam, com o desenvolvimento dos conhecimentos, esses seres iriam livrar-se desse invólucro frágil, sujeito a doenças e a acidentes, que a natureza lhes havia fornecido, invólucro destinado a um fim certo. Substituiriam seu corpo de origem assim que ele se desgastasse e talvez até antes, por construções de metal e plástico que os tornariam imortais (...). E, finalmente, o próprio cérebro poderia desaparecer. Como sede da consciência, não era absolutamente essencial. O desenvolvimento da inteligência eletrônica provara isso. O conflito entre o homem e a máquina seria um dia resolvido para sempre por uma simbiose total. (1968, p. 148)

Uma comunidade virtual americana, os extropianos,[12] deseja prolongar infinitamente sua existência graças ao aperfeiçoamento das técnicas (transformações genéticas, psicotrópicos, hibridação com meios biônicos, clonagens etc.). Quando eles morrem – apesar de seus esforços de imortalidade –, seus despojos são mantidos em hibernação enquanto se aguarda a descoberta de uma maneira de curar seus males e de trazê-los de volta à vida. Trabalham com a possibilidade de transferir seus espíritos para a rede a fim de se livrarem definitivamente do corpo e levar uma vida virtual e eterna. Para seu teórico, D. Ross, "basta" construir, em um programa de computador, cada neurônio e cada sinapse de um cérebro particular para que se efetue a transferência do espírito, com toda a sua memória, para o computador, deixando o corpo abandonado. Como o homem só vale por seu cérebro, a dissolução do corpo em nada muda sua identidade, mas livra o extropiano de seu fardo possível de doenças, de acidentes ou de morte. Ele se liberta de seus ouropéis e inicia uma vida regenerada. Caso se entedie no espaço cibernético, pode voltar atrás simplesmente mandando reconstruir um novo corpo a partir de seu DNA ou de um outro corpo, mas igualmente por clonagem, no qual se recarregará seu espírito.

---

12. Fora da entropia.

214 Papirus Editora

G.J. Sussman, professor no MIT, lamenta-se por não conquistar imediatamente a imortalidade que lhe parece tão próxima tecnicamente. Sonha em ver-se livre do corpo:

> Se você puder fazer uma máquina que contenha seu espírito, então a máquina é você mesmo. Que os diabos carreguem o corpo físico, não tem interesse. Mas uma máquina pode durar eternamente. Mesmo se parar, você pode sempre se retirar para um disquete e recarregar-se em outra máquina. Todos nós gostaríamos de ser imortais. Infelizmente temo que sejamos a última geração que vai morrer. (Morse 1994, p. 162)

O imaginário milenarista de liberação do corpo graças ao computador é amplamente compartilhado. R. Jastrow, pesquisador da área espacial, acha que, finalmente,

> (...) o cérebro humano integrado a um computador está livre de sua carne mortal. Conectado a câmeras, a instrumentos, o cérebro vê, sente e reage a *stimuli*. Controla seu próprio destino. A máquina é seu corpo; ele é o espírito da máquina. A união do espírito e da máquina cria uma nova forma de existência para o homem do futuro. (Mazlich 1993, p. 220)

Minsky leva a seu termo a mística da Inteligência Artificial e seu desprezo pelo corpo, já marcando a data para o telecarregamento do "espírito" no computador:

> A idéia de morrer após ter acumulado o suficiente para resolver um problema é desoladora. Sem falar de imortalidade, mesmo 500 anos de vida a mais, por que não? E não há motivo para esse sistema quebrar se você usar uma boa tecnologia, porque você pode substituir todas as partes (...). Além disso, você poderá fazer duas cópias de você mesmo se uma não funcionar. Talvez até enviar várias cópias de você mesmo para viver várias vidas. (*Whole Earth Review*, nº 37)

Já evocamos Stelarc, o artista que considera o corpo obsoleto dentro do ambiente tecnológico contemporâneo. A seu ver, o corpo perdeu toda utilidade ao ser substituído por máquinas com melhor desempenho na maioria de suas funções. A partir de então é um obstáculo à recepção de miríades de informações que hoje se impõem ao conhecimento do homem, mesmo se apenas pela Internet:

> É hora de se perguntar se um bípede, com um corpo que respira, pulsa, com uma visão binocular e um cérebro de 1.400 cm^3 ainda é uma forma biológica adequada. A espécie humana criou um ambiente técnico e informativo que não tem mais condições de acompanhar. Por um lado, é esmagada pela velocidade, pela precisão e pelo poder da tecnologia; por outro, é submersa pela quantidade e pela complexidade das informações acumuladas. (*Whole Earth Review*, nº 21)

Um corpo mais à altura, segundo ele, dos desafios contemporâneos só pode ser uma estrutura biônica indiferente às antigas formas humanas. Se o computador é um lugar infinitamente propício para abrigar o espírito, também é promovido à categoria de corpo glorioso de liberação de um mundo biologicamente impuro. Leary e Gullichsen consideram uma imersão do homem, finalmente despojado de corpo, no próprio âmago da máquina:

> A forma de vida eletrônica que o homem assumirá dentro da máquina é mais afastada de nossas concepções atuais do ser humano. Se estocarmos nossos pensamentos em forma de dados informáticos e se os explorarmos com programas adequados, então nosso sistema neuronal vai funcionar tão bem por meio do silicone quanto funciona atualmente em nossa matéria cinzenta. Só que ele será mais rápido, mais preciso, passível de reprodução e, se desejarmos, imortal. (Leary 1996, p. 215)[13]

M. Pauline, um artista fascinado pelas máquinas e que apresenta *performances* espetaculares conduzidas por robôs, confessa seu desejo de um dia transformar-se em máquina: "Para mim, a continuação de minha existência é condicionada pelas múltiplas conexões que considero com máquinas. Se pudesse hoje me tornar uma máquina, não me tornaria: gostaria de tornar-me *máquinas*, todas as máquinas" (*Whole Earth Review,* nº 40).

---

13.   Os mesmos autores acrescentam: "Em um futuro próximo, o homem, tal como hoje o conhecemos, essa criatura perecível, não passará de simples curiosidade histórica, de relíquia, um ponto ridículo perdido no meio de uma diversidade de formas inimaginável. Se tiverem vontade, os indivíduos ou grupos de aventureiros poderiam voltar a essa prisão de carne e sangue que a ciência terá prazer de reconstruir para eles" (Leary 1996, p. 218).

Para H. Moravec, especialista em robótica, a obsolescência do corpo humano é uma realidade; a principal tarefa consiste em livrar-se da carne supérflua e estorvante que limita o desenvolvimento tecnológico de uma humanidade em plena metamorfose. "No estado atual das coisas", escreve,

> (...) somos híbridos infelizes, meio biológicos, meio culturais: muitos traços naturais não correspondem às invenções de nosso espírito. Nosso espírito e nossos genes talvez partilhem objetivos comuns no decorrer de nossa vida. Mas o tempo e a energia consagrados à aquisição, ao desenvolvimento e à difusão das idéias contrastam com os esforços consagrados à manutenção de nossos corpos e com a produção de uma nova geração. (1992, p. 11)

O corpo arruína grande parte dos esforços do espírito. Além disso, um dia vem a morte e aniquila em um instante esses esforços. O corpo é um limite intolerável, uma perda de tempo, um desperdício de forças que poderiam ser empregadas com maior utilidade. Entramos, segundo Moravec, em uma era "pós-biológica" – o mundo logo verá o triunfo dos robôs pensantes, infinitamente complexos e eficazes que não mais se distinguirão da humanidade comum, a não ser por sua perfeição técnica e seu abandono do corpo. "É um mundo no qual o gênero humano será varrido por uma mutação cultural e destronado por sua própria progenitura artificial" (p. 7). Certamente as máquinas contemporâneas ainda se encontram em sua infância, são elementares, exigem muitos aperfeiçoamentos para atingir esse nível final que fará do homem biológico uma criatura definitivamente obsoleta. "Mas", diz Moravec,

> (...) já no próximo século elas irão tornar-se entidades tão complexas quanto nós, depois logo transcenderão tudo o que conhecemos (...). Livres das pesadas coerções da evolução biológica, esses filhos de nosso espírito poderão enfrentar os grandes desafios do universo (...), irão desafiar a sorte por conta própria, enquanto nós, seus velhos pais, aos poucos desapareceremos. (p. 8)

Essas máquinas inteligentes e autônomas saberão sustentar-se, aperfeiçoar-se, reproduzir-se, indiferentes à humanidade destinada à obsolescência. "Nosso DNA deixará de ter função: terá perdido a corrida da evolução em proveito de uma nova forma de competição" (p. 9).

O desenvolvimento da máquina é precisamente, para Moravec, a salvação da humanidade graças à simbiose que se anuncia entre a técnica e o biológico; uma nova hibridação começa a nascer – não mais aquela, ultrapassada entre o biológico e o cultural, mas a hibridação entre o computador e o espírito. É importante o espírito viver o luto do corpo e livrar-se de qualquer limite social e cultural. Moravec compreende Descartes literalmente, dissociando de maneira radical o corpo do espírito e destinando o primeiro a ser apenas a máquina indiferente que abriga o segundo. Da mesma forma que os dados informatizados passam sem dificuldade de um computador a outro, logo com a mesma facilidade conseguiremos transferir o espírito humano para a máquina. O transplante de cérebro para um corpo robótico, mas constituído de materiais biológicos, livraria o homem de seus entraves físicos. Moravec não duvida que logo haverá muitas soluções disponíveis. Um *scanner* de alta resolução seria o ideal, transpondo, em uma fração de segundo, todos os dados intelectuais e afetivos do indivíduo para um novo habitáculo mais adequado que o antigo corpo. Moravec sonha igualmente com um computador portátil

> (...) programado com os universais do espírito humano, seu patrimônio genético e tantos detalhes sobre sua vida quantos há normalmente à disposição (...). Você carrega esse computador consigo por toda a vida; escuta-o e observa-o com atenção; talvez ele vigie seu cérebro e ensine-lhe a antecipar todas as suas reações (...). Quando você morre, esse programa é instalado em um corpo mecânico que imediatamente retoma sem problemas sua vida e suas atividades. (p. 135)

A possibilidade de transferir o sentimento de identidade para fora do corpo autoriza inúmeras combinações, ampliando ao infinito os antigos recursos da humanidade. Assim, o computador portátil, hibridado ao espírito, possui um comando chamado "lento" para sincronizar a conexão com o cérebro antigo. Com o comando "rápido", o indivíduo torna-se de repente capaz de se comunicar e pensar "mil vezes mais depressa" (p. 137). Outra eventualidade: o programa inteiro do espírito é implantado em outras máquinas, que conferem ao indivíduo uma ubiquidade, multiplicando suas possibilidades de ação. Privado de corpo, reduzido apenas ao *software*, nada impede que o indivíduo circule, na forma de informações, dentro das redes de comunicação e até, sugere Moravec, que viaje, na forma de uma mensagem *laser*, entre dois planetas para estudar um meteorito ou uma estrela de nêutrons. O indivíduo percorreria o espaço sem obstáculos, completamente capaz de voltar a ele, para dentro de seu corpo biônico, quando desejasse. Moravec considera a fusão das diferentes memórias das cópias do mesmo indivíduo e até das memórias das cópias de muitos indivíduos diferentes por uma transferência de lembranças, rompendo dessa vez os próprios limites do foro íntimo. A morte ou a entropia, ou até a doença, objeções principais do extremo contemporâneo ao corpo, são igualmente eliminadas. Se a máquina que abriga o espírito se deteriorar após um acidente, basta transferir o programa para uma outra. Como o indivíduo se transforma apenas em uma soma organizada de informações, um bom *backup* confere uma excelente defesa contra a morte e as fragilidades da existência.

Moravec não se esquiva da questão delicada da identidade individual. "Quem sou" nesse mundo em que circulam inúmeras cópias de mim mesmo ou dos que me são próximos, onde é fácil se imaterializar para viajar na rede, onde a própria morte é anulada pela preservação do *software*? Moravec distingue a identidade corporal que assimila erroneamente o espírito humano ao corpo de origem, pois, a partir desse momento, é claro, a duplicação de si é uma tragédia. A seu ver, a situação muda completamente caso se aceite opor a ele uma identidade formal que defina a essência do indivíduo como "o conjunto das características formais do processo que ocorre em minha cabeça e em meu corpo e não como a mecânica, que é o suporte desse processo. Se o processo é preservado, eu sou preservado. O resto não passa de geléia" (p. 142). A redução da identidade a uma série de informações integradas elude de fato a questão do corpo, autoriza fantasiosamente o pensamento de uma humanidade fora do corpo. Além disso, descobre Moravec de repente, o corpo não é um móvel sempre em incessante regeneração? Se os componentes do corpo se transformam incansavelmente, então, "no meio do caminho de nossa vida, temos grandes chances de não compreender mais um único de nossos átomos que nos constituíam quando de nosso nascimento. Apenas a nossa forma e ainda somente uma parte desta acompanha-nos até a nossa morte"

(p. 143). Se o homem é uma cristalização finita de informações, a duplicação não levanta nem dilemas filosóficos, nem técnicos. O indivíduo identificado ao *software* passa de uma habitação física a uma outra, como em outros tempos mudava de roupas sem se preocupar se era ainda ele mesmo por não ter se vestido hoje como havia se vestido ontem. Só o espírito pode ser identificado ao sujeito – o corpo não passa do artefato. De um modo platônico, em Moravec o corpo é a prisão da alma (do cérebro ou do espírito), mas os meios técnicos contemporâneos finalmente resolvem o drama e eliminam o corpo. A vida não se opõe mais ontologicamente à máquina; ao contrário, dá sua plena medida a um espírito livre de seus ouropéis de carne.

ABERTURA

Não era sem uma certa razão que eu acreditava que este corpo (o qual, por algum direito particular, eu chamava de meu) me pertencia mais adequada e intimamente que um outro. Pois, com efeito, jamais poderia estar separado dele como de outros corpos; sentia nele e por ele todos os meus apetites e todas as minhas afeições.

Descartes, *Méditations métaphysiques* [*Meditações metafísicas*], 1970

É certo que continuamos a ser de carne. Nesta obra, percorremos representações, utopias, fantasias e às vezes o começo de realizações de um mundo por fim liberado do mal que o corpo é para muitos pesquisadores. Mas a teimosia do sensível permanece. Abandonar a densidade do corpo seria abandonar a carne do mundo, perder o sabor das coisas – é verdade que alguns sonham com isso o tempo todo. A onipotência do pensamento não cessa de deparar com o irônico grão de areia de um corpo que destina às gemônias desde Platão. O homem está enraizado em seu corpo para o melhor e para o pior. Se Moravec, Minsky ou muitos outros, portadores de aspirações comuns da cultura cibernética americana, cantam louvores ao "espírito" e consideram um telecarregamento próximo de sua identidade para dentro do computador a fim de abandonar por fim o velho corpo, não deixam de restar menos homens de carne como os outros, obrigados a adiar sem cessar sua convicção de que o corpo logo irá desaparecer. A metafísica da Inteligência Artificial choca-se desesperadamente com a física do corpo. Outros sonham com uma manipulação genética ou com uma fabricação por médicos da "criança perfeita", mas não impedem nem os acidentes, nem a doença, nem a morte, nem a dificuldade de viver. E sobretudo aumentam consideravelmente o biopoder. A perfeição só existe para consolar da infelicidade e não para que seja realizada, o que seria uma infelicidade ainda maior. O rótulo genético dos exames pré-natais ou da medicina de prognóstico não é uma garantia de imortalidade. Com certeza é uma autorização ainda maior à discriminação de todas as formas.

Se uma certa medicina se ilude com seus discursos triunfantes sobre os avanços genéticos, a realidade é mais amarga: assiste ao surgimento de novas doenças em virtude das falhas do sistema imunológico (Aids), dos efeitos nefastos do meio ambiente (poluição etc.) diretamente sobre o homem ou sobre a cadeia alimentar (mal de Kreusfeld-Jacob etc.), dos novos vírus que aparecem. Quanto a essa tecnicização espantosa que se encarrega da doença (ou mesmo da vida cotidiana), está longe de só ter efeitos positivos (mas aqui estamos saindo do assunto; cf. Le Breton 1990, 1995). Com o extraordinário aumento da pobreza, que acompanha no mundo – até na Europa – os efeitos da globalização econômica, as doenças da miséria voltam com uma força terrível. As desigualdades diante da saúde e da doença não param de crescer. Quanto ao sonho de máquinas que logo se tornarão iguais ao homem quanto à natureza, à dignidade e de direito, M. Dertouzes, diretor do Laboratório das Ciências do Computador no MIT, entre outros, torna a colocar as coisas em seu devido lugar:

> Quando digo que a máquina vai compreender e dialogar com o homem, tampouco falo de Inteligência Artificial. Os computadores vão compreender seus comandos simples, vão responder-lhe com grande

pertinência quando você se ativer a uma área bem simples: a meteorologia, o tráfego nas estradas ou a bolsa. Perderão sua pertinência a partir do momento em que você tentar ampliar o campo. (*Le Monde*, 23/2/1999)

Essa visão do mundo que isola o corpo e suspende o homem como uma hipótese secundária e decerto negligenciável, hoje depara com uma resistência social e com um questionamento ético generalizado. Se o homem só existe por meio das formas corporais que o colocam no mundo, qualquer modificação de sua forma provoca outra definição de sua humanidade. Se as fronteiras do homem são traçadas pela forma que o compõe, tirar dele ou nele acrescentar outros componentes metamorfoseia a sua identidade pessoal e as referências que lhe dizem respeito diante dos outros. Em suma, se o corpo é um símbolo da sociedade, como sugere Mary Douglas (1984), qualquer jogo sobre sua forma afeta simbolicamente o vínculo social. Os limites do corpo esboçam em sua escala a ordem moral e significante do mundo. Pensar o corpo é uma outra maneira de pensar o mundo e o vínculo social: qualquer confusão introduzida na configuração do corpo é uma confusão introduzida na coerência do mundo (Le Breton 1990, 1993). Se o corpo deixa de ser a pessoa, se é mantido afastado de um indivíduo com o *status* cada vez mais impossível de decidir, se o dualismo deixa de se inscrever na metafísica, mas determina o concreto da existência e funciona como um modelo da ação da medicina ou de múltiplas correntes da tecnociência ou da cultura cibernética, então tudo é permitido. O corpo torna-se um mecânico biológico sobre o qual reina em potencial um homem reduzido a essa articulação sutil. Enunciável em seus elementos sucessivos, é suscetível a todos os arranjos, combinações insólitas com outros corpos ou experimentos surpreendentes.

Mesmo quando se liberta de suas pertinências reais para assumir as múltiplas identidades do espaço cibernético, brincando com seu sexo, sua idade, seus gostos sexuais, sua nacionalidade etc., o internauta não escapa do cansaço, da fome, do sono, das doenças ou da deficiência. O sentimento de se libertar do corpo que muitas vezes preside o discurso milenarista de alguns usuários do espaço cibernético é uma ficção que diz muito sobre a condição depreciada do corpo no extremo contemporâneo e, portanto, também sobre o desprezo de ser si mesmo. O sujeito desaparecerá com seu corpo, o sorriso zombeteiro do último flutuando por um momento no espaço à maneira de um gato do Scheshire eufórico com o que aprontou para o "espírito". Mas o sujeito não estará mais ali para apreciar a lição de filosofia. O discurso sobre o fim do corpo é um discurso religioso que já acredita no advento do Reino. No mundo gnóstico do ódio do corpo, prefigurado por uma parte da cultura virtual, o paraíso é necessariamente um mundo sem corpo cheio de *bits* eletrônicos e de modificações genéticas ou morfológicas.

A obsolescência do corpo é certamente um absurdo, mesmo que seja uma das palavras de ordem do extremo contemporâneo; ela aciona um imaginário poderoso que não deixa de ter consequências sobre a percepção e as imagens do homem ou da máquina. Destituindo o corpo, trata-se de celebrar a máquina, a Inteligência Artificial, ou de aspirar ao papel glorioso de corretor biológico de um corpo decaído e irrisório que finalmente a engenharia genética vai endireitar. Mas as resistências a essa nova gnose também são fortes. Citemos aqui algumas respostas à questão espantosa colocada em 1989 pela *Whole Earth Review*: o corpo é obsoleto? "Toda pessoa que tem orgasmos regularmente pode lhes dizer o absurdo que é pensar que o corpo é obsoleto", replica, com malícia, Nina Hartley (p. 21). "Não há nada que eu goste tanto no mundo quanto de meu corpo e do corpo dos outros", escreve Kathie Acker. "Não posso conceber o corpo se tornar obsoleto sem pensar ao mesmo tempo em suicídio" (p. 51). Para Stephanie Mills:

> É uma atitude estranha considerar todas as coisas vivas como insatisfatórias. Dizem que os sociopatas – torturadores ou assassinos – são caracterizados por uma tarefa cega, uma impossibilidade de imaginar que suas vítimas são reais. É possível a noção de obsolescência do corpo remeter a tal atitude? (p. 45)

Yaakov Garb questiona "a convergência entre o desligamento do corpo e da natureza e a extensão das tecnologias industriais e militares que hoje participam de sua destruição real" (p. 53).

Em outros tempos bastião do sujeito, centro de sua identidade, obedece à mesma razão analítica que fragmenta o sujeito. Os componentes do corpo destacam-se, individualizam-se, emparelham-se uns com os outros segundo arranjos inéditos, são subtraídos ou acrescentados, modificados ou mudados, misturam-se a componentes técnicos, e o indivíduo torna-se uma espécie de fantasma assombrando um arquipélago de órgãos e de funções do qual é o terminal. A fragmentação do corpo repete a fragmentação do autor, a emergência de identidades provisórias sujeitas a uma reciclagem regular. Parte maldita em vias de retificação pelas tecnociências ou caminho da salvação que substitui a alma em uma sociedade laicizada, está presente a mesma ruptura que coloca o homem em posição de exterioridade, de testemunha de certa forma diante de seu próprio corpo. A saúde tornou-se uma religião; participa do sagrado selvagem em outros tempos analisado por Roger Bastide (1975), ao mesmo tempo religião pessoal (Jeffrey 1998) procedente de uma manipulação íntima, de uma trama de crenças, e simultaneamente religião coletiva por meio das esperanças que desperta, da admiração que envolve a pesquisa, dos financiamentos dos quais ela se beneficia, dos discursos que suscita, das mobilizações políticas a seu favor. Ela erige-se em imperativo categórico, e o corpo está no centro dos desafios culturais e políticos, porque a medicina ocidental é fundamentalmente uma aposta no corpo (Le Breton 1990, 1993). Esse último é um analista essencial de nossas sociedades contemporâneas pela fragmentação do sujeito, ao mesmo tempo cada vez mais isolado e cada vez mais conectado, inscrito em nossas sociedades dentro de um individualismo que atinge um ponto-limite e conduzindo-o a preocupar-se cada vez mais com seu corpo como último ressalto, último local de soberania pessoal. Não nos esqueçamos de que o corpo é um fator de individuação. O afastamento dos outros, a concentração desejada ou sofrida sobre si mesmo fazem seu corpo emergir como o outro mais próximo (Le Breton 1990). Os procedimentos sociais de individuação e suas imputações no campo do lazer ou da vida cotidiana, os da biologia ou da medicina enfocando o corpo e seus componentes, sua exigência de pesquisas e de aplicações ou ainda os procedimentos de acionamento da cultura cibernética que também fragmentam a relação do homem com seu corpo, todas essas condutas convergem finalmente em uma autonomização do corpo para o melhor ou para o pior, este sendo simultaneamente local de salvação ou de ódio, suprimido como um fóssil ou corrigido como um rascunho desastrado. A utopia da saúde (Sfez 1995) implica uma utopia do corpo; a saúde perfeita solicita um corpo, senão perfeito, pelo menos glorioso, ou seja, um corpo revisto e corrigido pelas instâncias religiosas do mundo pós-moderno, isto é, aqui, os engenheiros biológicos, médicos ou pesquisadores, que encarnam a mitologia flamejante dessa virada de século. Mas o desmentido do real diante desses discursos exaltados sobre o fim necessário do corpo é em geral vigoroso, lembra a infinita fragilidade da condição humana. Até os imaginários mais autoritários e mais bem armados não conseguem dissolver a morte na admiração de seus discursos. Felizmente, continuamos a ser de carne para não perder o sabor do mundo.

BIBLIOGRAFIA

ANDERSON, A.R. (org.) (1983). *Pensée et machine*. Seyssel: Champ Vallon.

ANDRIEU, B. (1994). *Les cultes du corps*. Paris: L'Harmattan.

_____ (1998). *Les plaisirs de la chair. Une philosophie politique du corps*. Pantin: Les Temps des Cerises.

ATHÉA, N. (1990). "La stérilité, une entité mal définie". *In*: TESTART, J. (org.). *Le magasin des enfants*. Paris: Folio.

BALANDIER, G. (1985). *Le détour. Pouvoir et modernité*. Paris: Fayard.

_____ (1988). *Le désordre. Éloge du mouvement*. Paris: Fayard.

_____ (1994). *Le dédale. Pour en finir avec le XXe siècle*. Paris: Fayard.

BALLARD, J.G. (1984). *Mythes d'un futur proche*. Paris: Calmann-Levy.

_____ (1985). *Crash*. Paris: Presse-Pocket.

BATAILLE, G. (1965). *L'erotisme*. Paris: UGE 10-18.

BAUDRILLARD, J. (1979). *De la séduction*. Paris: Médiations.

_____ (1987). *L'autre par lui-même*. Paris: Galilée.

_____ (1990). *La transparence du mal*. Paris: Galilée.

_____ (1994). *Le crime parfait*. Paris: Galilée.

_____ (1997). *Ecran total*. Paris: Galilée.

_____ (1997). *Le paroxyste indifférent*. Paris: Grasset.

BAUDRY, P. (1991). *Le corps extrême*. Paris: L'Harmattan.

_____ (1998). *La pornographie et ses images*. Paris: Armand Collin.

BEAUNE, J.-C. (1980). *L'automate et ses mobiles*. Paris: Flammarion.

BEHR, E. (1995). *Une Amérique qui fait peur*. Paris: Pocket.

BENDER, G. e DRUCKREY, T. (1994). *Culture on the brink. Ideologies of techonology*. Seattle: Bay Press.

BENEDIKT, M. (1991). *Cyberspace: The first steps*. The MIT Press.

BILLIG, M. (1981). *L'internationale raciste. De la psychologie à la "science" des races*. Paris: Maspero.

BIOY-CASARÈS, A. (1973). *L'invention de Morel*. Paris: UGE 10-18.

BLANC, M. (1986). *L'ère du génétique*. Paris: La Découverte.

BODY AND SOCIETY, nos 3-4 (1995). "Cyberspace, cyberbodies, cyberpunks. Cultures of technological embodiment".

BOLTER, J.D. (1984). *Turing's man. Western culture in the computer age*. Londres: Penguin.

BOUVERESSE, J. (1971). *La parole malheureuse*. Paris: Minuit.

BRETON, P. (1990). *L'histoire de l'informatique*. Paris: Seuil.

_____ (1990). *La tribu informatique*. Paris: Métailié.

_____ (1995). *L'utopie de la communication. Le mythe du "village planétaire"*. Paris: La Découverte.

_____ (1995). *A l'image de l'homme. Du Golem aux créatures artificielles*. Paris: Seuil.

BRUISINE, L. (1997). *L'ange et la souris*. Paris: Zulma.

BUKATMAN, S. (1993). *Terminal identity. The virtual subject in post-modern science-fiction*. Durham: Duke University Press.

BUREAUD, A. (1995). "Sterlac, le bourdonnement de l'hybride". *Art Press*, nº 207.

CACCIA, F. (1995). *Cybersexe. Les connexions dangereuses*. Paris: Arléa.

CAMAITI HOSTERT, A. (1996). *Passing. Dissolvere le identità, superare le differenze*. Roma: Castelvecchi.

CANGUILHEM, G. (1966). *Le normal et le pathologique*. Paris: PUF.

CAPEK, K. (1997). *RUR*. Paris: Editions de l'Aube.

CASPAR, P. (1991). *Penser l'embryon. D'Hippocrate à nos jours*. Bruxelas: Editions Universitaires.

CASTELLS, M. (1998). *La société en réseaux*. Paris: Fayard.

CASTI, J. (1991). *Paradigmes perdus. La science en question*. Paris: InterEditions.

CHANGEUX, J.-P. e RICOEUR, P. (1998). *Ce qui nous fait penser. La nature et la règle*. Paris: Jacob.

CHANNELL, D.F. (1991). *The vital machine. A study of technology and organic life*. Oxford: Oxford University Press.

CHATEL, M.M. (1993). *Malaise dans la procréation*. Paris: Albin Michel.

CHAZAL, G. (1995). *Le miroir automate. Introduction à une philosophie de l'informatique*. Seyssel: Champ Vallon.

CIORAN, E.M. (1969). *Le mauvais démiurge*. Paris: Gallimard.

CLARKE, A.C. (1962). *Profiles of the future*. Londres: Gollancz.

_____ (1968). *2001: Odysée de l'espace*. Paris: J'ai lu.

COHEN, J. (1968). *Les robots humains dans le mythe et la science*. Paris: Vrin.

COOPER, W. (1996). *Sesso estremo. Pratiche senza limiti nell'epoca cyber*. Roma: Castelvecchi.

_____ (1997). *Sesso estremo. Nuove pratiche di liberazione*. Roma: Castelvecchi.

COREA, G. (1985). *The mother machine*. Nova York: Harper and Row.

COUPLAND, D. (1996). *Microserfs*. Paris: UGE 10-18.

COURTINE, J.-J. (1993). "Les stakhanovistes du narcissisme. Body building et puritanisme ostentatoire dans la culture américaine du corps". *Communications*, nº 56.

CREVIER, D. (1997). *A la recherche de l'intelligence artificielle*. Paris: Flammarion.

DAVID, A. (1965). *La cybernétique et l'humain*. Paris: Gallimard.

DE KERCKHOVE, D. (1997). *Connected intelligence. The arrival of the web society*. Toronto: Sommerville House.

DE ROSNAY, J. (1995). *L'homme symbiotique. Regards sur le troisième millénaire*. Paris: Seuil.

DE VILAINE, A.-M.; GAVARINI, L. e LE COADIC, M. (1986). *Maternité en mouvement*. Grenoble-Montreal: PUG-Saint-Martin.

DEITCH, J. (1992). *Posthuman*. Amsterdã: Idea Books.

DELAISI DE PARSEVAL, G. (1981). *La part du père*. Paris: Seuil.

DELAISI DE PARSEVAL, G. e JANAUD, A. (1985). *L'enfant à tout prix. Essai sur la médicalisation du lien de filiation*. Paris: Seuil.

DELCEY, M. (1998). "Éliminer le handicap: Jusqu'où?". *Pratiques* nº 1.

DERY, M. (1997). *Vitesse virtuelle. La cyberculture aujourd'hui*. Paris: Abbeville.

DESCARTES, R. (1966). *Discours de la méthode*. Paris: G-F.

_____ (1970). *Méditations métaphysiques*. Paris: PUF.

DIANA, S. (1997). *WC net. Mito e luoghi comuni di Internet*. Roma: Minimum Fax.

DIANOUX, L. (1998). "Les gènes, le marché, l'éthique". *Pratiques* nº 1.

DIASIO, N. e FRANCESCHINI, A. (1999). "La vie dérobée: Images du corps, littérature cyber e X-Files". *Sciences humaines et fantastiques*. Besançon: Unesco.

DICK, P.K. (1968). *Blade Runner*. Paris: J'ai lu.

_____ (1998). *Si ce monde vous déplaît*. Paris: L'Eclat.

DONGUY, J. (1996). "Le corps obsolète". *L'art du corps*.

DREYFUS, H. (1984). *L'intelligence artificielle. Mythes et limites*. Paris: Flammarion.

DUDEN, B. (1996). *L'invention du foetus*. Paris: Descartes.

DUSTER, T. (1992). *Retour à l'eugénisme*. Paris: Kimé.

EHRENBERG, A. (1991). *Le culte de la perfomance*. Paris: Calmann-Levy.

_____ (1995). *L'individu incertain*. Paris: Calmann-Levy.

_____ (1998). *La fatigue d'être soi*. Paris: Jacob.

EHRENBERG, A. (org.) (1991). *Individus sous influence: Drogues, alcools, médicaments psychotropes*. Paris: Esprit.

ETHIQUE MÉDICALE ET DROITS DE L'HOMME (1988). Paris: Actes Sud-Inserm.

FAGOT-LARGEAUT, A. e DELAISI de PARSEVAL, G. (1989). "Qu'est-ce qu'un embryon?". *Esprit*. Junho.

FEATHERSTONE, M. (1995). "Post-bodies, ageing, and virtual reality". *In*: FEATHERSTONE, M. e WERNICK, A. (orgs.). *Images of ageing*. Londres: Routledge.

FEUILLET-LE MINTIER, B. (org.) (1996). *L'embryon humain. Approche multidisciplinaire*. Paris: Economica.

FILKELSTEIN, J. (1991). *The fashioned self*. Filadélfia: Temple University Press.

FIRESTONE, S. (1970). *The dialetic of sex*. Palasin.

FOUCAULT, M. (1966). *Les mots et les choses. Une archéologie des sciences humaines*. Paris: Gallimard.

FREUD, S. (1971). *Malaise dans la civilization*. Paris: PUF.

FRYDMAN, R. (1994). *L'art de faire autrement des enfants comme tout le monde*. Paris: Laffont.

GANASCIA, J.-G. (1990). *L'âme-machine. Les enjeux de l'intelligence artificielle*. Paris: Seuil.

GAVARINI, L. (1986). "De l'utérus sous influence...". *In*: DE VILAINE, A.-M.; GAVARINI, L. e LE COADIC, M. *Maternité en mouvement*. Grenoble-Montreal: PUG-Saint-Martin.

_____ (1990). "Experts et législateurs de la normalité de l'être humain: Vers un eugénisme discret". *In*: TESTART, J. (org.). *Le magasin des enfants*. Paris: Folio.

GIBSON, W. (1985). *Neuromancien*. Paris: J'ai Lu.

GOFFMAN, E. (1974). *Stigmate. Les usages sociaux des handicaps*. Paris: Minuit.

GRANGE, D. (1985). *L'enfant derrière la vitre*. Paris: Encres.

GRAS, A. (1993). *Grandeur et dépendance. Sociologie des macro-systèmes techniques*. Paris: PUF.

GRODDECK, G. (1973). *Le livre du ça*. Paris: Gallimard.

GUILLAUMAUD, J. (1971). *Nobert Wiener et la cybernétique*. Paris: Seghers.

HABLES GRAY, C. (org.) (1995). *The cyborg handbook*. Nova York: Routledge.

HALBERSTAM, J. e LIVINGSTON, I. (orgs.) (1995). *Posthuman bodies*. Bloomington: Indiana University Press.

HARAWAY, D. (1989). *Simians, cyborgs and women*. Nova York: Routledge.

HEIM, M. (1991). "The erotic ontology of cyberspace". *In*: BENEDIKT, M. *Cyberspace: The first steps*. The MIT Press.

_____ (1995). "The design of virtual reality". *Body and Society*, n°s 3-4.

HERMITTE, M.-A. (1990). "L'embryon aléatoire". *In*: TESTART, J. (org.). *Le magasin des enfants*. Paris: Folio.

HERRNSTEIN, R.J. e MURRAY, C. (1994). *The bell curve. Intelligence and class-structure in american life*. Nova York: The Free Press.

HODGES, A. (1988). *Alan Turing ou l'enigme de l'intelligence*. Paris: Payot.

HOFFMANN, E.T.A. (1994). *L'homme au sable*. Paris: Zoé.

HOGLE, L.F. (1995). "Tales from the cryptic: Technology meets organism in the living cadaver". *In*: HABLES GRAY, C. (org.). *The cyborg handbook*. Nova York: Routledge.

HOLLAND, S. (1995). "Descartes goes to Hollywood". *Body and society*, n°s 3-4.

HOTTOIS, G. (1990). *Le paradigme bio-éthique. Une éthique pour la technoscience*. Bruxelas: De Boeck.

_____ (1996). *Entre symboles et technosciences*. Seyssel: Champ Vallon.

HUTTIN, S. (1959). *Les gnostiques*. Paris: PUF.

HUXLEY, A. (1980). *Le meilleur des mondes*. Paris: Presses-Pocket.

JACOB, F. (1970). *La logique du vivant*. Paris: Gallimard.

_____ (1997). *La souris, la mouche et l'homme*. Paris: Jacob.

JAMESON, F. (1991). *Postmodernism or the cultural logic of late capitalism*. Londres: Verso.

JAY GOULD, S. (1983). *La malmesure de l'homme*. Paris: Folio.

JDANKO, A. (1984). "Historiographie cybernétique: L'évolution considérée comme une étape de l'évolution cybernétique". *Cybernetica*, nº 3, vol. XXVII.

JEFFREY, D. (1998). *Jouissance du sacré*. Paris: Armand Colin.

JENSEN, A. (1969). "How much can we boost IQ and scholastic achievement?". *Harvard Educational Review*, nº 39.

_____ (1974). "La guerre du QI entre noirs et blancs". *Psychologie*, nº 51.

JEUDY, H.-P. (1998). *Le corps comme objet d'art*. Paris: Armand Colin.

JONAS, H. (1974). *Philosophical essays: From ancient creed to technological man*. Englewood Cliffs: Prentice Hall.

_____ (1990). *Le principe responsabilité*. Paris: Cerf.

_____ (1998). *Pour une éthique du future*. Paris: Rivages.

JONES, S.G. (org.) (1995). *Cybersociety. Computer-mediated communication and society*. Londres: Sage.

KAHN, A. e PAPILLON, F. (1998). *Copies conformes. Le clonage en question*. Paris: Nil.

KEMP, P. (1997). *L'irremplaçable. Une éthique de la technologie*. Paris: Cerf.

KEVLES, D.J. (1995). *Au nom de l'eugenisme*. Paris: PUF.

KIMBRELL, H. (1993). *The human body shop: The engineering and marketing of life*. São Francisco: Harper.

KLEIST, H. Von (1993). *Sur le théâtre de marionnettes*. Paris: Mille et Une Nuits.

KOEPPEL, B. (1996). *Le devenir psychologique des femmes ayant accouché après procréation médicalement assistée*. Paris: Mire.

KROKER, A. e WEINSTEIN, M.A. (1994). *Data trash. The theory of the virtual classe*. Nova York: St. Martin's Press.

KROKER, A. e KROKER, M. (orgs.) (1987). *Body invaders*. Nova York: St. Martin's Press.

KUHSE, H. e SINGER, P. (1985). *Should the baby live?*. Oxford: Oxford University Press.

LABORIE, F. (1986). "La reproduction: Les femmes et la science. Des scientifiques en mal de maternité". *In*: DE VILAINE, A.-M.; GAVARINI, L. e LE COADIC, M. *Maternité en mouvement*. Grenoble-Montreal: PUG-Saint-Martin.

LABRUSSE-RIOU, C. (1998). "Les procréations artificielles: Un défi pour le droit". *Éthique médicale et droits de l'homme*. Paris: Actes Sud-Inserm.

LA METTRIE (1981). *L'homme machine* (edição e apresentação de Paul-Laurent Assoun). Paris: Denoël.

LANIER, J. (1989). "Virtual reality". *Whole Earth Review*, nº 64.

L'ART AU CORPS. (1996). "Le corps exposé de Man Ray à nos jours". Marselha.

LATOUR, B. (1991). *Nous n'avons jamais été modernes*. Paris: La Découverte.

LEACH, G. (1970). *Les biocrates*. Paris: Seuil.

LEARY, T. (1996). *Chaos et cyberculture*. Paris: Éditions du Lézard.

LE BRETON, D. (1988). "P.K. Dick, un contrebandier de la science-fiction". *Esprit*, nº 143.

_____ (1990). *Anthropologie du corps et modernité*. Paris: PUF.

_____ (1991). *Passions du risque*. Paris: Métailié.

_____ (1992). *Des visages. Essai d'anthropologie*. Paris: Métailié.

_____ (1993). *La chair à vif. Usages médicaux et mondains du corps humain*. Paris: Métailié.

_____ (1995). *Anthropologie de la douleur*. Paris: Métailié.

_____ (1995). *Sociologie du risque*. Paris: PUF.

_____ (1998). *Les passions ordinaires. Anthropologie des émotions*. Paris: Armand Colin.

LEMOINE-LUCCIONI, E. (1983). *La robe. Essai psychanalytique sur le vêtement*. Paris: Seuil.

LEVY, P. (1987). *La machine-univers. Création, cognition et culture informatique*. Paris: La Découverte.

_____ (1994). *L'intelligence collective. Pour une anthropologie du cyberspace*. Paris: La Découverte.

_____ (1995). *Qu'est-ce que le virtuel?*. Paris: La Découverte.

_____ (1997). *Cyberculture*. Paris: Jacob.

LEVY, S. (1992). *Artificial life. The quest for a new creation*. Nova York: Pantheon.

_____ (1994). *Hackers: Heroes of the computer revolution*. Delta.

LEWONTIN, R. (1992). *Biology as ideology*. Nova York: Harper Perennial.

_____ (1993). "Le rêve du génome humain". *Ecologie Politique*, n° 5.

LEWONTIN, R.; ROSE, S. e KAMIN, L. (1985). *Nous ne sommes pas programmés*. Paris: La Découverte.

LIFTON, R.J. (1993). *The protean self: Human resilience in an age of fragmentation*. Nova York: Basic Books.

LUPTON, D. (1995). *The imperative of health. Public health and the regulated body*. Londres: Sage.

_____ (1995). "The embodied computer/user". *Body and Society*, n°s 3-4.

McCARRON, K. (1995). "Corpses, animals, machines and mannequins: The body and cyberpunk". *Body and Society*, n°s 3-4.

MAISONNEUVE, J. e BRUCHON-SCHWEITZER, M. (1981). *Modèles du corps et psychologie esthétique*. Paris: PUF.

MALYSSE, S. (1997). "À la recherche du corps idéal. Culte féminin du corps dans la zone balnéaire de Rio de Janeiro". *Cahiers du Brésil Contemporain*, n° 31.

MARTIN, E. (1994). *Flexible body*. Boston: Beacon Press.

MATTÉI, J.-F. (1994). *L'enfant oublié ou les folies génétiques*. Paris: Albin Michel.

MAZLICH, B. (1993). *The fourth discontinuity. The co-evolution of humans and machines*. New Haven: Yale University Press.

MERLEAU-PONTY, M. (1945). *Phénoménologie de la perception*. Paris: Gallimard.

MINSKY, M. (1988). *La société de l'esprit*. Paris: Interéditions.

MONDO 2000 (1992). "A user's guide to the new edge". Nova York: Harper Perenial.

MONOD, J. (1970). *Le hasard et la nécessité*. Paris: Seuil.

MORAVEC, H. (1992). *Une vie après la vie*. Paris: Hacob.

MORSE, M. (1994). "What do cyborgs eat?". *In*: BENDER, G. e DRUCKREY, T. *Culture on the brink. Ideologies of technology*. Bay Press: Seattle.

MURPHY, R. (1990). *Vivre à corps perdu*. Paris: Plon.

NELKIN, D. e LINDEE, M.-S. (1995). *The DNA mystique: The gene as a cultural icon*. Nova York: Freeman and Co.

NOVAES, S. (org.) (1991). *Biomédicine et devenir de la personne*. Paris: Seuil.

ONFRAY, M. (1995). "Orlan, esthétique de la chirurgie". *Art Press*, nº 207.

ORLAN (1997). *De l'art charnel au baiser de l'artiste*. Paris: Jean-Michel Place.

OUDSHOORN, N. (1994). *The making of the hormonal body*. Nova York: Routledge.

PACKARD, V. (1978). *L'homme remodelé*. Paris: Calmann-Levy.

PEARL, L. (org.) (1998). *Arts de chair*. Bruxelas: La Lettre Volée.

PEARL, L.; BAUDRY, P. e LACHAUD, J.-M. (orgs.) (1998). *Corps, arts et société. Chimères et utopias*. Paris: L'Harmattan.

PÉRINAUD, J. (1998). "Du bébé machine au bébé mythique: Les grands prématurés de l'AMP". *Le Journal des Psychologues*, nº 158.

PERRIN, E. (1985). *Cultes du corps*. Lausanne: Favre.

PIERCY, M. (1991). *He, she and it*. Nova York: Fawcett Crest.

_____ (1991). *Body of glass*. Londres: Penguin Books.

PRADAL, H. (1977). *Le marché de l'angoisse*. Paris: Seuil.

PRATIQUES, nº 1 (1998). "La société du gène".

PUTNAM, H. (1983). "Pensée et machine". *In*: ANDERSON, A.R. (org.). *Pensée et machine*. Seyssel: Champ Vallon.

QUÉAU, P. (1993). *Le virtuel. Vertus et vestiges*. Seyssel: Champ Vallon.

RABINOW, P. (1993). *Chimeras. Artificiality and enlightenment in the genetic age*. Nova York.

RAHMOUNI, C. (1993). *Modelage du corps, mythe et réalité: Le body building*. Paris X-Nanterre: Mémoire.

REBOUL, J. (1993). *L'impossible enfant*. Paris: Epi.

RE/SEARCH (1989). *Modern primitives*. São Francisco.

RHEINGOLD, H. (1993). "A slice of life in my virtual community". *In*: HARASSIN, L.M. (org.). *Global networks*. Cambridge: MIT Press.

RIFKIN, J. (1998). *Le siècle bio-tech. Le commerce des gènes dans le meilleur des mondes*. Paris: La Découverte.

ROBINET, A. (1973). *Lé défi cybernétique. L'automate et la pensée*. Paris: Gallimard.

ROBINS, K. (1995). "Cyberspace and the world we live in". *Body and Society*, nos 3-4.

ROUCH, H. (1995). "Les nouvelles techniques de reproduction". *In*: DUCROS, A. e PANOFF, M. *La frontière des sexes*. Paris: PUF.

SANCHEZ BIOSCA, V. (1997). "Entre corps évanescent et corps supplicié: *Vidéodrome* et le fantaisies postmodernes". *Cinéma*, nos 1-2.

SANTIAGO-DELEFOSSE, M. (1998). "Arrêt spontané des tentatives de FIV". *Le Journal des Psychologues*, nº 158.

SCHELDE, P. (1993). *Androids, humanoids and others science fiction monsters*. Nova York: NYU Press.

SEARLE, J. (1982). *Sens et expression*. Paris: Minuit.

_____ (1985). *L'intentionalité: Essai de philosophie des états mentaux*. Paris: Minuit.

SELTZER, M. (1992). *Bodies and machine*. Nova York: Routledge.

SENNETT, R. (1979). *Les tyrannies de l'intimité*. Paris: Seuil.

SFEZ, L. (1992). *Critique de la communication*. Paris: Seuil.

_____ (1995). *La santé parfaite. Critique d'une nouvelle utopie*. Paris: Seuil.

SHERMAN, B. e JUDKINS, P. (1992). *Glimpses of heaven, visions of hell: Virtual reality and its implications*. Londres: Hodder and Stoughton.

SILVER, L.M. (1998). *Remaking eden: Cloning and beyond in a brave new world*. Nova York: Avon Books.

SONTAG, S. (1989). *Le Sida et ses métaphores*. Paris: Bourgois.

SPRINGER, C. (1996). *Eletronic eros. Bodies and desire in the postindustrial age*. Austin: University of Texas Press.

STEELE, V. (1997). *Fétiche. Mode, sexe et pouvoirs*. Paris: Abbeville.

STONE, A.R. (1991). "Will the real body please stand up? Boundary stories about virtual cultures". *In*: BENEDIKT, M. *Cyberspace: The first steps*. The MIT Press.

STUTZ, N. (1998). *Le body builder ou le culte du corps*. Strasbourg II: Mémoire.

TESTART, J. (1986). *L'oeuf transparent*. Paris: Flammarion.

_____ (1992). *Le désir du gêne*. Paris: François Bourin.

TESTART, J. (org.) (1990). *Le magasin des enfants*. Paris: Folio.

THUILLIER, P. (1981). *Les biologistes vont-ils prendre le pouvoir?*. Bruxelas: Complexe.

_____ (1995). *La grande implosion*. Paris: Pluriel.

TIBON-CORNILLOT, M. (1992). *Les corps transfigurés. Mécanisation du vivant et imaginaire de la biologie*. Paris: Seuil.

TOMAS, D. (1991). "Old rituals for new space". *In*: BENEDIKT, M. *Cyberspace: The first steps*. The MIT Press.

_____ (1995). "Feedback and cybernetics: Reimaging the body in the age of cybernetics". *Body and Society*, n°s 3-4.

TOOLEY, M. (1983). *Abortion and infanticide*. Oxford: Oxford University Press.

TORT, M. (1992). *Le désir froid*. Paris: La Découverte.

TORT, P. (1985). *Misère de la sociobiologie*. Paris: PUF.

TOURAINE, J.-L. (1985). *L'enfant hors la bulle*. Paris: Flammarion.

TURING, A. (1983). "Les ordinateurs et l'intelligence". *In*: ANDERSON, A.R. (org.). *Pensée et machine*. Seyssel: Champ Vallon.

TURKLE, S. (1986). *Les enfants de l'ordinateur*. Paris: Denoël.

_____ (1997). *Life on the screen. Identity in the age of the Internet*. Nova York: Touchstone Edition.

VACQUIN, M. (1992). "Bioéthique: La loi contre le sujet". *Libération*, n°s 2-4.

VELENA, H. (1995). *Dal cybersex al transgender. Tecnologie, identità e politiche di liberazione*. Roma: Castelvecchi.

VILELA, E. (1998). *Do corpo equivoco*. Braga-Coimbra: Angelus Novus.

VILLIERS DE L'ISLE ADAM (1992). *L'Eve future*. Paris: POL.

VIRILIO, P. (1993). *L'art du moteur*. Paris: Galilée.

_____ (1995). *La vitesse de libération*. Paris: Galilée.

_____ (1996). *Cybermonde, la politique du pire*. Paris: Textuel.

_____ (1998). *La bombe informatique*. Paris: Galilée.

VON NEUMANN, J. (1996). *L'ordinateur et le cerveau*. Paris: Flammarion.

WALSER, R. (1992). "Autodesk cyberspace projet". *Mondo 2000*.

WEIZEMBAUM, J. (1981). *Puissance de l'ordinateur et raison de l'homme*. Paris: Informatique.

WELZER-LANG, D. *et al.* (1994). *Prostitution: Les uns, les unes et les autres*. Paris: Métailié.

WEST, P. (1998). *Un accident miraculeux. Maladie et découverte de soi*. Paris: Gallimard.

WHOLE EARTH REVIEW, n° 63 (1989). "Is the body obsolete?".

WIENER, N. (1964). *God and Golem, inc.*. Cambridge: The MIT Press.

_____ (1971). *Cybernétique et société*. Paris: UGE 10-18.

WILSON, E.O. (1979). *L'humain nature. Essai de sociobiology*. Paris: Stock.

_____ (1987). *La sociobiologie*. Mônaco: Le Rocher.

WOJCIK, D. (1995). *Punk and neo-tribal body-art*. Jackson: University Press of Mississipi.

ZAHARIA, C. (1998). "L'écriture fragmentaire de la mélancolie". *Critique*, nº 617.

ZARIFIAN, E. (1994). *Les jardiniers de la folie*. Paris: Jacob.

_____ (1997). *La société du bien-être*. Paris: Jacob.

ZBINDEN, V. (1997). *Piercing. Rites ethniques, pratique moderne*. Lausanne: Favre.

ZIFF, P. (1983). "Les sentiments des robots". *In*: ANDERSON, A.R. (org.). *Pensée et machine*. Seyssel: Champ Vallon.